∷ 中華文化促進會主持編纂

∷ 國家"十一五"重點圖書出版規劃項目

∷ 中國社會科學院哲學社會科學創新工程學術出版資助項目

出品人 王石 段先念

今注本二十四史

金史

八

志〔五〕

元 脱脱等 撰

張博泉 程妮娜 主持校注

中国社会科学出版社

金史　卷五一

志第三十二

選舉一

進士諸科　律科　經童科　制舉　武舉　試學士院官　司天醫學試科

自三代鄉舉里選之法廢，[1]秦、漢以來各因一代之宜，以盡一時之才，苟足於用即已，故法度之不一其來遠矣。在漢之世，雖有賢良方正諸科以取士，[2]而推擇爲吏，由是以致公卿，公卿子弟入備宿衛，[3]因被寵遇，以位通顯。魏、晉而下互有因革，至於唐、宋，進士盛焉。當時士君子之進，不由是塗則自以爲慊，[4]此由時君之好尚，故人心之趣向然也。遼起唐季，頗用唐進士法取人，然仕於其國者，考其致身之所自，進士纔十之二三耳。金承遼後，凡事欲軼遼世，[5]故進士科目兼采唐、宋之法而增損之。其及第出身，視前代特重，而法亦密焉。若夫以策論進士取其國人，[6]而用女直文字以爲程文，[7]斯蓋就其所長以收其用，又欲行其國字，[8]使人通習而不廢耳。終金之代，科目得人爲盛。諸宮護衛、及省臺部譯史、令史、通事，[9]仕進皆列於正班，[10]斯則唐、宋以來之所無者，豈非因時制宜，而以漢法爲依據者乎。金治純駁，[11]議者於是每有别焉。

[1]三代：指夏、商、周。　鄉舉里選之法：由鄉里逐級向國家推薦人才的選舉辦法，即薦舉制。

[2]賢良方正：漢代選拔人才的科目名。漢文帝二年（前201），爲詢訪政治得失，詔舉賢良方正能直言極諫者，授予官職。武帝時改稱賢良文學。唐宋實行科舉，把賢良方正作爲選拔特殊人才的制科。

[3]入備宿衛：給皇帝當侍衛。

[4]慊（qiàn）：遺憾。《淮南子·齊俗訓》："衣若縣衰而意不慊。"高誘注："慊，恨。"

[5]軼：超越，超過。

[6]策論進士：金科舉科目名。此係專門爲選拔女真文士所設的進士科，故又稱女真進士科。應舉者用女真文字答卷，祇試時務策一道。始於世宗大定十三年（1173）。　國人：指女真人。

[7]女直：即女真。遼代修當代史爲避興宗耶律宗真名諱，書真字缺筆作"直"。元修《金史》未回改，仍沿稱女真爲"女直"。

[8]國字：指女真文字。金太祖時，完顔希尹創制女真文字，稱女真大字。熙宗時又創制一種女真字，稱女真小字。

[9]省臺部譯史、令史、通事：省臺部，指尚書省、御史臺及六部。譯史、令史、通事，是尚書省各部和御史臺的低級屬吏，主管簿籍文書和翻譯工作。

[10]正班：金海陵王正隆年間實行官制改革，推行新官制，以尚書省、樞密院、御史臺的官員爲正班，其餘官吏爲雜班。

［11］純駁：純雜相間。

宣宗南渡，[1]吏習日盛，苛刻成風，殆亦多故之秋，急於事功，不免爾歟。自時厥後，仕進之歧既廣，[2]僥倖之俗益熾，軍伍勞効，[3]雜置令録，[4]門廕右職，[5]迭居朝著，科舉取士亦復汎濫，而金治衰矣。

［1］宣宗南渡：宣宗貞祐二年（1214），在蒙古大軍的威逼下，金朝將都城由中都遷到汴京，即從今天的北京遷到河南開封。從此，金朝走向全面衰落。　宣宗：廟號。即完顏吾睹補，漢名珣。1213 年至 1223 年在位。本書卷一四至一六有紀。

［2］仕進之歧：任官入仕的路徑。

［3］軍武勞効：指以軍功和行武出身的官員。

［4］令録：泛指縣令及州縣級的低級屬吏。

［5］門廕右職：門廕，官僚子弟憑藉門第直接入仕任官，是古代社會貴族的一種特權。金初一至八品官僚子弟皆可廕官，不限人數。海陵王貞元二年（1154）之後，削八品廕官之制，七品以上官僚子弟方可廕官，並限定廕官人數。右職，又稱右選。本書《選舉志二》："凡進士則授文散官，謂之文資官。自余皆武散官，謂之右職，又謂之右選。"

原其立經陳紀之初，所爲升轉之格、考察之方，[1]井井然有條而不紊，百有餘年才具不乏，豈非其効乎。奉詔作《金史》，志其《選舉》，因得而詳論之。司天、太醫、内侍等法歷代所有，[2]附著于斯。鬻爵、進納，[3]金季之弊莫甚焉，蓋由財用之不足而然也，特載《食貨志》。

[1]升轉之格：升官和轉官的具體條文規定。

[2]司天：官署名。即司天臺，主管天文曆法之事。　太醫：官署名。即太醫院，主管醫藥之事。　内侍：泛指宫廷内各種服務部門。

[3]鬻爵、進納：指賣官和以錢物買官。

金設科皆因遼、宋制，有詞賦、經義、策試、律科、經童之制。[1]海陵天德三年，罷策試科。[2]世宗大定十一年，剏設女直進士科，[3]初但試策，後增試論，所謂策論進士也。明昌初，[4]又設制舉宏詞科，[5]以待非常之士。故金取士之目有七焉。[6]其試詞賦、經義、策論中選者，謂之進士。律科、經義中選者，[7]曰舉人。

[1]詩詞、經義、策試、律科、經童：金科舉科目名。《日知録》卷一六記，唐科舉"以詩賦取者謂之進士，以經義取者謂之明經"。北宋王安石實行變法，對教育科舉進行改革，"始罷諸科，而分經義、詩賦以取士"（《宋史》卷一五五《選舉志一》）。金詞賦進士科，即唐宋的詩賦科。經義進士科則沿襲北宋。詞賦科重詩、賦，經義科主要以經書中的文句爲考題，應考者作文闡明其中的義理（參見張博泉等《金史論稿》第二卷本，吉林文史出版社 1992 年版，第 392 頁）。策試科始創於北宋，主要考時務策。律科源於唐宋的明法科、遼的法律科，主要考法律條文，目的是培養和選拔法律專門人才。經童科，是沿襲唐宋的童子科，又稱神童科，唐宋限應試者在十五歲以下，金代限十三歲以下。

[2]海陵：封爵號。即完顔迪古迺，漢名亮。金朝第四任皇帝，1149 年至 1162 年在位。本書卷五有紀。　天德三年罷策試科：按，太宗天會七年（1129）考試，已不見策試科之目，該科似早已被廢，此誤。　天德：海陵王年號（1149—1153）。

［3］大定：金世宗年號（1161—1190），章宗即位後又延用一年。　世宗：廟號。即完顔烏禄，漢名雍。1161 年至 1189 年在位。本書卷六至八有紀。　女直進士科：即策論進士科，始創於大定十一年（1171），首科考試於大定十三年舉行。

［4］明昌：金章宗年號（1190—1196）。

［5］制舉宏詞科：科舉科目名。制舉是爲選拔傑出人才的特科。考試無定期，中進士者亦可應考，録取後授官從優。本書本卷下文有“制舉有賢良方正、能直言極諫、博學宏材、達於從政等科”。知制舉也分很多科目。

［6］金取士之目有七焉：按，金科舉之目不止七科。洪皓《松漠紀聞》：“又有明經、明法、童子科。”《大金國志》卷三五：“熙宗時，又增專經、明法、童子科。”所謂專經，即明經科。本書本卷下文有“今詞賦、經義通試時務策，止選一狀元。餘雖有明經法律等科，止同諸科而已”。證明明經科到章宗時又得到恢復。世宗之後又增設女真經童科。《遺山文集》卷二〇《資善大夫集廣軍節度使蒲察公神道碑銘》記，蒲察元衡“應童子試，十一登科，移籍太學。弱冠，擢泰和三年策論進士”。蒲察元衡所中無疑是女真經童科。故有金一代文舉之目至少有詞賦、經義、策論、策試、法律、明經、漢童子、女真童子、賢良方正、能言極諫、博學宏材、達於從政、宏詞等十三科。

［7］律科、經義：中華點校本據本卷上下文，改“經義”爲“經童”。

凡養士之地曰國子監，[1]始置於天德三年，後定制，詞賦、經義生百人，小學生百人，以宗室及外戚皇后大功以上親、諸功臣及三品以上官兄弟子孫年十五以上者入學，[2]不及十五者入小學。大定六年始置太學，[3]初養士百六十人，後定五品以上官兄弟子孫百五十人，曾得府薦及終場人二百五十人,[4]凡四百人。府學亦大定十六年置,[5]凡十七處，共千人。初以嘗與廷試及宗室皇家袒免以上親、并得解舉人爲之。[6]後增州學,[7]遂加以五品以上官、曾任隨朝六品官之兄弟子孫，余官之兄弟曾孫經府薦者,[8]同境内舉人試補三之一，闕里廟宅子孫年十三以上不限數,[9]經府薦及終場免試者不得過二十人。

[1]國子監：官署名。爲古代國家最高教育管理機構。金代教育分漢兒和女真兩套系統。國子監統管漢人國子學、太學和女真國子學、太學。

[2]大功以上親：同祖父的家族，即三代同宗成員。

[3]太學：學府名。據文獻記載，西周時就有太學。西漢武帝亦設太學，後代皆相沿其制，爲古代國家傳授儒家經典的最高學府。

[4]曾得府薦及終場人：指府試取中的文士和參加了殿試而未被録取者。

[5]府學：學府名。府一級的官辦學校。

[6]廷試：科舉時代最高一級考試。唐武則天首創，正式實行於宋太祖時期。廷試又稱殿試、御試、欽試。　袒免（wèn）以上親：同高祖的宗族成員，即五代同宗者，又稱“五服”。　得解（jiè）舉人：指鄉試取中的文士。

[7]州學：學府名。州一級的官辦學校。

[8]余官之兄弟曾孫：中華點校本據殿本改“曾孫”爲“子孫”。

[9]闕里：地名。春秋時孔子住地，舊址在今山東省曲阜市的闕里街，因有兩石闕而得名。傳説孔子當年在闕里講學。

凡試補學生，太學則禮部主之，[1]州府則以提舉學校學官主之，[2]曾得府薦及終場舉人，[3]皆免試。

[1]禮部：官署名。尚書省六部之一。主管禮樂、祭祀、宴享、學校、貢舉等事。

[2]州府則以提舉學校學官主之：州府的提舉學校官是教授。府教授從七品，節度州教授正八品，防禦州教授從九品。刺史州無教授。

[3]曾得府薦：指已經通過府試而被録取的舉子。　終場舉人：指已經通過會試的全程考試而没被録取的舉人。

凡經，《易》則用王弼、韓康伯注，[1]《書》用孔安國注，[2]《詩》用毛萇注、鄭玄箋，[3]《春秋左氏傳》用杜預注，[4]《禮記》用孔穎達疏，[5]《周禮》用鄭玄注、賈公彦疏，[6]《論語》用何晏集注、邢昺疏，[7]《孟子》用趙岐注、孫奭疏，[8]《孝經》用唐玄宗注，[9]《史記》用崔駰注，[10]《前漢書》用顔師古注，[11]《後漢書》用李賢注，[12]《三國志》用裴松之注，[13]及唐太宗《晋書》、沈約《宋書》、蕭子顯《齊書》、姚思廉《梁書》《陳書》、魏收《後魏書》、李百藥《北齊書》、令狐德棻《周書》、魏徵《隋書》、新舊《唐書》、新舊《五代史》，[14]《老子》用唐玄宗注疏，[15]《荀子》用楊倞注，[16]《揚子》用李軌、宋咸、柳宗元、吴祕注，[17]皆自國子監印之，授諸學校。

[1]《易》用王弼、韓康伯注：《易》，書名。即《易經》，亦

稱《周易》。王弼，三國時曹魏山陽（今河南省焦作市）人，篤好老莊，官尚書郎，著有《道略論》，注《易》《老子》。《三國志·魏志》卷二八有傳。韓康伯，與王弼同注《周易》。

[2]《書》用孔安國注：《書》，指《尚書》，亦稱《書經》。孔安國，西漢人。孔子後裔，武帝時官至諫議大夫，臨淮太守。注有《尚書孔氏傳》。《史記》卷四七有傳。

[3]《詩》用毛萇（cháng）注、鄭玄箋：《詩》，指《詩經》。毛萇，亦作毛長，西漢趙郡（今河北省邯鄲市西南）人。史稱“小毛公”。見《漢書》卷八八《儒林傳》。鄭玄，東漢北海（治所在今山東省境内）人。遍注五經，今存有《毛詩傳箋》。《後漢書》卷三五有傳。箋，對前人的注釋再作注解的一種形式。

[4]《春秋左氏傳》用杜預注：《春秋左氏傳》，書名。簡稱《左傳》，或《傳》，春秋時魯國史官左秋明撰。杜預，西晋京兆杜陵（今陝西省西安市）人。官至河南尹、度支尚書。著有《春秋左氏傳集解》，是歷史上著名的《左傳》研究專家。《晋書》卷三四有傳。

[5]《禮記》用孔穎達疏：《禮記》，書名。亦省稱《記》。孔穎達，唐冀州衡水（今河北省衡水市）人，官至國子祭酒。《新唐書》卷七三有傳。疏，對古書舊注所做的進一步闡釋。

[6]《周禮》：書名。原名《周官》，亦稱《周官經》。　賈公彦：唐洺州永年縣人，官至太學博士。《新唐書》卷一九八有傳。

[7]《論語》：書名。傳説是孔子弟子根據孔子言行整理而成的著作，是傳統儒家經典之一。　何晏：三國時南陽宛縣（今河南省南陽市）人。《三國志·魏志》卷九有傳。　邢昺（bǐng）：北宋曹州濟陰（今山東省曹縣）人，官至禮部尚書。《宋史》卷四三一有傳。

[8]《孟子》：書名。爲儒家經典之一。孟軻及其弟子撰。趙岐：東漢京兆長陵（今陝西省咸陽市）人，官至并州刺史。《後漢書》卷六四有傳。　孫奭（shì）：北宋博州博平（今山東省茌平

縣博平城）人，官至龍圖閣學士。《宋史》卷四三一有傳。

［9］《孝經》用唐玄宗注：《孝經》，書名，亦省稱《經》。唐玄宗，又稱唐明皇，名李隆基，721年至755年在位。

［10］《史記》：書名。西漢司馬遷著。　崔駰：中華點校本據殿本改“崔駰”爲“裴駰”。裴駰，南北朝時期的宋朝人。《宋書》卷六四有傳。

［11］《前漢書》：書名。即《漢書》，東漢班固撰。　顔師古：唐京兆萬年（今陝西省西安市）人，官至中書侍郎。《新唐書》卷一九八有傳。

［12］《後漢書》：書名。南朝宋人范曄著。　李賢：唐高宗與武則天所生之子，後被武則天害死，史稱“章懷太子”。

［13］《三國志》：書名。西晋陳壽撰。　裴松之：南朝宋人，官至國子博士。《宋書》卷六四有傳。

［14］《晋書》：書名。唐房玄齡等撰。　沈約《宋書》：沈約，南朝梁人，仕宋、齊、梁三朝，梁武帝時官至尚書令。《宋書》，書名，是記載南朝宋代歷史的史書。　蕭子顯《齊書》：蕭子顯，南朝梁人，官至吏部尚書、侍中。《齊書》，書名，今稱《南齊書》，是記載南朝齊代歷史的史書。　姚思廉《梁書》《陳書》：姚思廉，唐京兆萬年人，官至散騎常侍，《新唐書》卷一〇二有傳。《梁書》《陳書》，均爲書名，分別記載南朝梁、陳兩代歷史。　魏收《後魏書》：魏收，北齊下曲陽（今河北省晋縣西）人，仕北魏、北齊兩朝，北齊時官至中書令，奉詔撰修《魏書》。《魏書》，書名，亦稱《後魏書》，是記載北魏一朝歷史的史書。　李百藥《北齊書》：李百藥，唐安平（今屬河北省）人，仕隋、唐兩朝，入唐官至散騎常侍，《新唐書》卷一〇二有傳。《北齊書》，書名，記載北齊一代歷史。　令狐德棻（fēn）《周書》：令狐德棻，唐宜州華原（今陝西省耀縣東南）人，官至國子祭酒，《新唐書》卷一〇二有傳。《周書》，書名，記載北周一代歷史。　魏徵《隋書》：魏徵，唐代貞觀年間官至侍中，是历史上有名的諍臣，《新唐書》卷九七有傳。

《隋書》，書名，記載隋朝歷史。　新舊《唐書》：書名。即《新唐書》和《舊唐書》。《舊唐書》原名《唐書》，五代後晋劉昫監修，參預編修者還有張昭遠、賈緯等。《新唐書》，北宋歐陽脩、宋祁撰修。　新舊《五代史》：書名。即《新五代史》和《舊五代史》。《舊五代史》原名《五代史》，北宋薛居正監修，參預編修者還有盧多遜、扈蒙、張澹、李昉等。《新五代史》，又名《五代史記》，北宋歐陽脩撰。

[15]《老子》：書名。春秋時老聃（李耳）撰。

[16]《荀子》：書名。戰國時荀卿撰。　楊倞（liàng）：唐人，河南弘農（今河南省靈寶縣南）人，楊汝士之子。兩《唐書》無傳。

[17]《揚子》：書名。又名《法言》，漢揚雄撰。　李軌、柳宗元：李軌，隋武威姑臧（今甘肅省武威縣）人，隋末任武威郡鷹揚府司馬。後起兵反隋，唐初被安修仁所殺。柳宗元，唐代河東解良（今山西省運城市西）人，故人稱“柳河東”。《新唐書》卷一六八有傳。

凡學生會課，三日作策論一道，又三日作賦及詩各一篇。三月一私試，以季月初先試賦，[1]間一日試策論，[2]中選者以上五名申部。[3]遇旬休、節辰皆有假，[4]病則給假，省親遠行則給程。犯學規者罰，不率教者黜。[5]遭喪百日後求入學者，不得與釋奠禮。[6]

[1]季月：一季度中最後一個月。

[2]間一日：隔一天。

[3]申部：申報到部裏。部指尚書省禮部。

[4]旬休：每十天的休假日。　節辰：節日。

[5]不率教者黜：不聽教導者開除學籍。

[6]釋奠禮：古代學校的一種典禮，陳設酒食以祭先聖先師。《禮記·文王世子》："凡學，春官釋奠於其先師，秋冬亦如之。凡始立學者，必釋奠於先聖先師。"

凡國子學生三年不能充貢，[1]欲就諸局承應者，[2]學官試，能粗通大小各一經者聽。

[1]不能充貢：不能作爲參加科舉考試的預選者。

[2]諸局：指宫廷内直接爲皇帝服務的各單位。

章宗大定二十九年，上封事者乞興學校，[1]推行三舍法，[2]及鄉以八行貢春官，[3]以設制舉宏詞。事下尚書省集百官議，[4]户部尚書鄧儼等謂：[5]"三舍之法起於宋熙寧間，[6]王安石罷詩賦，[7]專尚經術。大學生初補外舍，無定員。由外陞内舍，限二百人。由内陞上舍，限百人。各治一經，每月考試，或特免解，或保舉補官。其法雖行，而多席勢力、尚趨走之弊，故蘇軾有'三舍既興，貨賂公行'之語，[8]是以元祐間罷之，後雖復，而宣和三年竟廢。[9]臣等謂立法貴乎可久，彼三舍之法委之學官選試，啟僥倖之門，不可爲法。唐文皇養士至八千人，[10]亡宋兩學五千人，今策論、詞賦、經義三科取士，而太學所養止百六十人，外京府或至十人，天下僅及千人。今若每州設學，專除教授，月加考試，每舉所取數多者賞其學官。月試定爲三等籍之，[11]一歲中頻在上等者優復之，[12]不率教、行惡者黜之，庶幾得人之道也。又成周鄉舉里選法卒不可復，[13]設科取士各隨其時。八行者乃亡宋取《周禮》之六行孝、友、睦、婣、任、恤，加之中、和爲八也。[14]凡人之行莫大於孝廉，[15]今已有舉孝廉之法，及民有才能德行者令縣官薦之。今制，犯十惡姦盜者不得應試，[16]亦六德六行之遺意也。[17]夫制舉宏詞，蓋天下待非常之士，若設此科，不限進士，並選人試之，中選擢之臺閣，則人自勉矣。”上從其議。遂計州府户口，增養士之數，於大定舊制京府十七處千人之外，置節鎮、防禦刺史州學六十處，[18]增養千人，各設教授一員，選五舉終場或進士年五十以上者爲之。府學二十有四，學生九百五人。大興、開封、平陽、真定、東平府各六十人，[19]太原、益都府各五十人，[20]大定、河間、濟南、大名、京兆府各四十人，[21]遼陽、彰德府各三十人，[22]河中、慶陽、臨洮、河南府各二十五人，[23]鳳翔、平涼、延安、咸平、廣寧、興中府各二十人。[24]節鎮學三十九，共六百一十五人。絳、定、衛、懷、滄州各三十人，[25]萊、密、潞、汾、冀、邢、兖州各二十五人，[26]代、同、邠州各二十人，[27]奉聖州十五人，[28]餘二十三節鎮皆十人。防禦州學二十一，共二百三十五人。博、德、洺、棣、亳各十五人，[29]餘十六州各十人。凡千八百人。

[1]章宗：廟號。即完顔麻達葛，漢名璟。1189年至1208年在位。本書卷九至一二有紀。　上封事者：給皇帝上奏章的人。

[2]三舍法：北宋神宗時王安石變法推行的一種新貢舉法。辦法是分太學爲上舍、内舍、外舍。外舍生考試成績優異，升入内舍。内舍生成績優異可升入上舍。上舍生成績優異可直接授官。宋哲宗紹聖年間，曾一度廢科舉，專以三舍法取士。三舍法是一種變相的薦舉制，推行後弊端百出。“三舍法行，州縣悉行三舍法，得

免試入學者，多當官子弟”。宋徽宗宣和三年（1121），下詔廢止三舍法（詳見《宋史》卷一五五《選舉志一》）。

［3］八行：推薦人才時的八條標準。即孝、友、睦、姻、任、恤（以上六項取之於《周禮》，稱“六行”）、中、和，各有具體的內容規定。　春官：《周禮》稱宗伯爲春官，掌典禮。後代俗稱禮部尚書爲大宗伯，亦稱春官。此春官指禮部，因科舉時代由禮部主管考試和選拔人才。

［4］尚書省：行政官署名。海陵王即位，罷中書、門下兩省，中央衹置尚書省。

［5］户部尚書鄧儼：户部尚書。户部長官。正三品。鄧儼，本書卷九七有傳。

［6］熙寧：宋神宗年號（1068—1077）。

［7］王安石：北宋撫州臨川（今江西省臨川市）人。宋仁宗慶曆二年（1042）一甲第四名進士，神宗時任宰相，領導變法運動。王安石是中國歷史上著名的政治改革家、文學家。《宋史》卷三二七有傳。

［8］蘇軾：北宋眉山（今四川省眉山縣）人。號東坡居士，故後人又稱蘇東坡。官至禮部尚書，死後謚“文忠”。《宋史》卷三三八有傳。

［9］元祐：宋哲宗年號（1086—1094）。　宣和：宋徽宗年號（1119—1125）。

［10］唐文皇：即唐太宗李世民。唐太宗死後，追尊號爲“文武大聖大廣孝皇帝”，故後人簡稱“唐文皇”。

［11］籍之：登記在册。

［12］優復之：優待而免其考試。

［13］成周：都城名。東周首都洛陽城。此喻指周代。

［14］婣：同“姻”。

［15］孝廉：原意指一個人品行孝悌廉正。漢代成爲一種舉薦人才的科目名，稱“舉孝廉”。

[16]十惡：不可赦免的十大罪名。是古代統治者爲維護其專制統治所規定的定罪名目。即謀反、謀大逆、謀叛、謀惡逆、不道、大不敬、不孝、不睦、不義、内亂。

[17]六德六行：《周禮》上規定品評人物的十二條標準。六德，指知（智）、仁、義、聖、忠、和。六行，孝、友、姻、任、睦、恤（詳見《周禮·地官·司徒》）。

[18]節鎮防禦刺史州：中華點校本據本書卷五七《百官志三》和卷一二《章宗紀四》的相關記載，删“刺史”二字。節鎮防禦，地方行政機構名稱。節鎮，即節度州，長官是節度使，從三品。防禦州長官是防禦使，正四品。節度州高於防禦州。

[19]大興、開封、平陽、真定、東平府：大興府，治所在今北京市，時亦爲中都路治所。開封府，治所在今河南省開封市，時亦爲南京路治所。平陽府，治所在今山西省臨汾市，時亦爲河東南路治所。真定府，治所在今河北省正定縣，時亦爲河北西路治所。東平府，治所在今山東省東平縣，時亦爲山東西路治所。

[20]太原、益都府：太原府，治所在今山西省太原市，時亦爲河東北路治所。益都府，治所在今山東省青州市，時亦爲山東東路治所。

[21]大定、河間、濟南、大名、京兆府：府名。大定府，治所在今内蒙古自治區寧城縣大明鄉遼、金古城址，時亦爲北京大定府路治所。河間府，治所在今河北省河間市，時亦爲河間府路治所。濟南府，治所在今山東省濟南市。大名府，治所在今河北省大名縣東北，時亦爲大明府路治所。京兆府，治所在今陝西省西安市，時亦爲京兆府路治所。

[22]遼陽、彰德府：據中華點校本本卷校勘記，本書卷二五《地理志中》，相州彰德軍節度使，“明昌三年升爲府”。此時不當有府學，而歸德府此處不見，疑彰德府是“歸德府”之誤。遼陽府，治所在今遼寧省遼陽市，時亦爲東京遼陽府路治所。彰德府，治所在今河南省安陽市。

[23]河中、慶陽、臨洮、河南府：河中府，治所在今山西省永濟市西南的黄河東岸。慶陽府，治所在今甘肅省慶陽縣，時亦爲慶陽府路治所。臨洮府，治所在今甘肅省臨洮縣，時亦爲臨洮府路治所。河南府，治所在今河南省洛陽市。

[24]鳳翔、平凉、延安、咸平、廣寧、興中府：鳳翔府，治所在今陝西省鳳翔縣，時亦爲鳳翔府路治所。平凉府，治所在今甘肅省平凉市。延安府，治所在今陝西省延安市，時亦爲鄜延路治所。咸平府，治所在今遼寧省開原市，時亦爲咸平府路治所。廣寧府，治所在今遼寧省北鎮市。興中府，治所在今遼寧省朝陽市。

[25]絳、定、衛、懷、滄州：絳州，治所在今山西省新絳縣。定州，治所在今河北省定州市。衛州，治所在今河南省衛輝市。懷州，治所在今河南省沁陽市。滄州，治所在今河北省滄州市東南。

[26]萊、密、潞、汾、冀、邢、兖：州名。萊州，治所在今山東省萊州市。密州，治所在今山東省諸城市。潞州，治所在今山西省長治市。汾州，治所在今山西省汾陽市。冀州，治所在今河北省冀州市。邢州，治所在今河北省邢臺市。兖州，治所在今山東省兖州市。

[27]代、同、邠：州名。代州，治所在今山西省代縣。同州，治所在今陝西省大荔縣。邠州，治所在今陝西省彬縣。

[28]奉聖州：治所在今河北省涿鹿縣。

[29]博、德、洺、棣、亳：均爲州名。博州，治所在今山東省聊城市。德州，治所在今山東省陵縣。洺州，治所在今河北省永年縣東南。棣州，治所在今山東省惠民縣。亳州，治所在今安徽省亳州市。

女直學。自大定四年，以女直大小字譯尚書頒行之。[1]後擇猛安謀克内良家子弟爲學生，[2]諸路至三千人。九年，取其尤俊秀者百人至京師，以編修官温蒂罕綈達教之。[3]十三年，以策、詩取士，始設女直國子學，諸路設女直府學，以新進士爲教授。國子學策論生百人，小學生百人。府州學二十二，中都、上京、胡里改、恤頻、合懶、蒲與、婆速、咸平、泰州、臨潢、北京、冀州、開州、豐州、西京、東京、蓋州、隆州、東平、益都、河南、陜西置之。[4]凡取國子學生、府學生之制，皆與詞賦、經義生同。又定制，每謀克取二人，若宗室每二十户内無願學者，則取有物力家子弟年十三以上、二十以下者充。[5]凡會課，三日作策論一道，季月私試如漢生制。大定二十九年，勅凡京府鎮州諸學，各以女直、漢人進士長貳官提控其事，[6]具入官銜。河南、陜西女直學，承安二年罷之，[7]餘如舊。

[1]女直大小字：金女真人創制的兩種文字，有大字、小字之分。女真大字，金初完顔希尹仿漢字的楷書偏旁，參考契丹文字，結合女真語，於天輔三年（1120）八月製成並頒行。熙宗時又制女真小字，與女真大字並行。　尚書：中華點校本據本書卷九九《徒單鎰傳》和卷八《世宗紀下》的相關記載，改"尚書"爲"經書"。

[2]猛安謀克：金代女真人特有的社會組織形式，是由氏族時期圍獵組織發展形成的。金太祖收國二年（1116）定制，三百户爲一謀克，十謀克爲一猛安。猛安，女真語的原意是"千"，所以猛安官又稱千夫長。謀克，女真語原意是"氏族""鄉里"。每謀克有正兵約百人，所以謀克官又稱百夫長。猛安謀克是一種生産、行政、軍事合一的組織。猛安謀克官平時爲行政長官，督促生産，徵收賦税，審理部内事務及訓練武藝。戰時，部民壯者爲兵，由猛安謀克長官率領征戰，罷戰後返回原地。猛安謀克官實行世襲制，猛

安比防禦使，謀克比縣令。内地猛安謀克受府、節度使統轄，在邊地者，轄於招討司。　良家子弟：指具有平民身份以上的女真族子弟。

［3］編修官温蒂罕締達：編修官，即翰林院編修。翰林院屬官，分掌詞命文字，分判院事，無限員，從六品。温蒂罕締達，女真人。本書卷一〇五有傳。

［4］中都：都城名。即古之燕京，遼稱南京，金海陵王貞元元年（1153）遷都於此，改稱中都，治所在今北京市。　上京：亦稱上京會寧府，金初建都之地。治所在今黑龍江省阿城市東南的上京舊城址。　胡里改：上京路下所轄的一個相當於節度州一級的低級路名。治所在今黑龍江省依蘭縣。　恤頻：亦作"恤品"，低級路名。治所在今俄羅斯境内的烏蘇里斯克（雙城子）。　合懶：低級路名。治所舊説在今朝鮮人民共和國咸鏡北道的鏡城附近，今説在朝鮮咸鏡南道咸興城南五里處。　蒲與：亦作蒲峪，低級路名。治所在今黑龍江省克東縣金城鄉古城。　婆速：又作婆娑，東京路下所轄的一個低級路名。治所在今遼寧省丹東市九連城。　泰州：金代泰州有新舊之别，海陵王正隆年間所置稱舊泰州，治所在今吉林省洮安縣東雙塔鄉程四家子古城。後廢。章宗承安三年（1198）又置新泰州於原遼代的長春州。其治所有兩説，一説在今吉林省前郭旗的他虎城；一説在今吉林省大安縣的月亮泡南。　臨潢：府名。治所在今内蒙古自治區巴林左旗東南的原遼上京舊城址。　北京：陪都名。治所在今内蒙古自治區寧城縣大明鄉古城。　開州：治所在今遼寧省鳳城市。　豐州：治所在今内蒙古自治區呼和浩特市東。　西京：陪都名。治所在今山西省大同市。　東京：陪都名。治所在今遼寧省遼陽市。　蓋州：治所在今遼寧省蓋州市。　隆州：治所在今吉林省農安縣。

［5］有物力家：指有田産住宅、財力雄厚的富户。本書卷四六《食貨志一》，"租稅之外算其田園屋舍車馬牛羊樹藝之數，及其藏鏹多寡，徵錢曰物力"。"有物力者爲課役户，無者爲不課役户"。

［6］長貳官：指長官和副長官。

［7］承安：金章宗年號（1196—1120）。

凡諸進士舉人，由鄉至府，由府至省，及殿廷，凡四試皆中選，則官之。至廷試五被黜，[1]則賜之第，謂之恩例。又有特命及第者，謂之特恩。恩例者但考文之高下爲第，而不復黜落。[2]

［1］至廷試五被黜：參加五次殿試仍没有被録取。

［2］黜落：指科舉考試落榜。

凡詞賦進士，試賦、詩、策論各一道。經義進士，試所治一經義、策論各一道。其設也，始於太宗天會元年十一月，[1]時以急欲得漢士以撫輯新附，初無定數，亦無定期，故二年二月、八月凡再行焉。[2]

［1］太宗：廟號。金朝第二任皇帝，即完顔吴乞買，漢名晟。1123 年至 1135 年在位。　天會：金太宗年號（1123—1137），熙宗即位又延用二年。

［2］故二年二月、八月凡再行焉：以往多數研究金代科舉的論著都認爲金朝首次進士考試始於天會元年（1133）。元人王惲《渾源劉氏世德碑》："天會二年，肇辟科舉。"經核對其他相關史料證明，天會元年（1123）十一月衹是頒行了科舉考試的詔命，正式舉行考試應在第二年（參見都興智《遼金史研究》，人民出版社 2004 年版，第 23 頁）。

五年，以河北、河東初降，職員多闕，[1]以遼、宋之制不同，詔南北各因其素所習之業取士，號爲南北選。[2]熙宗天眷元年五月，[3]詔南北選各以經義詞賦兩科取士。海陵庶人天德二年，[4]始增殿試之制，而更定試期。三年，併南北選爲一，罷經義策試兩科，專以詞賦取士。[5]

[1]闕：義同“缺”。

[2]南北選：張棣《金虜圖經》記南北選考試始於天會十年(1132)，《大金國志》卷五則記在天會七年，此外又記作五年，皆誤。應以《建炎以來系年要録》卷一四引趙子砥《燕雲録》所載爲是，金科舉南北選始於天會六年，由知樞密院事劉彦宗主持，在燕山竹林寺舉行。“北人以詞賦，南人以經義、詞賦、策論。”北人，指原遼的文士。南人指原北宋的文士。此後，南北選成爲金初科舉的一種制度。

[3]熙宗：廟號。金朝第三任皇帝，本名合剌，漢名亶。1135年至1149年在位。本書卷四有紀。　天眷：金熙宗年號（1138—1140）。

[4]海陵庶人：即海陵王完顔亮。海陵王南伐，兵敗身死。世宗即位，於大定二年（1162）降封完顔亮爲海陵郡王，賜號“煬”。二十年又廢其王號，降爲庶人。本書卷五有紀。

[5]三年，並南北選爲一，罷經義策試兩科，專以詞賦取士：按，此處所記並南北選罷經義策試科的時間有誤。《中州集》卷二，劉内翰瞻，“天德三年南榜登科”。本書卷九七《賀揚庭傳》，賀揚庭“登天德三年經義進士科”。又卷五二《選舉志二》進士所歷之階所循之職條，記貞元元年（1153）格仍有南北選之分。《金虜圖經》記，“迨亮殺亶自立。次舉又罷經義、專經、神童，止以詞賦、法律取士”。海陵朝首科是天德三年（1151），“次舉”爲貞元二年

（1154），其並南北選、罷經義等諸科的時間當在貞元二年。

貞元元年，[1]定貢舉程試條理格法。

［1］貞元：金海陵王年號（1153—1156）。

正隆元年，[1]命以《五經》《三史》正文内出題，[2]始定爲三年一闢。[3]

［1］正隆：金海陵王年號（1156—1161）。

［2］《五經》《三史》：《五經》指五部儒家經典，即《詩經》《尚書》《禮記》《周易》《春秋》。《三史》指三部史書，即《史記》《漢書》和《後漢書》。

［3］三年一辟：辟，征召之意。三年一辟即每三年征召一次。這裏是指每三年舉行一次科舉考試。

大定四年，勅宰臣，進士文優則取，勿限人數。

十八年，謂宰臣“文士有偶中魁選，[1]不問操履，[2]而輒授翰苑之職。[3]如趙承元，[4]朕聞其無士行，果敗露。自今榜首，[5]先訪察其鄉行，可取則授以應奉，[6]否則從常調”。

［1］魁選：指科舉考試殿試一甲第一名。俗稱狀元。

［2］操履：品行和經歷。

［3］翰苑：指執掌文詞詔命的翰林院。

［4］趙承元：金世宗大定十年（1170）詞賦狀元，任曹王府文學。因與王府女奴通奸，被杖責除名。後曹王力薦，得復其職。

[5]榜首：又稱狀頭、敕頭、榜元。科舉時代最高級考試録取的一甲第一名進士，俗稱狀元。

[6]應奉：即應奉翰林文字。翰林院屬官。從七品。金制，狀元釋褐即授此官職。

十九年，謂宰臣曰："自來御試賦題，皆士人嘗擬作者。[1]前朕自選一題，出人所不料，故中選者多名士，而庸才不及焉。是知題難則名儒亦擅場，[2]題易則庸流易僥倖也。"平章政事唐括安禮奏曰：[3]"臣前日言，士人不以策論爲意者，正爲此爾。宜各場通考，選文理俱優者。"上曰："并答時務策，[4]觀其議論，材自可見，卿等其議之。"

[1]擬作：事先預作。

[2]名儒：指有真才實學的應舉者。　擅場：本是獨攬考場之意。這裏指考的好，臨場發揮好。

[3]平章政事唐括安禮：平章政事，與尚書省左、右丞相並爲宰相，掌丞天子，平章萬機，定員二人，從一品。唐括安禮，女真人。本書卷八八有傳。

[4]時務策：文體名。以時事政治問題作爲考題，讓考生闡述自己的看法，類似今之時事問答。

二十年，謂宰臣曰："朕嘗諭進士不當限數，則對以所取之外無合格文，故中選者少，豈非題難致然耶。若果多合格，而有司妄黜之，[1]甚非理也。"又曰："古者鄉舉有行者，授以官。今其考滿，[2]察鄉曲實行出倫者擢之。"又曰："舊不選策，今兼選矣。然自今府會兩試不須試策，已中策後，則試以制策，試學士院官。”

［1］有司：指具體負責的職能部門。

［2］考滿：官吏的考察期滿。金代官吏以三十個月爲一考。

二十二年，謂宰臣曰：“漢進士魁，例授應奉，若行不副名，不習制誥之文者，[1]即與外除。”[2]

［1］誥：文體名。古代一種訓誡勉勵的文告，如《尚書》裏的《康誥》和《酒誥》。

［2］外除：官制術語。除授京城以外的地方官。

二十三年，謂宰臣曰：“漢進士，皇統間人材殆不復見，[1]今應奉以授狀元，蓋循資爾。制誥文字，各以職事鋪叙，皆有定式，故易。至撰赦詔，[2]則鮮有能者。”參知政事粘哥斡特剌對曰：[3]“舊人已登第尚爲學不輟，今人一及第輒廢而不學，故爾。”

［1］皇統：金熙宗年號（1141—1149）。

［2］赦詔：文體名。皇帝赦免的詔令。

［3］參知政事粘哥斡特剌：參知政事，與尚書省左、右丞並爲執政官。“爲宰相之貳，佐治省事。”即副宰相，正員二人，從二品。粘哥斡特剌，女真人。粘哥，亦作“粘葛”“粘割”。本書卷九五有傳。

上於聽政之隙，召參知政事張汝霖、翰林直學士李晏讀新進士所對策，[1]至“縣令闕員取之何道”？上曰：

"朕夙夜思此，未知所出。"晏對曰："臣竊念久矣。國朝設科，始分南北兩選，北選詞賦進士擢第一百五十人，經義五十人，南選百五十人，計三百五十人。嗣場，[2]北選詞賦進士七十人，經義三十人，南選百五十人，計二百五十人。以入仕者多，故員不闕。其後南北通選，止設詞賦科，不過取六七十人，以入仕者少，故縣令員闕也。"上曰："自今文理可采者取之，毋限以數。"二十八年，復經義科。

[1]張汝霖：遼陽渤海人。本書卷八三有傳。　翰林直學士李宴：翰林直學士，翰林院屬官，不限員，從四品。李宴，本書卷九六有傳。

[2]嗣場：接著的一場。

章宗明昌元年正月，言事者爲"舉人四試而鄉試似爲虛設，[1]固當罷去。其府會試乞十人取一人，可以群經出題，而注示本傳"。上是其言，詔免鄉試，府試以五人取一人，仍令有司議外路添考試院，及群經出題之制。有司言："會試所取之數，[2]舊止五百人，比以世宗勅中格者取，乞依此制行之。府試舊六處，中有地遠者，命特添三處，上京、咸平府路則試於遼陽，河東南北路則試于平陽，山東東路則試於益都。以"六經""十七史"《孝經》《論語》《孟子》及《荀》《揚》《老子》内出題，[3]皆命於題下注其本傳。"又諭有司曰："舉人程文所用故事，[4]恐考試官或遽不能憶，[5]誤失人材，可自注出處。注字之誤，不在塗注乙之數。"

[1]言事者爲：中華點校本據殿本改“爲”爲“謂”。

[2]會試：由尚書省禮部主持的一級科舉考試，所以又稱省試、禮部試。

[3]“六經”“十七史”：“六經”指六部儒家經典，即《詩經》《尚書》《禮記》《周易》《春秋》、“樂經”。“十七史”指《史記》《漢書》《後漢書》《三國志》《晋書》《宋書》《南齊書》《梁書》《陳書》《後魏書》《北齊書》《周書》《隋書》《南史》《北史》《新唐書》《新五代史》。

[4]程文：科舉應試文字的標準文體。宋中葉始有之。

[5]遽（jù）不能憶：不能馬上回憶起來。

明昌二年，勑官或職至五品者，直赴御試。[1]平章政事守貞言：[2]“國家官人之路，惟女直、漢人進士得人居多。諸司局承應，舊無出身，自大定後始叙使，[3]至今鮮有可用者。近來放進士第數稍多，此舉更宜增取，若會試止以五百人爲限，則廷試雖欲多取，不可得也。”上乃詔有司，會試毋限人數，文合格則取。

[1]御試：即殿試，是科舉時代最高一級考試。

[2]平章政事守貞：中華點校本據本書《守貞傳》和卷十《章宗紀二》的相關記載在此句前補“四年”二字。守貞，女真人。即完顏守貞，完顏希尹之孫，是金代中期一代名相。本書卷七三有傳。

[3]叙使：按規定的等級次序起用。

六年，言事者謂“學者率恃有司全注本傳以示之，故不勉讀書，[1]乞減子史注本傳之制。又經義中選之文多膚淺，乞擇學官，及本科人充試官”。省臣謂若不與本傳，[2]恐碩學者有偶忘之失，[3]可令但知題意而已。遂命擇前經義進士爲衆所推者、才識優長者爲學官，遇差考試官之際，則驗所治經參用。詞賦進士，題注本傳，不得過五十字。經義進士，御試第二場，試論日添試策一道。

[1]不勉讀書：不努力讀書。

[2]省臣：指尚書省官員。

[3]碩學者：博學的文士。

承安四年，上諭宰臣曰："一場放二狀元，[1]非是。後場廷試，令詞賦、經義通試時務策，止選一狀元。餘雖有明經、法律等科，止同諸科而已。"至宋王安石爲相，[2]作新經，始以經義取人。且詞賦、經義，人素所習之本業，策論則兼習者也。今舍本取兼習，恐不副陛下公選之意。"遂定御試同日各試本業，詞賦依舊，分立甲次，第一名爲狀元，經義魁次之，恩例與詞賦第二人同，餘分爲兩甲，中下人並在詞賦之下。

[1]一場放二狀元：因此前漢進士詞賦和經義科分榜録取，各有榜首，所以一場取二狀元。

[2]至宋王安石爲相：據中華點校本本卷校勘記，此句上下文不銜接，疑有脱文。

五年，詔考試詞賦官各作程文一道，示爲舉人之式，[1]試後赴省藏之。

[1]示爲舉人之式：意即作爲應考舉人的範文。式，原意爲規格。

時宰臣奏："自大定二十五年以前，詞賦進士不過五百人，二十八年以不限人數，取至五百八十六人。先承聖訓合格則取，故承安二年取九百二十五人。兼今有四舉終場恩例，[1]若會試取人數過多，則涉泛濫。"遂定策論、詞賦、經義人數，雖多不過六百人，少則聽其闕。

[1]四舉終場恩例：參加四次殿試考試，能够完卷者，即賜之第。

時太常丞郭人傑轉對言，[1]詞賦舉人，不得作別名兼試經義，及入學生精加試選，無至濫補。上勅宰臣曰："近已奏定，後場詞賦經義同日試之。若府會試更不令兼試，恐試經義者少，是虚設此科也。別名之弊，則當禁之。補試入學生員，已有舊條，恐行之滅裂爾，[2]宜嚴防閑。"

[1]太常丞郭人傑：太常丞，太常寺屬官，正六品。郭人傑，生平不詳。

[2]滅裂：草率、馬虎、不認真。

張行簡轉對言：[1]"擬作程文，本欲爲考試之式，今會試考試官、御試讀卷官皆居顯職，[2]擢第後離筆硯久，不復常習，今臨試擬作之文，稍有不工，徒起謗議。”詔罷之。

［1］張行簡：莒州日照縣（今山東省日照市）人。世宗大定十九年（1179）詞賦科一甲第一名進士，時爲翰林院侍講學士，兼同修國史，提點司天臺。後官至禮部尚書。本書卷一〇六有傳。

［2］讀卷官：科舉時代的殿試考官。因殿試名義上是由皇帝主持的考試，所以考官稱讀卷官，意爲替皇帝讀考卷。

泰和元年，[1]平章政事徒單鎰病時文之弊，[2]言：“諸生不窮經史，唯事末學，[3]以致志行浮薄。可令進士試策日，自時務策外，更以疑難經旨相參爲問，使發聖賢之微旨、古今之事變。”[4]詔爲永制。

［1］泰和：金章宗年號（1201—1208）。

［2］徒單鎰：上京路速速保子猛安女真人。出身貴族家庭，習女真字，爲官學生。世宗大定十三年（1173）首科女真進士狀元，章宗時官至左丞相，封廣平郡王。本書卷九九有傳。

［3］末學：指經史之外的其他學問和知識。

［4］微旨：深奥的道理。

先嘗勅樂人不得舉進士，[1]而奴免爲良者則許之。[2]尚書省奏：“舊稱工樂，謂配隸之色及倡優之家。[3]今少府監工匠、太常大樂署樂工，[4]皆民也，而不得與試。前代令諸選人身及祖、父曾經免爲良者，雖在官不得居清貫及臨民，[5]今反許試，誠玷清論。”詔遂定制，放良人不得應諸科舉，[6]其子孫則許之。

[1]樂人：亦稱樂師，是古代社會從事音樂職業的人。如吹鼓手、琴師、優伶等，被視爲身份低賤，不以平民待。

[2]奴免爲良者：指原爲奴隸，現已解放爲平民身份的人。

[3]配隸之色及倡優之家：配隸之色，指古代社會在地方官府作皂隸或做各種被認爲是下賤工作的人，如捕役、厨師等。倡優，指古代以樂舞戲謔爲職業的人。《漢書·灌夫傳》："所愛倡優、巧匠之屬。"顔師古注："倡，樂人也。優，謔戲者也。"倡字又與"娼"字通，古人把戲劇演員和妓女並列，也稱倡優。在科舉時代，不但從事以上職業的人本身無權參加考試，連其家人、子孫均在禁考之列。

[4]少府監：官署名。統管尚方、織染、方思、裁造、文繡等署，掌邦國百工營造之事。　太常大樂署：官署名。即太常寺轄下的大樂署，主管音樂鼓吹之事，養樂工百人。

[5]雖在官不得居清貫及臨民：雖任官但不能占據清要職務和出任地方州縣長官。

[6]放良人：即奴免爲良者。

上又謂，德行才能非進士科所能盡，可通行保舉之制。省臣奏："在《周禮》，'大司徒以鄉三物教萬民而賓興之'，[1]所謂萬民，農工商賈皆是也。[2]前代立賢無方，如版築之士、鼓刀之叟，垂光簡策者不可勝舉。[3]今草澤隱逸才行兼備者，令謀克及司縣舉，按察司具聞，[4]以旌用之，既有已降令文矣。"上命復宣旨以申之。

[1]大司徒：與大司馬、大司空並稱"三公"。

[2]商賈（gǔ）：商人的統稱。行販曰商，坐賣曰賈。

［3］簡策：中國古代在紙發明之前，人們在竹簡上記事，並裝編成册，稱“簡册”。此喻指史書。

［4］按察司：官署名。原名提刑司，設在地方的監察機構，初共置九提刑司。章宗承安四年（1199）改稱按察司。主管審斷刑獄、照刷案牘、糾察濫官污吏奸猾之徒、私鹽酒禁，兼勸課農桑。

宣宗貞祐二年，[1]御史臺言，[2]明年省試以中都、遼東、西北京等路道阻，[3]宜於中都、南京兩處試之。

［1］貞祐：金宣宗年號（1213—1217）。

［2］御史臺：古代國家中央監察院察機構。掌糾察内外百官善惡，凡内外刑獄所屬理斷不當，有陳述者，會臺治之。

［3］明年省試：即貞祐三年（1215）省試。本書卷一四《宣宗紀上》記，貞祐三年二月爲吏部選授之制，非科舉。按金制省試後爲廷試。見於記載有李天翼爲貞祐二年進士，李獻能貞祐三年廷試第一。故李天翼貞祐二年進士應爲三年，貞祐二年無科舉取進士之事。

三年，諭宰臣曰：“國初設科，素號嚴密，今聞會試至于雜坐喧嘩，何以防弊。”命治考官及監察罪。[1]

［1］監察：科舉考試時負責監考和稽查的官員。省級考試一般由地方行政官員出任監察官，會試或殿試則多由京官擔任。

興定二年，[1]御史中丞把胡魯言：[2]“國家數路取人，惟進士之選最爲崇重，不求備數，惟務得賢。今場會試，策論進士不及二人取一人，詞賦、經義二人取一。前雖有聖訓，當依大定之制，中選即收，無問多寡。然大定間赴試者或至三千，取不過五百。泰和中，策論進士三人取一，詞賦、經義四人取一。向者貞祐初，詔免府試，赴會試者幾九千人，而取八百有奇，則是十之一而已。時已有依大定之制，亦何嘗二人取一哉。今考官泛濫如此，非所以爲求賢也。宜於會試之前，奏請所取之數，使恩出於上可也。"詔集文資官議，[3]卒從泰和之例。

[1]興定：金宣宗年號（1217—1222）。

[2]御史中丞把胡魯：御史中丞，御史臺屬官，御史大夫副佐，從三品。把胡魯，女真人。本書卷一〇八有傳。

[3]文資官：指進士出身的官員。本書卷五二《選舉志二》，"凡進士則授文散官，謂之文資官"。

又謂宰臣曰："從來廷試進士，日晡後即遣出宫，恐文思遲者不得盡其才，令待至暮時。"特賜經義進士王彪等十三人及第，[1]上覽其程文，愛其辭藻，咨歎久之。因怪學者益少，謂監試官左丞高汝礪曰：[2]"養士學粮，[3]歲稍豐熟即以本色給之，[4]不然此科且廢矣。"

[1]王彪：大興府（今北京市）人，宣宗興定二年（1218）經義進士第一名。博學能文，哀宗時官至翰林修撰。汴京被圍，王彪飲藥自殺（詳見劉祁《歸潛志》卷五）。

[2]左丞高汝礪：左丞，即尚書左丞，與尚書右丞、參知政事並爲執政官，正二品。高汝礪，本書卷一〇七有傳。

[3]學粮：國家發給官學生的廩糧。

[4]本色：指糧米。國家發給官學生學糧時如折合成錢叫“折色”，直接發放糧米叫“本色”。

五年，省試經義進士，考官於常格外多取十餘人，上命以特恩賜第。又命河北舉人今府試中選而爲兵所阻者，免後舉府試。[1]

[1]又命河北舉人今府試中選而爲兵所阻者，免後舉府試：由這條記載可知，此前金代科舉考試，府試中選後，會試、殿試不中，下一科還必須再參加府試。

策論進士，選女直人之科也。始大定四年，世宗命頒行女直大小字所譯經書，每謀克選二人習之。尋欲興女直字學校，猛安謀克内多擇良家子爲生，諸路至三千人。九年，選異等者得百人，薦於京師，廩給之，[1]命温蒂罕締達教以古書，[2]作詩、策，後復試，得徒單鎰以下三十餘人。[3]十一年，始議行策選之制，至十三年始定每場策一道，以五百字以上成，免鄉試、府試，止赴會試、御試。且詔京師設女直國子學，諸路設女直府學，擬以新進士充教授，以教士民子弟之願學者。俟行之久，學者衆，則同漢進士三年一試之制。乃就憫忠寺試徒單鎰等，[4]其策曰：“賢生於世，世資於賢。世未嘗不生賢，賢未嘗不輔世。蓋世非無賢，惟用與否，若伊尹之佐成湯，[5]傅説之輔高宗，[6]吕望之遇文王，[7]皆起耕築漁釣之間，而其功業卓然，後世不能企及者，蓋殷、周之君能用其人，盡其才也。本朝以神武定天下，聖上以文德綏海内，文武並用，言小善而必從，事小便而不棄，蓋取人之道盡矣。而尚憂賢能遺於草澤者，今欲盡得天下之賢而用之，又俾賢者各盡其能，以何道而臻此乎？”憫忠寺舊有雙塔，進士入院之夜半，聞東塔上有聲如音樂，西入宫。考試官侍御史完顔蒲涅等曰：[8]“文路始開而有此，得賢之祥也。”中選者得徒單鎰以下二十七人。

[1]廩給之：由國家供給生活費用。

[2]温蒂罕締達：女真人。金中期著名女真學專家。

[3]徒單鎰：女真人。金代首科女真進士狀元，爲金末一代名相。本書卷九九有傳。

[4]憫忠寺：佛寺名。在當時的中都城内，首科女真進士全國統考在此舉行。今名法源寺，在北京市南城。

[5]伊尹之佐成湯：伊尹，商初大臣，一説名摯，相傳是奴隸出身。成湯，商朝第一代君主。伊尹輔成湯滅夏，建立商朝。

[6]傅説（yuè）之輔高宗：傅説，商王武丁大臣，傳説他原來是傅岩地方從事版築的奴隸，後被武丁任命爲大臣。高宗，即商王武丁。史稱傅説輔佐武丁，使商朝中興。

[7]吕望之遇文王：吕望，姜姓，吕氏，名望，一説字子牙，所以又稱姜子牙。文王，即周文王。傳説吕望在渭河之濱垂釣，得遇文王，年已八十，被文王任爲輔臣，後佐武王滅商，建立周朝。吕望後來被封在山東，成爲齊國的第一代諸侯。

[8]侍御史完顔蒲涅：侍御史，御史臺屬官，掌奏事，判臺事，正員二人，從五品。完顔蒲涅，女真人。

十六年，命皇家兩從以上親及宰相子，[1]直赴御試。皇家袒免以上親及執政官之子，直赴會試。至二十年，以徒單鎰等教授中外，其學大振。遂定制，今後以策、詩試三場，策用女直大字，試用小字，程試之期皆依漢進士例。省臣奏，漢人進士來年三月二十日鄉試，八月二十日府試，次年正月二十日會試，三月十二日御試。勅以來年八月二十五日於中都、上京、咸平、東平府等路四處府試，餘從前例。

[1]皇家兩從以上親：指父母輩或同輩與皇室結親者，包括駙馬及其子弟、皇后兄弟及其子侄、皇后姊夫、妹夫及其子女等。

上曰："契丹文字年遠，[1]觀其所撰詩，義理深微，當時何不立契丹進士科舉。今雖立女直字科，慮女直字創製日近，義理未如漢字深奧，恐爲後人議論。"丞相守道曰：[2]"漢文字恐初亦未必能如此，由歷代聖賢漸加修舉也。聖主天姿明哲，令譯經教天下，行之久亦可同漢人文章矣。"上曰："其同漢人進士例，譯作程文，俾漢官覽之。"

[1]契丹文字：遼代契丹人創制的本族文字。有大字、小字之分。遼太祖之侄耶律魯不古和契丹人突吕不依據漢字隸書體首創契丹字，被稱爲契丹大字。遼太祖之弟耶律迭剌後來又創制一種文字，被稱作契丹小字。

[2]守道：女真人。即完顏守道，完顏希尹之孫，時爲太尉、尚書令，本書卷八八有傳。

二十二年三月，策試女直進士。至四月癸丑，上謂宰臣曰："女直進士試已久矣，何尚未考定?"參知政事斡特剌對曰："以其譯付看故也。"[1]上命速之。

[1]以其譯付看故也：是因爲翻譯和互相校看的原因。因女真進士是用女真文字答卷，所以需要翻譯成漢文再定其名次。

二十三年，上曰："女直進士設科未久，若令積習精通，則能否自見矣。"[1]

[1]積習：長期研讀和學習。

二十八年，諭宰臣曰："女直進士惟試以策，行之既久，人能預備。今若試以經義可乎?"宰臣對曰："《五經》中《書》《易》《春秋》已譯之矣，俟譯《詩》《禮》畢，試之可也。"上曰："大經義理深奥，不加歲月不能貫通。今宜於經内姑試以論題，後當徐試經義也。"

章宗大定二十九年，詔許諸人試策論進士舉。七月省奏，如詩、策、論俱作一日程試，恐力有不逮。詩、策作一日，論作一日，以詩、策合格爲中選，而以論定其名次。上曰："論乃新添，至第三舉時當通定去留。"

明昌元年，猛安謀克願試進士者擬依餘人例，[1]不可令直赴御試。上曰："是止許女直進士毋令試漢進士也。"又定制，餘官第五品散階，[2]令直赴會試，官職俱至五品，令直赴御試。

[1]猛安謀克：此指世襲猛安謀克的女真貴族。

[2]散階：又稱階官、散官。古代表示官員等級的稱號，與職官稱號相對而言，隋朝始有散階之號，各朝代散官階級亦不盡相同。高階者可任低職，低階者亦可出任高職。宋代官員按官階發俸禄，所以稱階官爲"寄禄官"。至明清兩代階官始與職官級相符。

承安二年，勅策論進士限丁習學。遂定制，内外官員、諸局分承應人、武衛軍、若猛安謀克女直及諸色人，[1]户止一丁者不許應試，兩丁者許一人，四丁二人，六丁以上止許三人。三次終場，不在驗丁之限。

[1]武衛軍：防守京師的軍隊。本書卷四四《兵志》，"京師防城軍，世宗大定十七年（1177）三月改爲武衛軍，則掌京師巡捕者也"。

三年，定制，女直人以年四十五以下，試進士舉，於府試十日前，委佐貳官善射者試射。其制，以六十步立垛，[1]去射者十五步對立兩竿，相去二十步，去地二丈，以繩横約之。弓不限强弱，不計中否，以張弓巧便、發箭迅正者爲熟閑。[2]射十箭中兩箭，出繩下至垛者爲中選。餘路委提刑司，在都委監察體究。如當赴會試、御試者，大興府佐貳官試驗，三舉終場者免之。

[1]垛（duǒ）：箭靶。

[2]熟閑：熟練。

四年，禮部尚書賈鉉言：[1]“策論進士程試弓箭，其兩舉終場及年十六以下未成丁者，若以弓箭退落，有失賢路。乞於及第後試之，中者别加任使，或升遷，否者降之。”省臣謂：“舊制三舉終場免試，今兩舉亦免之，未可。若以未成丁免試，必有妄匿年者，如果幼，使徐習未晚也。至於及第後試驗升降，則已有定格矣。”詔從舊制。

[1]禮部尚書賈鉉：禮部尚書，禮部長官，掌禮樂、祭祀、宴享、學校、貢舉等，正三品。賈鉉，本書卷九九有傳。

在泰和格，[1]復有以時務策參以故事，[2]及疑難經旨爲問之制。

[1]泰和格：章宗泰和年間頒行的條文規定。
[2]故事：過去的舊規定，慣例。

宣宗南遷，興定元年，制中都、西京等路，策論進士及武舉人權於南京、東平、婆速、上京四處府試。

五年，上賜進士斡勒業德等二十八人及第。[1]上覽程文，怪其數少，以問宰臣，對曰：“大定制隨處設學，諸謀克貢三人或二人爲生員，[2]贍以錢米。至泰和中，人例授地六十畝。所給既優，故學者多。今京師雖存府學，而月給通寶五十貫而已。[3]若於諸路總管府、及有軍户處置學養之，[4]庶可加益。京師府學已設六十人，乞更增四十人。中京、亳州、京兆府並置學官於總府，以謀克内不隸軍籍者爲學生，人畀地四十畝。漢學生在京者亦乞同此，餘州府仍舊制。”上從之。

[1]斡勒業德：女真人。宣宗興定五年（1221）策論進士科狀元。

[2]生員：即官學生。

[3]通寶：貨幣名。當時流通的是“貞祐通寶”。

[4]諸路總管府：官署名。金地方共設十九路，各設總管府，掌統本路軍政。　軍户：家中有人在軍隊服役的人户，單獨立户籍，被稱爲軍户。

凡會試之數，大定二十五年，詞賦進士不得過五百人。二十八年，以不限人數，遂至五百八十六人。章宗令合格則取，故承安二年至九百二十五人。時以復加四舉終場者，數太濫，遂命取不得過六百人。泰和二年，上命定會試諸科取人之數，司空襄言：[1]“試詞賦經義者多，可五取一。策論絶少，可四取一。恩榜本以優老於場屋者，[2]四舉受恩則太優，限以年則礙異材，可五舉則受恩。”平章徒單鎰等言：“大定二十五年至明昌初，率三四人取一。”平章張汝霖亦言：“五人取一，府試百人中纔得五耳。”[3]遂定制，策論三人取一，詞賦經義五人取一，五舉終場年四十五以上、四舉終場年五十以上者受恩。

[1]司空襄：司空，官名。金沿古代官制，以太尉、司徒、司空爲“三公”，皆正一品。三公之職多作爲一種榮譽官銜封賞給元老勳臣，司空居三公之末。襄，女真人。即完顔襄，時爲尚書省右

丞相、司空。本書卷九四有傳。

［2］場屋：指科場。

［3］平章張汝霖亦言：據本書卷八三《張汝霖傳》記，汝霖卒於明昌元年（1190）十二月，不應復預泰和二年（1202）議論。疑爲張萬公，時任平章政事（參見王慶生《〈金史〉點校拾遺》，《古籍整理出版情況簡報》2006 年 11 月 17 日）。

凡考試官，大定間，府試六處，各差詞賦試官三員，策論試官二員。明昌初，增爲九處，路各差九員，大興府則十一員。承安四年，又增太原爲十處。有司請省之，遂定策論進士女直經童千人以上差四員，五百人以上三員，不及五百二員。各以職官高者一人爲考試官，餘爲同考試官。詞賦進士與律科舉人共及三千以上五員，二千四員，不及二千三員。經義進士及經童舉人千人四員，五百以上三員，百人以上二員，不及百人以詞賦考官兼之。

後又定制，策論試官，上京、咸平、東平各三員，北京、西京、益都各二員。律科，監試官一員，試律官二員，隸詞賦試院。[1]經童，試官一員，隸經義考試院，與會試同。其彌封、并謄録官、檢搜懷挾官，[2]自餘修治試院，[3]監押門官，[4]並如會試之制。大定二十年，上以往歲多以遠地官考試，不便，遂命差近者。

［1］隸詞賦試院：中華點校本據上下文義補“試院”爲“考試院”。

［2］彌封：科舉考試實行的一種制度。亦稱糊名彌封、糊名考校。據高承《事物記原》一書記載，彌封之法始於唐代，武則天時

吏部選官，命應選者“自糊其名，暗考以定其等第”。宋太宗淳化三年科舉殿試，實行糊名彌封，至真宗時，會試、鄉試也一律采用彌封之法，此後遂爲定制。　謄録官：主管考試謄録的官員。謄録也是科舉考試的一種制度，始於宋真宗時期。其法，置謄録院，將彌封的考卷編號後送謄録院由專人用紅筆謄録，稱“朱卷”，考生的原卷稱“墨卷”。謄録之後，將“朱卷”送考官評閱，按取中的“朱卷”調來“墨卷”，校對無誤後將“墨卷”當衆拆封，填寫榜文。這種辦法主要是防止閱卷者認識考生筆跡，以通同作弊。　搜檢懷挾官：負責搜檢考生進考場時是否有夾帶文字。

[3]修治試院：官名。主管考場雜務。

[4]監押門官：亦稱監門官，主管考場門禁，盤察出入。

凡會試，知貢舉官、同知貢舉官，[1]詞賦則舊十員，承安五年爲七員。經義則六員，承安五年省爲四員。詮讀官二員。[2]泰和三年，上以彌封官渫語於舉人，[3]勅自今女直司則用右選漢人封，[4]漢人司則以女直司封。[5]宣宗貞祐三年，以會試賦題已曾出，而有犯格中選者，復以考官多取所親，上怒其不公，命究治之。

[1]知貢舉官：即會試主考官，其官名始於唐代，多由科班出身的禮部官員擔任。　同知貢舉官：即會試副主考。

[2]詮讀官：即科場閱卷官，明清兩代稱同考官，又稱房官。因當時實行分房閱卷制，每位同考官負責一房的閱卷工作，所以稱“房官”。

[3]渫（xiè）：同“泄”，疏通之意。

[4]女直司：考場內主管女真考生試卷考校的機構。　右選：亦稱“右職”。即散官屬於武階的官員。本書卷五二《選舉志二》，“凡進士則授文散官，謂之文資官。自余皆武散官，謂之右職，又

謂之右選”。

[5]漢人司：考場内主管漢人考生試卷考校的機構。

凡御試，讀卷官，策論、詞賦進士各七員，經義五員，餘職事官各二員。制舉宏詞共三員。泰和七年，禮部尚書張行簡言：“舊例，讀卷官不避親，至有親人，或有不敢定其去留，或力加營護，而爲同列所疑。若讀卷官不用與進士有親者，則讀卷之際得平心商確。”上遂命臨期多擬，其有親者汰之。

凡府試策論進士，大定二十年定以中京、[1]上京、咸平、東平四處，至明昌元年，添北京、西京、益都爲七處，兼試女直經童。凡上京、合懶、速頻、胡里改、蒲與、東北招討司等路者，[2]則赴會寧府試。咸平、隆州、婆速、東京、蓋州、懿州者，[3]則赴咸平府試。中都、河北東西路者，則赴大興府試。西京并西南、西北二招討司者，[4]則赴大同府試。北京、臨潢、宗州、興州、全州者，[5]則赴大定府試。山東西、大名、南京者，則赴東平府試。山東東路則試於益都。

[1]中京：中華點校本據本書卷五《海陵紀》及本卷下文，改“中京”爲“中都”。

[2]東北招討司：地方行政官署名。掌統領當地駐軍，招懷降附，征討携離。治所在金舊泰州，即今吉林省洮安縣東雙塔鄉程四家子古城，録屬於監潢府路。

[3]懿州：治所在今遼寧省阜新市東北五十四公里的塔營子屯古城。

[4]西南西北二招討司：地方行政官署名。西南路招討司治所

設在豐州，即今内蒙古自治區呼和浩特市東。西北路招討司治所設在桓州，即今内蒙古自治區正藍旗西北。此兩招討司皆隸屬於西京路。

[5]宗州：治所在今遼寧省綏中縣西南。　興州：《中國歷史地圖集》（東北卷）謂其治所在今河北省灤縣西南一里的喀喇河屯故城。鄭紹禹《遼北安州考》謂在今隆化縣伊遜河東岸皇姑屯古城（見《遼金史論集》一，上海古籍出版社 1987 年版）。　全州：治所約在今西喇木倫河與察罕木倫河合流處附近（參見張博泉等《東北歷代疆域史》，吉林文史出版社 1981 年版，第 204－205 頁）。

凡詞賦、經義進士及律科、經童府試之處，大定間，大興、大定、大同、開封、東平、京兆凡六處。明昌初，增遼陽、平陽、益都爲九處。承安四年復增太原爲十。中都、河北則試於大興府，上京、東京、咸平府等路則試於遼陽府，餘各試於其境。

凡鄉試之期，以三月二十日。

府試之期，若策論進士則以八月二十日試策，間三日試詩。詞賦進士則以二十五日試賦及詩，又間三日試策論。經義進士又間詞賦後三日試經義，又三日試策。次律科，次經童，每場皆間三日試之。

會試，則策論進士以正月二十日試策，皆以次間三日，同前。

御試，則以三月二十日策論進士試策，二十三日試詩論，二十五日詞賦進士試賦詩論，而經義進士亦以是日試經義，二十七日乃試策論。若試日遇雨雪，則候晴日。御試唱名後，[1]試策則稟奏，宏詞則作二日程試。

舊制，試女直進士在再試漢進士後，大定二十九年以復設經義科，更定是制。

[1]唱名：即放榜。因放榜時要高聲宣讀入選者的姓名，所以稱放榜爲“唱名”。

凡監檢之制，大興府則差武衛軍，餘府則於附近猛安内差摘，平陽府則差順德軍。[1]凡府會試，每四舉人則差一人，復以官一人彈壓。[2]御試策進士則差弩手及隨局承應人，漢進士則差親軍，[3]人各一名，皆用不識字者，以護衛十人，親軍百人長、五十人長各一人巡護。[4]

[1]順德軍：軍名。是當時駐札在平陽府的一支軍隊。

[2]彈壓：鎮懾管制之意。

[3]親軍：軍名。指皇帝的侍衛親軍。

[4]百人長五十人長：百人長即謀克。五十人長是管理五十人的小頭目，也稱“隊正”。二者都是下級軍官。

泰和元年，省臣奏：“搜檢之際雖當嚴切，然至於解發袒衣，索及耳鼻，則過甚矣，豈待士之禮哉。故大定二十九年已嘗依前故事，使就沐浴，官置衣爲之更之，既可防濫，且不虧禮。”上從其説，命行之。

恩例。明昌元年，定制，省元直就御試，[1]不中者許綴榜末。解元但免府試，[2]四舉終場依五舉恩例，所試文卷惟犯御名廟諱、不成文理者則黜之，[3]余並以文之優劣爲次。仍一日試三題，其五舉者止試賦詩，女直進士亦同此例。承安五年，勑進士四舉該恩，[4]詞賦經義當以各科爲場數，不得通數。又恩榜人應授官者，監試官於試時具數以奏，特恩者授之。

[1]省元：又稱會元，即會試進士第一名。唐科舉衹有鄉、省兩級考試，所以會試取中的第一名就稱狀元。宋增殿試，會試第一名改稱省元或會元，殿試第一名稱狀元。

[2]解（jiè）元：鄉試取中的第一名。

[3]犯御名廟諱：御名，指在位皇帝之名。廟諱，指已死皇帝之名。科舉考試避諱甚嚴，如考生在答卷中誤書皇帝和死去皇帝名字相同的字或同音字，叫作“犯諱”。

[4]四舉該恩：參加四次殿試，給予恩例待遇，賜進士第。

泰和三年，以經義會元與策論詞賦進士不同，若御試被黜則附榜末，爲太優，若同恩例，又與四舉者不同。遂定制，依曾經府試解元免府試之例，會試下第，再舉直赴御試。

律科進士，又稱爲諸科，其法以律令内出題，府試十五題，每五人取一人。大定二十二年定制，會試每場十五題，三場共通三十六條以上，文理優、擬斷當、用字切者，[1]爲中選。臨時約取之，初無定數。其制始見於海陵庶人正隆元年，至章宗大定二十九年，有司言：“律科止知讀律，不知教化之源，可使通治《論語》《孟子》以涵養其氣度。”遂令自今舉後，復於《論語》《孟子》内試小義一道，[2]府會試别作一日引試，命經義試官出題，與本科通考定之。

[1]擬斷當、用字切：判斷考題中的案例恰當，用字準確。

[2]小義：書中的小問題，淺顯問題。

經童之制，凡士庶子年十三以下，能誦二大經、三小經，又誦《論語》諸子及五千字以上，府試十五題通十三以上，會試每場十五題，三場共通四十一以上，爲中選。所貴在幼而誦多者，若年同，則以誦大經多者爲最。

初，天會八年時，太宗以東平童子劉天驥，[1]七歲能誦《詩》《書》《易》《禮》《春秋左氏傳》及《論語》《孟子》，上命教養之，然未有選舉之制也。熙宗即位之二年，詔闕貢舉，始備其列，取至百二十二人。天德間，廢之。

[1]劉天驥：金太宗時的神童。

章宗大定二十九年，上謂宰臣曰："經童豈遽無人，其議復置。"明昌元年，益都府申，"童子劉住兒年十一歲，[1]能詩賦，誦大小六經，所書行草頗有法，孝行夙成，乞依宋童子李淑賜出身，[2]且加以恩詔"。上召至内殿，試《鳳凰來儀》賦、《魚在藻》詩，又令賦《旱》詩，上嘉之，賜本科出身，給錢粟官舍，令肄業太學。

[1]劉住兒：金章宗時的神童。

[2]宋神童李淑：李淑，北宋徐州豐縣人。其父李若谷，仁宗時官至參知政事。李淑十二歲時，宋真宗命賦詩，表現出色，得賜童子科出身，授秘書省校書郎。官至翰林學士，死後贈尚書右丞。

《宋史》卷二九一有傳。

明昌三年，平章政事完顔守貞言："經童之科非古也，自唐諸道表薦，或取五人至十人。近代宋仁宗以爲無補，[1]罷之。本朝皇統間取及五十人，因以爲常，天德時復廢。聖主復置，取以百數，恐久積多，不勝銓擬，[2]乞諭旨約省取之。"上曰："若所誦皆及格，何如？"守貞曰："視最幼而誦不訛者精選之，則人數亦不至多也。"復問參知政事胥持國，[3]對曰："所誦通否易見，豈容有濫。"上曰："限以三十或四十人，若百人皆通，亦可覆取其精者。"持國曰："是科盖資教之術耳。夫幼習其文，長玩其義，使之蒞政，[4]人材出焉。如中選者，加之修習進士舉業，則所記皆得爲用。臣謂可勿令遽登仕途，必習舉業，而後官使之可也。若能擢進士第，自同進士任用。如中府薦或會試，視其次數，優其等級。幾舉不得薦者，從本出身，又可以激勸而後得人矣。"詔議行之。

[1]宋仁宗：名趙禎。北宋第四任皇帝。1023 年至 1063 年在位。

[2]銓擬：任命爲官。選拔官吏叫銓，凖備打算叫擬，銓擬就是選擇擬注的人爲官。

[3]胥持國：金代州繁時縣（今山西省繁峙縣）人。經童出身，章宗時官至宰相，與元妃李氏勾結，專擅朝政，頗受非議。本書卷一二九有傳。

[4]蒞政：從政，任官。

制舉有賢良方正、能直言極諫、博學宏材、達於從政等科，[1]試無常期，上意欲行，即告天下。聽内外文武六品以下職官無公私過者，從内外五品以上官薦於所屬，詔試之。若草澤士，德行爲鄉里所服者，則從府州薦之。凡試，則先投所業策論三十道於學士院，[2]視其詞理優者，委官以群經子史内出題，一日試論三道，如可，則庭試策一道，不拘常務，取其無不通貫者，優等遷擢之。

[1]能直言極諫、博學宏材、達於從政：制舉科目名。這些科目都是沿襲宋制舉科目。宋制舉共三科，賢良方正能直言極諫、經學優深查爲師法、詳閑吏理達於教化。名稱與金不同（參見《宋史》卷一五六《選舉志二》）。

[2]學士院：官署名。即翰林學士院，簡稱翰林院。主管制撰詞命。

宏詞科試詔、誥、章、表、露布、檄書，[1]則皆用四六；[2]誡、諭、頌、箴、銘、序、記，[3]則或依古今體，或參用四六。於每舉賜第後進士及在官六品以下無公私罪者，在外官薦之，令試策官出題就考，通試四題，分二等遷擢之。二科皆章宗明昌元年所剏者也。

[1]章、表、露布、檄書：皆爲文體名。章，臣下的奏章。表，古代奏章的一種。露布，亦稱“露板”，古代用於檄文、捷報和其他緊急文書。檄書，古代官府用於征召、曉喻和聲討的文書。

[2]四六：四字句和六字句。即駢體文。

[3]誡、諭、頌、箴（zhēn）、銘、序、記：皆爲文體名。誡，

用於警示，如漢代杜篤作《女誡》。諭，以上告下的文書，如聖諭。頌，用於歌頌和頌揚的文體。箴，用於規誡的文書。銘，古代常刻銘於碑文之末，以頌死者業績與功德。序，亦作“敘”，介紹評述一篇文章、一部著作，或記叙一種事物。記，古代的一種公文體，如奏記、牋記。

武舉，嘗設於皇統時，其制則見於《泰和式》，[1]有上中下三等。能挽一石力弓，以重七錢竹箭，百五十步立貼，[2]十箭内，府試欲中一箭，省試中二箭，程試中三箭。又遠射二百二十步垛，三箭内一箭至者。又百五十步内，每五十步設高五寸長八寸臥鹿二，[3]能以七斗弓、二大鑿頭鐵箭馳射，[4]府試則許射四反，[5]省試三反，程試二反，皆能中二箭者。又百五十步内，每三十步，左右錯置高三尺木偶人戴五寸方板者四，以槍馳刺，府試則許馳三反，省試二反，程試三反，[6]左右各刺落一板者。又依廕例問律一條，[7]又問《孫》《吴》書十條，[8]能説五者爲上等。凡程試，若一有不中者，皆黜之。若射貼弓八斗，遠射二百一十步，射鹿弓六斗，《孫》《吴》書十條通四，爲中等。射貼弓七斗，遠射二伯伍步，射鹿弓五斗，《孫》《吴》書十條通三，爲下等。解律、刺板，皆欲同前。凡不知書者，雖上等爲中，中則爲下。凡試中中下，願再試者聽。

［1］《泰和式》：章宗泰和年間頒布的條文規定，已失傳。
［2］貼：靶心。
［3］臥鹿：一種當箭靶鹿形模型。

[4]鑿頭鐵箭：一種平刃的鐵箭頭。　馳射：騎在馬背上驅馳而射，即跑馬射箭。

[5]反：與“返”通，即跑馬而射一次叫一反。

[6]程式三反：按上文省試、府試、程試不同要求之比例推之，此當是“一反”。

[7]廕例：廕官的規定和慣例。

[8]《孫》《吴》書：指《孫子兵法》和《吴子兵法》，均爲中國古代軍事著作。

舊制，就試上等不中，不許再試中下等。泰和元年，定制，不分舊等，但從所願，試中則以三等爲次。

二年，省奏，武舉程式當與進士同時，今年八月府試，欲隨路設考試所，臨期差官，恐以剏立未見應試人數，遂權令各處就考之。

宣宗貞祐三年，同進士例，賜勑命章服。[1]時以隨處武舉入試者，自非見居職任及已用於軍前者，令郡縣盡遣詣京師，别爲一軍，以備緩急。其被薦而未授官者，亦量材任之。

[1]勑命：由朝廷頒發的文書憑證。　章服：帶花紋的官服。

元光二年，[1]東京總帥紇石烈牙吾塔言：[2]“武舉入仕，皆授巡尉軍轄，[3]此曹雖善騎射，不歷行陣，不知軍旅，一旦臨敵，恐致敗事。乞盡括付軍前爲長校，俟有功則升之。”宰臣奏：“國家設此科與進士等，而欲盡置軍中，非獎進人材之道。”遂籍丁憂、待闕、去職者付之。

[1]元光：金宣宗年號（1222—1223）。

[2]東京總帥紇石烈牙吾塔：按，東京總帥爲誤記。金東京在今遼寧省遼陽市，時早已淪陷。本書卷一六《宣宗紀下》元光元年（1222）七月，"京東總帥紇石烈牙吾塔請自今行院帥府幕職，有過得自決之"。卷一一一《紇石烈牙吾塔傳》亦記，牙吾塔元光元年五月"以京東便宜總帥兼行户、工部事"。所以此處"東京總帥"應爲"京東總帥"。紇石烈牙吾塔，女真人。金末爲領兵元帥，專横跋扈。本書卷一一一有傳。

[3]巡尉：指縣尉，縣級屬官。主管巡捕盜賊。赤縣正員四人，正八品；次赤縣和諸縣各一員，正九品。　軍轄：指防禦州和刺史州的屬官軍轄兼巡捕使。皆從九品。

試學士院官。大定二十八年，勅設科取士爲學士院官。禮部下太常，按唐典，初入學士院例先試，今若於進士已仕者，以隨朝六品、外路五品職事官薦，試制詔誥等文字三道，取文理優者充應奉。由是翰苑之選爲精。[1]明昌五年，以學士院撰文字人少，命尚書省訪有文采者勾取權試。

[1]翰苑：指翰林院。

凡司天臺學生，[1]女直二十六人，漢人五十人，聽官民家年十五以上、三十以下試補。又三年一次，選草澤人試補。其試之制，以《宣明曆》試推步，[2]及《婚書》《地理新書》試合婚、安葬，[3]並《易》筮法、六壬課、三命五星之術。[4]

[1]司天臺：官署名。主管天文曆法之事。

[2]《宣明曆》：曆法名。　推步：按曆法推算日月。

[3]合婚、安葬：以上兩書中有關婚姻及葬禮方面的知識。

[4]筮法、六壬課、三命五星之術：皆爲占卜星象推演之術。

凡醫學十科，大興府學生三十人，餘京府二十人，散府節鎮十六人，防禦州十人，每月試疑難，以所對優劣加懲勸，三年一次試諸太醫，[1]雖不係學生，亦聽試補。

[1]太醫：官署名。即太醫院。主管宮廷醫藥之事。

金史　卷五二

志第三十三

選舉二

文武選

金制，文武選皆吏部統之。[1]自從九品至從七品職事官，[2]部擬。正七品以上，呈省以聽制授。[3]凡進士則授文散官，[4]謂之文資官。自餘皆武散官，[5]謂之右職，又謂之右選。文資則進士爲優，右職則軍功爲優，皆循資，有陞降定式而不可越。

[1]吏部：官署名。尚書省六部之一。主管文武官員選授、勳封、考課，出給制誥等事。

[2]職事官：指職官。從一至九品各有正、從，共十八級。

[3]省：指尚書省。爲古代國家的中央最高行政機關。

[4]文散官：即文官散階，亦稱文官階。散官，又稱階官，古代表示官員等級的稱號，與職官表示所任職務稱號相對而言，隋始

定散官之號。各朝代散官階級别亦不盡相同。金文官散階從將仕郎到開府儀同三司，共四十二階。

[5]武散官：即武官散階，亦稱武官階。金武官散階從二品至從一品與同級文官階相同。自正三品以下，從進義副尉到龍虎衛上將軍爲三十四階，共四十二階。

凡銓注，[1]必取求仕官解由，[2]撮所陳行績資歷之要爲銓頭，[3]以定其能否。其有犯公私罪贓污者，謂之犯選格，[4]則雖遇恩而不得與。舊制，犯追一官以至追四官，[5]皆解任周年，而復仕之。承安二年，[6]定制，每追一官則殿一年，[7]凡罷職會赦當叙者，[8]及降殿當除者，[9]皆具罪以聞，而後仕之。凡增課陞至六品者，[10]任回復降。既廉升而再任覆察不同者，[11]任回亦降。

[1]銓注：古官制術語。封官吏的考選登録。

[2]解（jiè）由：宋金時稱官吏赴任的證書爲解由。解是發送，由是憑證。

[3]銓頭：古官制術語。銓注的重要項目之一，内容爲概括該人的行績與資歷。

[4]選格：古官制術語。指選拔官吏的具體條文規定。

[5]犯追一官：因犯選格而追奪一級官職，即降調一級。

[6]承安：金章宗年號（1196—1200）。

[7]殿一年：延遲一年。

[8]叙：亦作銓叙，古官制術語。按照資歷和勞績核定官職的授予或升降。

[9]除：亦作除授，古官制術語。即任官授職。

[10]增課升：課，古官制術語，指官吏的考核。增課升，指在

正常考核之外增設的考核中得以升遷者。

［11］廉升：廉，亦作廉察，一種考核官吏的辦法。廉升就是因廉察而升遷者。

自進士、舉人、勞效、廕襲、恩例之外，[1]入仕之途尚多，而所定之時不一。若牌印、護衛、令史之出職，[2]則皇統時所定者也。[3]檢法、知法、國史院書寫，[4]則海陵庶人所置者也。[5]若宗室將軍、宮中諸局承應人、宰相書表、太子護衛、妃護衛、王府祗候郎君、内侍、及宰相之子、並譯史、通事、省祗候郎君、親軍驍騎諸格，[6]則定於世宗之時，[7]及章宗所置之太常檢討、内侍寄禄官，[8]皆仕進之門户也。

［1］進士、舉人、勞效、蔭襲、恩例：金進士和舉人的概念與後世明清兩代不同。本書卷五一《選舉志一》，“詞賦、經義、策論中選者，謂之進士。律科、經童中選者，曰舉人”。明清兩代以八股文取士，鄉試取中者爲舉人，會試取中者爲貢士，殿試取中者纔稱進士。勞效，指行武出身。本卷下文有“勞效，謂年老千户、謀克也”。蔭襲，即門蔭之制，是古代官僚子弟直接入仕的一種特權。恩例，是根據參加科舉考試次數、年齡，照顧長期潦倒場屋、屢試不第的老年儒生，賜第授官。

［2］牌印、護衛、令史：牌印，又稱牌印祗候。世宗大定二年（1162）改稱符寶祗候，殿前都點檢司屬官，主管御寶印璽和金銀牌等，正員四人，是不入品級的流外官。護衛，皇帝的侍衛。令史，又稱牌印令史，世宗大定二年改稱符寶典書，殿前都點檢司屬官，正員四人，執掌與牌印祗候同，亦屬流外官。

［3］皇統：金熙宗年號（1141—1149）。

［4］檢法、知法、國史院書寫：檢法，尚書省、都元帥府、大宗正府（大睦親府）、御史臺等官署機構都設有檢法官，主管檢斷取法文字等事，多者定員二十二人，少者二人，正八品或從八品。知法，樞密院、尚書省三司、大理寺、登聞鼓院、登聞檢院、地方府州等機構屬官，執掌與檢法同，正員多少不等，從八品或從九品。國史院書寫，國史院屬官，女真、漢人各五員，無品級的流外官。

［5］海陵庶人：指海陵王完顔亮。1149年至1162年在位。完顔亮南伐，兵敗身死。世宗即位，先降封爲海陵郡王，謚號“煬”。大定二十年（1180）又降封爲海陵庶人。本書卷五有紀。

［6］宗室將軍、宮中諸局承應人、宰相書表：宗室將軍，大宗正府屬官，正七品。各宗室將軍在完顔氏成員聚居區設置官署，稱宗室將軍司，是大宗正府在地方上的派出機構。章宗明昌二年（1191），爲避世宗父宗輔（又名宗堯）名諱，改宗室將軍司爲司屬司，宗室將軍亦改稱司屬令。宮中諸局承應人，指宮廷内所屬各局的吏員。宰相書表，其官名、執掌不詳，待考。　王府祗候郎君：親王府屬官，執掌不詳。　譯史、通事、省祗候郎君：譯史和通事是做翻譯工作的低級官吏，尚書省及所屬各部、都元帥府、樞密院、御史臺等官署機構都設有譯史和通事，人員多少不等，屬流外官。省祗候郎君，尚書省屬吏。本書卷五三《選舉志三》，“省祗候郎君，大定三年（1163）制，以袒免以上親願承應已試合格而地無闕收補者及一品官子，已引進，止在班祗候，三十月循遷”。

［7］世宗：廟號。即完顔烏禄，漢名雍。金朝第五任皇帝，1161年至1189年在位。本書卷六至八有紀。

［8］章宗：廟號。即完顔麻達葛，漢名璟。金朝第六任皇帝，1189年至1208年在位。本書卷九至一二有紀。　太常檢討：太常寺屬官。章宗明昌元年（1190）置，以品官子孫及終場舉人試補，正員二人，從九品。　内侍寄禄官：章宗泰和二年（1202）設，原屬宮闈局，後改隸宣徽院，有中常侍、給事中等名目（詳見本書卷

五六《百官志二》）。

凡官資以三十月爲考，[1]職事官每任以三十月爲滿，[2]群牧使及管課官以三周歲爲滿，[3]防禦使以四十月、三品以上官則以五十月、轉運則以六十月爲滿。[4]

[1]考：古官制術語。官吏的考察期限。

[2]滿：古官制術語。官員任職期滿。

[3]群牧使：女真語作“烏魯古使”。群牧所屬官。群牧所提控（又稱提控諸烏魯古）副佐，主管群牧所牲畜繁殖放牧之事，從四品。

[4]防禦使：防禦州長官。主管防捍不虞、禦制盜賊，主治州事，從四品。　轉運：即轉運使，轉運司長官。主管税賦錢穀、倉庫出納、權衡度量之制，正三品。

司天、太醫、内侍官皆至四品止。[1]

[1]司天、太醫：官署名。司天，即司天臺，主管天文曆法之事。太醫，即太醫院，主管宫廷醫藥之事。

凡外任循資官謂之常調，[1]選爲朝官謂之隨朝，隨朝則每考陞職事一等，若以廉察而陞者爲廉陞，授東北沿邊州郡而陞者爲邊陞。

[1]外任循資官：指在地方上擔任職務按資歷遷轉的官員。

凡院務監當差使則皆同從九品。[1]

[1]院務監當差使：指樞密院及宮廷各監屬下當差者。

凡品官任都事、典事、主事、知事、及尚書省令史、覆實、架閣司管勾、直省直院局長副、檢法、知法、院務監當差使、及諸令史、譯史、掌書、書史、書吏、譯書、譯人、通事、並諸局分承應有出身者皆爲流外職。[1]凡此之屬，或以尚書省差遣，[2]或自本司判補，其出職或正班、雜班，[3]則莫不有當歷之名職。既仕則必循陞降之定式，雖或前後略有損益之殊，[4]而定制則莫能渝焉。[5]

[1]都事、典事、主事、知事、尚書省令史、覆實、架閣司管勾、直省直院局長副：官吏名。都事，尚書省左、右司屬官中各置都事二員，樞密院一員，皆爲正七品。典事，御史臺屬官，正員二人，從七品。主事，尚書省六部屬官，吏部正員四人，户部正員五人，其餘四部各二員，皆從七品。知事，大宗正府和三司屬官，三司知事正員二人，皆從七品。尚書省令史，尚書省屬吏，正員七十人，漢人、女真各三十五。覆實，覆實司長官，全稱是覆實司管勾，隸屬户、工部，主管覆實營造材物、工匠價值等，從七品。架閣司管勾，按應爲“架閣庫管勾”。尚書省共置四架閣庫，各以管勾爲其長官，正八品。直省直院局長副，指直省局和直院局的長官和副佐。直省局長官是直省局長，主管尚書省之禮及官員參謝之儀，從八品。副佐是副局長，正九品。直院局不詳所指，待考。
掌書、書史、書吏、譯書、譯人：吏名。掌書，審官院屬官，正員四人，女真、漢人各二，以御史臺終場舉人充。書史、書吏、譯書、譯人，爲按察司、按撫司、總管府等地方行政機構的低級屬

吏。　流外官：自三國曹魏始，官分九品，歷代相沿不改。九至一品官稱流内官。不入九品的低級官吏稱流外官，亦稱“未入流”。

［2］尚書省：行政官署名。海陵王即位，罷中書、門下兩省，衹置尚書省。是金朝中央最高政務機關。

［3］正班、雜班：金海陵王正隆年間實行官制改革，推行正隆官制，分官員爲正班和雜班兩類。尚書省、樞密院、御史臺的官吏稱正班。其餘官署的官吏稱雜班（詳見本書卷五三《選舉志三》）。

［4］損益之殊：增損變動差別很大。

［5］渝：改變。

凡門廕之制，天眷中，[1]一品至八品皆不限所廕之人。貞元二年，[2]定廕叙法，[3]一品至七品皆限以數，而削八品用廕之制。世宗大定四年五月，[4]詔：“皇家袒免以上親，[5]就廕者依格引試中選者勿令當傔使。”[6]五年十月，制：“亡宋官當廕子孫者，並同亡遼官用廕。”又曰：“教坊出身人，[7]若任流内職者，與文武同用廕。自餘有勤勞者，[8]賞賜而已。昔正隆時常使教坊輩典城牧民，[9]朕甚不取。”又更定冒廕及取廕官罪賞格。[10]

［1］天眷：金熙宗年號（1138—1140）。

［2］貞元：金海陵王年號（1153—1156）。

［3］廕叙法：按官品等第廕襲官職的法律規定。

［4］大定：金世宗年號（1161—1189），章宗即位後又延用一年。

［5］袒免（wèn）以上親：《禮記·大傳》，“五世袒免，殺同姓也”。孔穎達疏：“謂共承高祖之父都者也，言服袒免而無正服，減殺同姓也。”袒免以上親，就是指五世同祖的宗族成員，即所謂

“五服”。袒免本是一種喪禮，是袒衣免冠的省略語。袒衣就是露出左臂，免冠即不戴帽子，表示這是五服之外的遠親。袒免以上親指“五服”之内家族成員。

[6]僕使：官吏名。官吏連直爲僕，直與“值”通，即值班、值勤。僕使指在官署中連直的官吏。

[7]教坊：官署名。亦稱教坊司，掌宫廷音樂。

[8]勤勞：勤勉有勞績。

[9]正隆：金海陵王年號（1156—1161）。　典城牧民：指出任地方州縣長官。

[10]冒廕：冒名頂替廕官。

七年五月，命司天臺官四品以上官改授文武資者，並聽如太醫例廕。其制，凡正班廕亦正班，雜班廕雜班。

明昌元年，[1]以上封事者乞六品官添廕，[2]吏部言：“天眷中，八品用廕，不限所廕之人。貞元中，七品用廕，方限以數。當是時，文始於將仕，[3]武始於進義，[4]以上至七品儒林、忠顯，[5]各七階，許廕一名。至六品承直、昭信，[6]計九階，許廕二人。自大定十四年，文武官從下各增二階，其七品視舊爲九階，亦廕一名，至五品凡十七階，方廕二人，其五品至三品並無間越，唯六品不用廕。乞依舊格，五品以上增廕一名，六品廕子孫弟兄二人，七品仍舊爲格。”時又以舊格雖有己子許廕兄弟侄，蓋所以崇孝悌也，[7]而新格禁之，遂聽讓廕。[8]

[1]明昌：金章宗年號（1190—1196）。

[2]上封事：上奏章。

[3]將仕：即將仕郎。文官散階，正九品下。

[4]進義：即進義校尉。武官散階，正九品下。

[5]儒林、忠顯：儒林，即儒林郎。文官散階，從七品下。忠顯，即忠顯校尉。武官散階，從七品下。

[6]承直、昭信：承直，即承直郎。原爲金文官六品散階，世宗大定十四年（1174）又增創二階，承直郎變成正七品下。昭信，即昭信校尉，原爲金武官六品散階，世宗大定十四年又增設二階，昭信校尉變成正七品下。

[7]孝悌（tì）：亦作“孝弟”。《論語·學而》：“其爲人也孝弟。”朱熹注：“善事父母爲孝，善事兄長爲弟。”

[8]讓廕：把本應自己廕襲的官職讓給別人（廕官次序排在其後者）。

舊制，司天、太醫、内侍、長行雖至四品，[1]如非特恩換授文武官資者，不許用廕，以本人見充承應，難使係班故也。泰和二年，[2]定制，以年老六十以上退、與患疾及身故者，雖至止官，擬令係班，除存習本業者聽廕一名，止一子者則不須習即廕。

[1]長行：官名。司天臺屬吏。正員五十人。

[2]泰和二年定制：中華點校本本卷校勘記云，按本書卷一一《章宗記三》，泰和元年正月“乃更定廕叙法而頒行之”。當即此制。此處“二年”應是“元年”之誤。泰和，金章宗年號（1201—1208）。

凡諸色出身文武官一品，[1]廕子孫至曾孫及弟兄姪孫六人，因門廕則五人。二品則子孫至曾孫及弟兄姪五人，因門廕則四人。三品子孫兄弟姪四人，因門廕則三人。四品、五品三人，因門廕則二人。六品二人，七品子孫兄弟一人，因門廕則六品、七品子孫兄弟一人。舊格，[2]門廕惟七品一人，餘皆加一人。明昌格，自五品而上皆增一人。

[1]諸色出身：指各種不同民族出身的人。

[2]舊格：舊的法律或政策條文規定。

凡進納官，[1]舊格正班三品廕四人，雜班三人。正班武略子孫兄弟一人，[2]雜班明威一人，[3]懷遠以上二人，[4]鎮國以上三人。[5]

司天、太醫遷至四品詔換文武官者，廕一人。

[1]進納官：指向朝廷獻納錢物買得官職者。

[2]武略：階官名。即武略將軍。武官散階，從六品下。

[3]明威：階官名。即明威將軍。武官散階，正五品下。

[4]懷遠：階官名。即懷遠大將軍。武官散階，從四品下。

[5]鎮國：階官名。即鎮國上將軍。武官散階，從三品下。

凡進士所歷之階，及所循注之職。貞元元年制，南選，[1]初除軍判、丞、簿，[2]從八品。次除防判、録事，[3]正八品。三除下令，[4]從七品。四中令、推官、節察判，[5]正七品。。五六皆上令，[6]從六品。北選，[7]初軍判、簿、尉，二下令，三中令，四上令，已後並上令，通注節察判、推官。

[1]南選：金初滅遼克宋，科舉考試分别承遼宋之制，實行南、北選制度。讓原遼地的文士試詞賦，稱北選。原北宋的文士試經義、詞賦、策論，稱南選。

[2]初除軍判、丞、簿：（南選進士）第一任授予軍判、丞、簿等官職。軍判，即刺史州判官，從八品。丞，指縣丞，縣令副佐。本書卷五七《百官志三》記，赤縣丞爲正八品，其餘縣丞爲正九品，與此所記從八品不同。簿，指主簿，縣級屬官，主管户口和簿籍之事。本書卷五七《百官志三》記，主簿爲正九品，與此所記從八品不同。

[3]防判、録事：防判，即防禦州判官，掌簽判州事、通檢推排簿籍，正八品。録事，諸府節鎮録事司長官，正八品。

[4]下令：指下縣縣令。下縣，即不滿三千户的小縣。

[5]中令、推官、節察判：中令，指中縣縣令。三千户以上、萬户以下爲中縣。推官，諸府屬官，分判兵、工、刑案事。節察判，指節度州的節度判官和觀察判官，前者僉判兵馬及兵、刑、工案事，後者分判吏、户、禮案事及通檢推排簿籍。以上官職皆爲正七品。

[6]上令：指上縣縣令。萬户以上、不足二萬户的縣稱上縣。

[7]北選：指科舉考試中録取的原遼地進士。

正隆元年格，上甲者初上簿軍判、丞、簿、尉，[1]中甲者初中簿軍判、丞、簿、尉，下甲者初下簿軍判、丞、簿、尉。第二任皆中簿軍判、丞、簿、尉。三、四、五、六、七任皆縣令，回呈省。

[1]上甲：金科舉仿宋制，録取進士分爲上、中、下三甲，上

甲又稱一甲，亦稱鼎甲。　上簿：據中華點校本本卷校勘記，與下文的中簿、下簿對應，疑應是“上等”“中等”“下等”。

大定二年，詔文資官不得除縣尉。[1]

八年格，歷五任令即呈省。

[1]文資官不得除縣尉：縣尉，官名。縣級屬官，專管巡捕盜賊。其中，赤縣正員四人，正八品；餘縣一員，正九品。因巡捕盜賊是武職，所以世宗下詔不除文資官。

十三年，制第二任權注下令。[1]

[1]權注下令：暫且注授下縣縣令。

舊制，狀元授承德郎，[1]以十四年官制，文武官皆從下添兩重，[2]命狀元更授承務郎，[3]次舊授儒林郎，[4]更爲承事郎。[5]第二甲以下舊授從仕郎，[6]更爲將仕郎。

[1]狀元授承德郎：狀元，科舉時代特有的名稱，即最高級考試録取的一甲第一名進士，俗稱狀元，又稱勑頭、狀頭、榜首。承德郎，階官名。文官散階，正七品上。

[2]以十四年官制，文武官皆從下添兩重：文武官，指文散階和武散階。兩重，即兩階。世宗大定十四年（1174），文官散階從下添設將仕佐郎和登仕佐郎。武官散階從下添設進義副尉和保義副尉。

[3]承務郎：階官名。文官散階，從七品上。

[4]次舊授儒林郎：次，指除狀元以外的一甲進士。儒林郎，

階官名。文官散階，從七品下。

［5］承事郎：階官名。文官散階，正八品下。

［6］從仕郎：階官名。文官散階，從八品下。

十五年，勅狀元除應奉，[1]兩考依例授六品。十八年，勅狀元行不顧名者與外除。[2]十九年，命本貫察其行止美惡。[3]

［1］應奉：即應奉翰林文字，翰林院屬官。從七品。

［2］行不顧名：指不注意道德品質修養，其德行與狀元之盛名不符。

［3］本貫：原籍，原住地。

二十一年，復命第三任注縣令。

二十二年，勅進士受章服後，[1]再試時務策一道，[2]所謂策試者也。内才識可取者籍其名，歷任後察其政，若言行相副則升擢任使。是年九月，復詔今後及第人，策試中者初任即升之。

［1］章服：帶表示等級紋繡的官服。

［2］時務策：科舉時代的一種考試題型，類似今之時事政治題。

二十三年格，進士，上甲，初録事、防判，二下令，三中令。中甲，初中簿，[1]二上簿，[2]三下令。下甲，初下簿，[3]二中簿，三下令。試中策者，上甲，初録事、防判，二中令，三上令。中甲，初上簿，二下令，三中令。下甲，初中簿，二録事、防判，三中令。又詔今後狀元授應奉，一年後所撰文字無過人者與外除。

［1］中簿：指中縣主簿。金代以三千户以上、不滿萬户的縣爲中縣。

［2］上簿：指上縣主簿。金代以萬户以上、不足二萬户的縣爲上縣。

［3］下簿：指下縣主簿。金代以不足三千户的縣爲下縣。

二十六年格，以相次合爲令者減一資歷。二十六年格，三降兩降免一降，文資右職外官減最後，上令一任通五任回呈省。遂定格，上甲，初録事、防判，二中令，三、四、五上令。中甲，初中簿，二下令，三中令，四、五上令。策試進士，[1]初録事、防判，二、三、四、五上令。其次，初上簿，二中令，三、四、五上令。又次，初中簿，二下令，三中令，四、五上令。下甲，初下簿，二下令，三中令，四、五上令。

［1］策試進士：科舉科目名。按策試進士科金初已罷，大定二十六年（1186）格中不應有此科授官規定，待考。

二十七年，制進士階至中大夫呈省。[1]

［1］中大夫：階官名。文官散階，從四品中。

明昌二年，罷勘會狀元行止之制。

七年格，縣令守闕各依舊格注授。[1]

［1］闕：同“缺”。

泰和格，諸進士及第合授資任須歷遍乃呈省，雖未盡歷，官已至中大夫亦呈省。又諸詞賦、經義進士及第後，[1]策試中選，合授資任歷遍呈省，仍每任升本等首銓選。[2]

［1］詞賦、經義：科舉科目名。金以詞賦、經義兩科取漢進士，並允許跨科考試。

［2］本等首銓選：本等首，同等的第一名。銓選，古官制術語，按資歷等選授官職。

貞祐三年，狀元授奉直大夫，上甲儒林郎，中甲以下授徵事郎。[1]

［1］徵事郎：階官名。文官散階，從八品上。《大金國志》卷三四作“從政郎”，誤。

經義進士。皇統八年，就燕京擬注。[1]六年，[2]與詞賦第一人皆擬縣令，第二人當除察判，以無闕遂擬軍判。第二、第三甲隨各人住貫擬爲軍判、丞、簿。舊制，《五經》及第未及十年與關内差使，[3]已十年者與關外差使，四十年除下令。正隆三年，不授差使，至三十年則除縣令。大定二十八年始復設是科，每舉專主一經。

[1]燕京：京城名。遼稱南京，金海陵王貞元元年（1153）遷都於此，改稱中都，治所在今北京市。

[2]六年：中華點校本本卷校勘記云，按上文記“八年”，此記六年，疑紀年有誤。

[3]《五經》：原意指《詩經》《尚書》《禮記》《周易》《春秋》。此處指科舉科目的五經科，即明經科，也稱“專經科”。

女直進士。[1]大定十三年，皆除教授。[2]二十二年，上甲第二第三人初除上簿，中甲則除中簿，下甲則除下簿。大定二十五年，上甲甲首遷四重，[3]餘各遷兩重。第二第三甲授隨路教授，三十月爲一任，第二任注九品，第三、第四任注録事、軍防判，第五任下令。尋復令第四任注縣令。二十六年，減一資歷注縣令。[4]二十八年，添試論。後皆依漢人格。

[1]女直進士：科舉科目名。即女真進士科，又稱策論進士科，是爲選拔女真文士所設的進士科。應舉者以女真文字答卷，與漢進士科分榜録取。始設於世宗大定十三年（1173）。

[2]教授：官名。金國子監置教授四員，分掌教育學生，是專職教員。正八品。東京、北京、上京、河北東西路、山東東西路、大名、咸平、臨潢、陝西統軍司、西南路招討司、西北路招討司、婆速路、合懶路、速頻路、蒲峪路、胡里改路、隆州、泰州、蓋州各設女真教授一員，掌教授女真學生。

[3]上甲甲首遷四重：上甲甲首，即上甲第一人，俗稱女真狀

元。遷四重，升散官階四級。

[4]一資：即一考，三十個月。

宏詞，[1]上等遷兩官，次等遷一官，臨時取旨授之。

[1]宏詞：科舉特科考試的科目名。章宗明昌元年（1190）始設，於每科進士録取後舉行。新科進士及在任六品官以下、地方推薦的傑出人才均可參加考試。主要試詔、誥、表、露布、檄書、論、誡、頌、銘、序、記等文體，分兩等録取，中第者授官從優。

恩榜，章宗大定二十九年，勅今後凡五次御簾進士，[1]可一試而不黜落，止以文之高下定其次，謂之恩榜。女直人遷將仕，漢人登仕，[2]初任教授，三十月任滿，依本格從九品注授。

[1]五次御簾進士：參加過五次殿試的進士。金科舉與宋、明、清不同，殿試仍有黜落，而宋、明、清科舉會試取中者殿試不再黜落，雖犯規亦收之榜末。

[2]登仕：階官名。即登仕郎。文官散階，正九品。

明昌元年，勅四舉終場，亦同五舉恩例，直赴御試。[1]

[1]御試：即殿試，是科舉最高級考試。唐初科舉無殿試，會試中舉即爲及第，武則天時始創殿試，但在唐代並未形成制度，至宋太祖時增殿試，此後遂爲定制，歷代相沿不改。

明昌五年，勅神童三次終場，[1]同進士恩榜遷轉。兩次終場，全免差使。第六任與縣令，依本格遷官。如一次終場，初入仕則一除一差。其餘並依本門户，[2]仍使應三舉，然後入仕。每舉放四十人。

[1]神童：科舉科目名。始創於唐，宋、金沿襲之，專門選拔文才卓異的兒童。年齡限十三歲以下。

[2]本門户：指本科。

凡恩例補廕同進士者，謂大禮補致仕、遺表、陣亡等恩澤，[1]補承襲録用，并與國王并宗室女爲婚者。[2]正隆二年格，初下簿，二中簿，三上簿，四下令，五中令，六、七上令，回呈省。

[1]大禮補致仕：大禮，重大典禮。致仕，亦稱致政，還政於君之意，即辭職退休。

[2]國王：指諸侯王。金王爵有國王和郡王兩級，國王號又有大國王號、次國王號和小國王號之分。

凡特賜同進士者，謂進粟，[1]出使回、殁於王事之類，[2]皆同雜班，補廕亦以雜班。正隆元年格，初授下簿，二中簿，三縣丞，四軍判，五、六防判，七、八下令，九中令，十上令。尋復更初注下等軍判、丞、簿、尉，次注中等軍判、丞、簿、尉，第三注上等軍判、丞、簿、尉，四下令，五中令，六上令。

［1］進粟：指向朝廷獻納糧食買取官爵。

［2］歿（mò）於王事：指爲朝廷陣亡和犧牲。

律科、經童。[1]正隆元年格，初授將仕郎，皆任司候，[2]十年以上並一除一差，十年外則初任主簿，第二任司候，第三主簿，四主簿，五警判，[3]六市丞，[4]七諸縣丞，[5]八次赤丞，[6]九赤縣丞，[7]十下縣令，十一中縣令，五任上縣令，[8]呈省。三年制，律科及第及七年者與關内差使，七年外者與關外差。諸經及第人未十年者關内差，已十年關外差。律科四十年除下令。經童及第人視餘人復展十年，[9]然後理算月日。

［1］律科、經童：科舉科目名。律科，又稱法律科，是爲選拔法律人才所設的科目。經童，又稱童子科，始設於北宋，限年齡在十五歲以下者應舉。金代不但設有漢經童科，而且還設有女真經童科，限年齡在十三歲以下者應舉。經童科中舉後有的送到太學繼續培養，再考進士，有的則直接授官。

［2］司侯：諸防刺州司侯司長官。正九品。

［3］警判：京師警巡院屬官。掌檢稽失，僉判院事。正員二人，正九品。

［4］市丞：市令司屬官。掌平抑物價、察度量權衡違式、百貨之估值，正九品。

［5］諸縣丞：即諸縣縣丞。爲縣令副佐。正九品。

［6］次赤丞：即次赤縣丞。本書卷五七《百官志三》，“凡縣二萬五千户以上爲次赤、爲劇”。並記次赤縣丞爲正九品，疑正九品爲正八品之誤。

［7］赤縣丞：即赤縣縣丞。赤縣指大興縣和宛平縣，又稱“京

縣”。赤縣丞爲正八品。

［8］五任上縣令：據中華點校本本卷校勘記，“五任”應是“十二”之誤。

［9］復展十年：再加十年。

大定十四年，以從下新增官階，遂定制，律科及第者授將仕佐郎。[1]十六年特旨，以四十年除下令太遠，其以三十二年不犯贓罪者授下令。十七年，勅諸科人仕至下令者免差。二十年，省擬，[2]無贓罪及廉察無惡者減作二十九年注下令，經童亦同此。二十六年，省擬，以相次當爲縣令者減一資歷選注。勅命諸科人累任之餘月日至四十二月，准一除一差。又勅，舊格六任縣令呈省，遂減爲五任。二十八年，減赤縣丞一任。

［1］將仕佐郎：階官名。文官散階，從九品下。世宗大定十四年（1174）增設。

［2］省擬：由尚書省擬定。

明昌五年，制仕二十六年之上者，如該廉升則注縣令。六年，減諸縣丞、赤縣丞兩任後吏格，十年内擬注差使，十年外一除一差。若歷八任、或任至三十二年注下令，則免差須遍歷而後呈省。所歷之制，初、二下簿，三、四中簿，五、六、七上簿，犯選格者又歷上簿兩任，[1]第九則注下令，[2]十中令，十一、十二上令。

［1］犯選格：不合乎選拔標准規定。

[2]第九：中華點校本據文義改爲“八、九”。

凡武舉，泰和三年格，上甲第一名遷忠勇校尉，[1]第二、第三名遷忠翊校尉。[2]中等遷修武校尉，[3]收充親軍，不拘有無廕，視舊格减一百月出職。下等遷敦武校尉，[4]亦收充親軍，减五十月出職。

[1]忠勇校尉：階官名。武官散階，正八品上。
[2]忠翊校尉：階官名。武官散階，正八品下。
[3]修武校尉：階官名。武官散階，從八品上。
[4]敦武校尉：階官名。武官散階，從八品下。

承安元年格，第一名所歷之職，初都巡、副將，[1]二下令，三中令，四、五上令。第二、第三名，初巡尉、部將，[2]二上簿，三下令，四中令，五、六上令。餘人，初副巡、軍轄，[3]二中簿，三下令，四中令，五、六上令。

[1]都巡、副將：都巡，即都巡檢使，爲諸巡檢司長官，掌巡捕盗賊之事，正七品。副將，爲諸邊將副佐，掌輪番巡守邊境，正八品。

[2]巡尉、部將：巡尉，即散巡檢，正九品。部將，爲諸邊將屬官。本書卷五七《百官志三》諸邊將條下，“部將一員，正九品，輪番巡守邊境”。

[3]副巡、軍轄：副巡，爲散巡檢副佐。軍轄，又稱軍轄兼巡捕使，爲防禦州和刺史州屬官，掌巡捕盗賊，從九品。

凡軍功有六，一曰川野見陣，最出當先，殺退敵軍。二曰攻打抗拒州縣山寨，奪得敵樓。三曰争取船橋，越險先登。四曰遠探捕得喉舌。[1]五曰險難之間，遠處報事情成功。六曰謀事得濟，[2]越衆立功。

[1]喉舌：爲摸清敵情而設法活捉的敵人，俗稱“舌頭”。

[2]謀事得濟：獻計策而取得成功。

皇統八年格，凡帶官一命昭信校尉正七品以上者，初除主簿及諸司副使，正九品。二主簿及諸司使，正八品。三下令，從七品。四中令，正七品。五上令，或通注鎮軍都指揮使正七品及正將。[1]其官不至昭信及無官者，自初至三任通注丞、簿，四下令，五中令，六上令及知城寨。從七品。

[1]鎮軍都指揮使：諸府鎮都軍司長官。掌軍率差役、巡捕盜賊、總判軍事，與録事同管城隍。正七品。　正將：諸邊將長官。掌提控部將、堡將，輪番巡守邊境。正七品。

章宗二十九年，[1]遷至鎮國者取旨升除後，吏格之所定，[2]女直人昭信校尉以上者，初下簿，二下令，三中令，四、五上令。女直一命遷至昭信校尉、餘人至昭信已上者，初下簿，二中簿，三下令，四中令，五、六上令。凡至宣武將軍以上者，初下令，二中令，三、四上令。

[1]二十九年：中華點校本據文義於“二十九年”前補“大定”二字。

[2]吏格：吏部的具體條文規定。

凡勞効，謂年老千户、謀克也。[1]大定五年，制河南、陝西統軍司，[2]千户四十年以上擬從七品，三十年千户、四十年以上之謀克從八品，二十年以上千户、三十年以上謀克從九品，二十年以上謀克與正班、與差使，十年以上賞銀絹，皆以所歷千户、謀克、蒲輦月日通算。[3]

[1]千户、謀克：官名。千户，女真語稱猛安，意爲“千”，所以稱千户。謀克，女真語，或譯作“穆昆”，《三朝北盟會編》卷三作“毛毛可”，意爲“氏族”“鄉里”。此處所記千户、謀克指軍隊中的押軍千户和謀克。

[2]河南、陝西統軍司：軍政官署名。掌督領兵馬，鎮守邊陲，分管營衛，視察奸僞。河南統軍司治所在今河南省開封市。陝西統軍司治所在今陝西省西安市。

[3]蒲輦：官名。亦作“蒲里衍”，《三朝北盟會編》卷三引《女真記事》作“蒲里偃牌子頭”。卷二四二引《正隆事迹記》作“蒲里演”。卷二四三引《煬王江上録》作“葫蘆眼”。本書卷四四《兵志》，“猛安者，千夫長也。謀克者，百夫長也。謀克之副曰蒲里衍”。《三朝北盟會編》卷二四四引《金虜圖經》，“一謀克轄兩蒲輦（蒲輦五十户也）”。由此知蒲輦是統領五十名正兵的下級軍官，一謀克設二蒲輦。

二十年，制以先曾充軍管押千户、謀克、蒲輦二十年以上、六十五歲放罷者，[1]視其强健者與差除、令係班，不則量加遷賞。後更定吏格，若一命遷宣武將軍以上，[2]當授從七品職事者，初下令，二中令，三、四上令。官不至宣武，初授八品者授録事，二赤劇丞，三下令，四中令，五、六上令。初授九品官者，初下簿，二中簿，三上簿，四下令，五中令，六、七上令。

[1]充軍管押千户、謀克、蒲輦：指領兵的猛安、謀克、蒲輦，與世襲猛安、謀克官有別。

[2]宣武將軍：武官散階，從五品下。

大定九年格，三虞候順德軍千户四十年以上者與從八品，[1]三十年千户、四十年以上謀克從九品，二十年以上千户、三十年以上謀克與正班，以下賞銀絹。

[1]三虞候順德軍：軍名。駐守在河東地區。本書卷四四《兵志》："河東三虞候順德軍及章宗所置諸路効節軍，掌同弓選手者也。"

大定十四年，定隨路軍官出職，以新制從下刱添兩重，舊遷忠武校尉者，今遷忠勇校尉。[1]中都永固軍指揮使及隨路埽兵指揮使出職，[2]舊遷敦武校尉者，今遷進義校尉。

[1]忠武校尉：武官散階，從七品上。

[2]中都永固軍指揮使：中都永固軍長官。本書卷四四《兵志》："其漢軍中都永固軍，大定所置者也。"　隨路埽（sào）兵：

軍名。指各路防守河防、渡口的軍隊。

武衛軍，[1]大定十七年定制，其猛安曰都將，[2]謀克曰中尉，蒲輦曰隊正。[3]都將三十月遷一官，至昭信注九品職事。以隊正陞中尉，中尉陞都將。

[1]武衛軍：軍名。即防守京師的軍隊。本書卷四四《兵志》："京師防城軍，世宗大定十七年三月改爲武衛軍，則掌京師巡捕者也。"

[2]都將：武衛軍都指揮使司鈐轄司長官。正員二十人，大定十六年（1176）立名。從九品。

[3]謀克曰中尉，蒲輦曰隊正：中尉、隊正，皆爲鈐轄司低級軍官。本書卷五六《百官志二》鈐轄司條下注："承安元年設萬人，内軍八千九百四十九人，忠尉二百人，隊正四百人。"所記"忠尉"應即"中尉"。

省令史選取之門有四，曰文資，曰女直進士，曰右職，曰宰執子。其出仕之制各異。

文資者，舊惟聽左司官舉用，[1]至熙宗皇統八年，[2]省臣謂，若止循舊例舉勾，久則善惡不分而多僥倖。遂奏定制，自天眷二年及第榜次姓名，從上次第勾年至五十已上、官資自承直郎從六品[3]至奉德大夫從五品、[4]無公私過者，一闕勾二人試驗，可則收補，若皆可即籍名令還職待補。官至承直郎以上，一考者除正七品以上、從六品以下職事，兩考者除從六品已上、從五品已下。奉直大夫從六品以上，一考者除從六品已上、從五品以下，兩考者除從五品以上、正五品以下，節運同。

[1]左司：官署名。金尚書省置左、右司，左司主管吏、户、禮三部受事付事。

[2]熙宗：廟號。即完顔合剌，漢名亶。1135 年至 1149 年在位。本書卷四有紀。

[3]承直郎：金初爲文官散階從六品下，大定十四年（1174）增創二階，承直郎改爲正七品下。

[4]奉德大夫：海陵王天德二年（1150）改爲朝列大夫，文官散階，從五品下。

正隆元年，[1]罷是制，止於密院臺及六部吏人令史内選充。[2]

[1]正隆元年：本書卷五《海陵紀》記此事在正隆二年(1157)，與此處不同。

[2]密院臺：指樞密院和御史臺。

大定元年，世宗以胥吏既貪墨，[1]委之外路幹事又不知大體，徒多擾動，至二年，罷吏人而復皇統選進士之制。承直郎以上者，一考正七品，除軍判、節察判、軍刺同知。[2]兩考者從品，除京運判、總府判、防禦同知。[3]奉直大夫已上，一考者從六品，除同前。兩考從五品，除節運副、京總管府留守司判官。[4]

[1]胥吏：指官府中主管簿籍的低級官吏，亦稱“刀筆吏”。貪墨：亦作“貪冒”，即貪圖財利。《左傳》昭公十四年：“貪以敗

官爲轉墨。”杜預注：“墨，不潔之稱。”朱駿聲《説文通訓定聲》：“墨，又爲冒。犯而取之，不潔之稱，失之。”

[2]軍判、節察判、軍刺同知：軍判，中華點校本據本書卷四二《儀衛志下》和卷五八《百官志四》的相關記載，改爲“運判”。甚是。運判，即轉運司判官，諸路轉運司屬官。節察判，指節度判官和觀察判官，爲節度州屬官。前者分判兵、刑、工案事，後者分判吏、户、禮案事。軍刺同知，即刺史州同知，爲州刺史副佐。以上官職皆爲正七品。

[3]京運判、總府判、防禦同知：京運判，即都轉運司判官，爲都轉運司屬官。總府判，即總管判官，爲路級總管府屬官，掌紀綱總府衆務、分判兵案之事。防禦同知，防禦使副佐。以上官職皆爲從六品。

[4]節運副、京總管府留守司判官：節運副，指節度州副使和諸路轉運司副使。京總管府留守司判官，指大興府和諸京留守司的都總管判官和留守判官。以上官職皆爲從五品。

七年，以散階官至五品亦勾充，不願者聽。

十一年，以進士官至承直者衆，遂不論官資但以榜次勾補。

二十七年，以外多闕官，論者以爲資考所拘，難以升進，乃命不論官資，凡一考者與六品，次任降除正七品，第三任與六品，第四任升爲從五品。兩考者與從五品，次任降除六品，第三、四任皆與從五品，五任升正五品。

承安二年，以習學知除、刑房知案、及兵興時邊關令史，[1]三十月除隨朝闕。

[1]習學知除、刑房知案：屬吏名。按宋中書、門下屬吏分孔目房、吏房、户房、兵禮房、刑房處理文書事務。五房各置檢正公事二人，其以選人充任者，稱學習公事。金海陵王罷中書、門下二省，其諸房屬吏可能尚在。習學知除亦當由選人充任。刑房知案，屬刑房官吏，處理刑房文書事務。

泰和八年以習學知除十五月以上，選充正知除，一考後理算資考。

大安三年，[1]以從榜次則各人所歷月日不齊，遂以吏部等差其所歷歲月多寡爲次，收補知除，考滿則授隨朝職。

[1]大安：金衛紹王年號（1209—1211）。

貞祐五年，[1]進士未歷任者，亦得充補，一考者除上縣令，再任上縣令升正七品，如已歷一任丞簿者，舊制除六品，乃更爲正七品，一任回降從七品，再任正七品升六品，如歷兩任丞簿者，一考舊除六品，乃更爲正七品，一任回免降，復免正七一任，即升六品。曾歷令一任者，依舊格六品，再任降除七品，還升從五品。

[1]貞祐五年：據中華點校本本卷校勘記，"年"字下有脱文。貞祐，金宣宗年號（1213—1217）。

興定二年，[1]勅初任未滿及未歷任者，考滿升二等爲從七品。初任未滿者兩任、未歷任者四任、回升正七品，兩任正七皆免回降。凡不依榜次勾取者同隨朝升除，俟榜次所及日聽再就補。

［1］興定：金宣宗年號（1217—1222）。

興定五年，定進士令史與右職令史同格，考滿未應得從七者與正七品，回降從七一任。所勾諸府令史不及三考出職者除從七品，回降除八品。若一任應得從七品者除六品，回降正七品，若一任應得正七品者免降。

女直進士令史，二十七年格，一考注正七品，兩考注正六品。二十八年，敕樞密院等處轉省者，[1]並用進士。明昌元年，敕至三考者與漢人兩考者同除。明昌三年，罷契丹令史，[2]其闕内增女直令史五人。五年，以與進士令史辛苦既同，資考難異，遂定與漢進士一考與從六品，兩考與從五品。

［1］樞密院：軍政官署名。掌國家軍務機密之事。
［2］契丹令史：官名。即由契丹人擔任的令史。

宰執子弟省令史，大定十二年，制凡承廕者，呈省引見，除特恩任用外，並内奉班收，仍於國史院署編寫、太常署檢討、秘書監置校勘、尚書省准備差使，[1]每三十月遷一重，百五十月出職。如承應一考以上，許試補省令譯史，則以百二十月出職，其已歷月日皆不紐折，[2]如係終場舉人，即聽尚書省試補。

[1]编寫：中華點校本據本書卷五三《選舉志三》和卷五五《百官志一》的相關記載，改爲“書寫”。　秘書監置校勘：據中華點校本本卷校勘記，“置”字或是“署”字之誤。秘書監校勘，即校書郎，爲秘書監屬官，專掌校勘在監文籍，從七品。

[2]紐折：與“扭折”意同。

十七年，定制，以三品職事官之子，試補樞密院令史。[1]遂命吏部定制，宰執之子、并在省宗室郎君，[2]如願就試令譯史，每年一就試，令譯史考試院試補外，緦麻袒免宗室郎君密院收補。[3]

[1]樞密院令史：樞密院屬官。正員十八人，其中女真十二人，漢人六人。

[2]在省宗室郎君：郎君，是金初對皇室子弟的一種稱號。在省宗室郎君，指在尚書省任職的完顔氏皇室子弟。

[3]緦麻袒免宗室郎君：緦麻，古喪服名。五服中最輕的一種，用細麻布製成，服期三個月，服孝對像是本宗高祖父母、曾伯叔祖父母、族伯叔父母、族兄弟及未嫁族姊妹，外姓中表兄弟、岳父母等。緦麻袒免宗室郎君，指五代同宗的皇室成員。

大定二十八年，制以宗室第二從親并宰相之子，出職與六品外，宗室第三從親并執政之子，[1]出職與正七品。其出職皆以百五十月，若見已轉省之餘人，則至兩考止與正七品。二十九年，四從親亦許試補。

[1]宗室第三從親：從，在這裏是指宗室親疏關係。《爾雅·釋親》：“兄之子，弟之子，相謂爲從父兄弟。父之從父兄弟爲從祖父，

父之從祖兄弟爲族父。”堂兄弟互稱從兄弟，從兄弟之子之間稱再從兄弟，是爲第二從親。再從兄弟之子之間的關係就是第三從親。

金史　卷五三

志第三十四

選舉三

右職吏員雜選

右職。[1]省令史、譯史。[2]皇統八年格，[3]初考遷一重，[4]女直人依本法外，[5]諸人越進義，[6]每三十月各遷兩重，百二十月出職，除正六品以下、正七品以上職官。[7]

[1]右職：亦作“右選”，指授武官散階者。本書卷五二《選舉志二》：“凡進士則授文散官，謂之文資官。自餘皆武散官，謂之右職，又謂之右選。”

[2]省令史、譯史：尚書省低級屬吏。省令史正員七十人，女真、漢人各三十五人。省譯史四十人，女真、漢人各十四人，高麗、西夏、回紇譯史各四人。

[3]皇統八年格：皇統，金熙宗年號（1141—1149）。格，法律

條文的具體規定。

[4]初考遷一重：考，古代官制術語，在職官員的考核期限，金以三十個月爲一考。遷一重，升散官階一級。

[5]女直：即女真。遼朝人修當代史，避遼興宗耶律宗真名諱，改“真”字缺筆作“直”。元修《金史》未回改，仍沿書女真爲“女直”。　本法：指皇統八年格。

[6]越進義：越，越過。進義，即進義校尉，武官散階，正九品下。

[7]除：亦作“除授”。古代官制術語，即授予官職。

正隆二年，[1]更爲五十月遷一重。初考，女直人遷敦武校尉，[2]餘人遷保義校尉，[3]百五十月出，係正班與從七品。[4]若自樞密院臺六部轉省者，[5]以前已成考月數通算出職。

[1]正隆：金海陵王年號（1156—1161）。

[2]敦武校尉：武官散階，從八品下。

[3]保義校尉：武官散階，正九品上。

[4]正班：指任職於尚書省、樞密院、御史臺的官員。其餘稱“雜班”。

[5]樞密院臺六部：樞密院，軍政官署名。掌國家軍務機密之事。臺，指御史臺。六部，指尚書省所轄吏、户、禮、兵、刑、工六部。

大定二年，[1]復以三十月遷一官，亦以百二十月出職，與正、從七品。院臺六部及它府司轉省而不及考者，以三月折兩月，一考與從七，兩考正七品，三考與六品。

[1]大定：金世宗年號（1161—1189），章宗即位且延用一年。

三年，定格，及七十五月出職者，初上令，二中令，三下令，[1]四、五録事，[2]六下令，七中令，八上令。百五十月出職者，初刺同、運判、推官等，[3]二、三中令，四上令，回呈省。

[1]初上令二中令三下令：據中華點校本本卷校勘記，疑此處記載有誤，應爲"初上簿""二中簿""三下簿"，即上縣、中縣、下縣主簿，皆正九品。下文所記"録事"爲正八品，"上令""中令""下令"皆從七品。上令、中令、下令，分别指上縣、中縣、下縣縣令。金京師倚郭縣稱京縣，又稱赤縣。二萬五千户以上的縣稱次赤，亦稱劇縣。二萬户以上、不足二萬五千户的縣稱次劇縣。其餘諸縣分爲上、中、下三等，萬户以上、不足二萬户者爲上縣。三千户以上、不足萬户者爲中縣。不滿三千户的小縣爲下縣。

[2]録事：諸府節鎮録事司長官。正八品。

[3]刺同、運判、推官：刺同，刺史州同知，爲刺史副佐，通判州事，正七品。運判，諸路轉運司判官，正七品。推官，總管府、諸散府屬官，分判兵、刑、工案事，皆正七品。

大定二十七年，制一考及不成考者，[1]除從七品，須歷縣令三任，第五任則升正七品。兩考以上除正七品，再任降除縣令，三、四皆與正七品，第五任則升六品。三考以上者除六品，再任降正七品，三任、四任與六品，第五任則升從五品。

[1]制一考及不成考者：制，規定。不成考者，任官時間不足一考，即不滿三十月者。

省女直譯史。[1]大定二十八年，制以見任從七、從八人内，[2]勾六十歲以上者相視用之。[3]

[1]女真譯史：由女真人擔任的譯史。

[2]見任：現任。“見”與“現”通。

[3]勾：挑選。

明昌三年，[1]取見役契丹譯史内女直、契丹字熟閑者，[2]無則以前省契丹譯史出職官及國史院女直書寫，[3]見任七品、八品、九品官充。

[1]明昌：金章宗年號（1190—1196）。

[2]契丹譯史：由契丹人擔任的譯史。　女直、契丹字：指女真人和契丹人創製的本族文字，即女真文字和契丹文字，各有大字和小字之分。金初完顔希尹仿照漢字楷書偏旁，參考契丹字，結合女真語言，創製女真文字，被稱爲女真大字。熙宗時又創製一種女真文字，稱女真小字。遼太祖時，命其侄耶律魯不古和契丹學者突吕不依據漢字隸書體，首創契丹字，稱契丹大字。皇弟耶律迭剌後來又創製一種文字，被稱作契丹小字。　熟閑：熟練，熟悉。

[3]國史院女直書寫：國史院屬吏。由女真人擔任。

省通事。[1]大定二十年格，三十月遷一重，百二十月出職。一考兩考與八品，三考者從七品，餘與部令譯史一體免差。[2]

[1]省通事：尚書省屬吏。左右司各四人，各部通事六人。

[2]部令譯史：指尚書省各部的令史和譯史。

御史臺令史、譯史。[1]皇統八年遷考之制，百二十月出職，正隆二年格，百五十月出職，皆九品，係正班。大定二年，百二十月出職，皆以三十月遷一官。其出職，一考、兩考皆與九品，三考與八品。

[1]御史臺：官署名。古代國家的監察機關。掌糾察彈劾内外百官善惡，凡内外刑獄所屬理斷不當，有陳述者會臺治之。

明昌三年，截罷見役史人，[1]用三品職事官子弟試中者、及終場舉人本臺試補者，[2]若不足，於密院六部見役品官、及契丹品官子孫兄弟選充。

[1]截罷見役史人：罷免現役的吏員。“見”與“現”通。

[2]終場舉人：參加過殿試但没有取中的諸科文士。

承安三年，[1]勅凡補一人必詢於衆，雖爲公選，亦恐久漸生弊。况又在書史之上，[2]不試而即用，本臺出身門户似涉太優。遂令除本臺班内祗、令譯史名闕外，[3]於試中樞密院令譯史人内以名次取用，不足，即於隨部班祗令譯史上名轉充。若須用終場舉人之闕，則令三次終場舉人，每科舉後與它試書史人同程試驗，榜次用之。女直十三人，内班内祗六人，終場舉人七人。漢人十五人，内班内祗七人，終場舉人八人。譯史四人，内班内祗二人，終場舉人二人。

[1]承安：金章宗年號（1196—1200）。

[2]書史：按察司屬吏。各按察司設書史人數多少不等，分别由漢人和女真人擔任。

[3]本台班内祗：指御史臺的班内祗，爲御史臺屬吏，是御史臺令史的一種。　闕：義同“缺”。

樞密院令史、譯史。令史。[1]正隆二年，制遷考與省同，出職除係正班正、從八品。

[1]樞密院令史譯史令史：據中華點校本本卷校勘記，令史、譯史之下不應重出“令史”，上文“省令史、譯史”之後有“省通事”，本書卷五五《百官志一》，樞密院令史、譯史之後亦有“通事”，疑此句重出之“令史”是“通事”之誤。

大定二十一年，[1]定元帥府令譯史三十月遷一官，[2]百二十月出職，一考、兩考與八品除授，三考與從七品。

[1]大定二十一年：據中華點校本本卷校勘記，下文有“十四年”“十六年”“十七年”，知此“二十一年”數字有誤，或係叙事顛倒。

[2]元帥府：軍政官署名。掌兵馬征討之事。

十四年，遂命内祗、並三品職事官承廕人、與四品五品班祗、及吏員人通試，[1]中選者用之。

[1]承蔭人：指以蔭得官職者。

十六年，定一考、兩考者，初録事、軍判、防判，[1]再除上簿，[2]三中簿，[3]四同初，五、六下令，七、八中令，九、十上令。二十六年，兩考者免下令一任。三考以上，初上令，二中令，[4]三下令，四録事、軍防判，二十六年，免此除。五下令，二十六年，亦免此除。六、七中令，八上令。

[1]軍判、防判：即刺史州判官和防禦州判官，簽判州事，掌通檢推排簿籍。刺史州判官從八品，防禦州判官正八品。

[2]上簿：即上縣主簿，正九品。

[3]中簿：即中縣主簿，正九品。

[4]三考以上初上令二中令三下令：疑此處記事顛倒，似應作"初下令，二中令，三上令"爲順。

十七年，制試補緦麻袒免以上宗室郎君。[1]又定制，三品職事子弟設四人，吏員二人。

[1]緦麻袒免（wèn）以上宗室郎君：緦麻，古代喪服名。五服中最輕的一種，用細麻布製成，服期三個月，服孝對象是本宗高祖父母、曾伯叔祖父母、族伯叔父母、族兄弟及未嫁族姊妹，外姓中的表兄弟、岳父母等。袒免，喪服的形制，袒露左臂，以一寸寬布條從額前繞於腦後。宗室郎君，完顔氏皇室子弟。緦麻袒免以上宗室郎君，指五代同宗的完顔氏皇室成員。

睦親府、宗正府、統軍司令譯史，[1]遷考出職，與臺部同。

[1]睦親府、宗正府、統軍司：官署名。本書卷五五《百官志一》，“大宗正府，泰和六年避睿宗諱改爲大睦親府”，所以睦親府即宗正府，是專門管理皇室宗族的官署機構。統軍司，掌督領兵馬、鎮守邊陲，金在河南、陝西、山西、山東四處設統軍司。

部令史、譯史，皇統八年格，初考三十月遷一重，女直人依本格，餘人越進義，第二、第三考各遷一重，第四考並遷兩重，百二十月出職八品已下。

正隆二年，遷考與省右職令史同，出職九品。

大定二十一年，[1]宗正府、六部、臺、統軍司令史，番部譯史，[2]元帥府通事，[3]皆三十月遷一重，百二十月出職係班，一考、兩考與九品，三考已上與八品除授。

[1]大定二十一年：按下文有“十四年”“十五年”，知此“二十一年”數目有誤，或係敘事顛倒。

[2]番部譯史：指各少數民族地區統治機構所屬的譯史。

[3]元帥府通事：元帥府擔任語言翻譯的屬吏。

十四年，以三品至七品官承廕子孫一混試充，[1]尋以爲不倫，命以四品五品子孫及吏員試中者，依舊例補，六品以下不與。十五年，命免差使。

[1]一混試充：混在一起考試然後充任。

十六年格，一考兩考者，初除上簿，再除中簿，三下簿，[1]四上簿，五録事、軍防判，六、七下令，八、九中令，十上令。三考以上者，初除録事、軍防判，再除上簿，三中簿，四如初，五下令，後免此除。六、七下令，八中令，九上令。

[1]下簿：即下縣主簿，正九品。疑此處叙述次序顛倒，似應爲"初除下簿，再除中簿，三上簿。"

按察司書吏，[1]以終場舉人内選補，遷加出職同臺部。

[1]按察司書吏：按察司低級屬吏。各按察司設書吏十至十八人不等，分别由女真人和漢人擔任。按察司是地方監察機構。

凡内外諸吏員之制，自正隆二年，定知事孔目出身俸給，[1]凡都目皆自朝差。[2]海陵初，[3]除尚書省、樞密院、御史臺吏員外，皆爲雜班，乃召諸吏員於昌明殿，[4]諭之曰："爾等勿以班次稍降爲歉，[5]果有人才，當不次擢用也。"[6]又定少府監吏員，[7]以内省司舊吏員、及外路試中司吏補。[8]

[1]知事孔目：知事，大宗正府、司農司、三司、殿前都點檢司等官署皆設知事，一至二員不等，均爲從七品。孔目，本書卷五

七《百官志三》大興府屬官中有都孔目官，下注“司吏分掌六案，各置孔目官一員，掌呈覆糾正本案文書。餘分前後行，其他處應設十人以下、六人以上者，置孔目官三人”。

[2]都目：即都孔目。大興府屬官中置都孔目二員，女真司、漢人司各一員，掌監印、監受案牘。都轉運司置都孔目官二員，掌勾稽文牘。

[3]海陵：指金朝第四任皇帝完顏亮。女真名迪古迺。1149年至1162年在位。本書卷五有紀。

[4]昌明殿：宮殿名。在中都城内。

[5]歉：不滿足。

[6]不次擢用：不按次序用，破格使用之意。

[7]少府監：官署名。下轄尚方、織染、文思、裁造、文繡等署，掌邦國百工營造之事。出土的海陵王之前金代官印落款多有“少府監造”字樣。

[8]内省司：泛指宫内各所屬司署。

大定二年，户部郎中曹望之言，[1]隨處胥吏猥多，[2]乞減其半。詔胥吏仍舊，但禁用貼書。[3]又命縣吏闕，則令推舉行止修舉爲鄉里所重者充。三年，以外路司吏久不升轉，往往交通豪右爲姦，命與孔目官每三十月則一轉，移於它處。七年，勑隨朝司屬吏員通事譯史勾當過雜班月日，[4]如到部者並不理算。又詔，吏人但犯贓罪罷者，雖遇赦，而無特旨，不許復叙。[5]又命，京府州縣及轉運司胥吏之數，[6]視其户口與課之多寡，[7]增減之。

[1]户部郎中曹望之：户部郎中，户部尚書屬官，從五品。曹

望之，宣德人。太宗天會年間，以秀民子選爲女真字學生，海陵時特賜進士，世宗時官至吏部尚書。本書卷九二有傳。

[2]胥吏猥（wěi）多：胥吏，亦稱“刀筆吏”，指在官府中掌管文書簿籍的小吏。猥多，衆多。

[3]貼書：低級吏員。

[4]勾當：户部架閣庫置勾當官五員。正八品。三司置勾當官二員，正八品。都水監等官署機構也設有勾當官。

[5]復叙：重新按資歷授官。

[6]轉運司：官署名。金制，京師置都轉運司，其餘各路置轉運司，掌税賦錢穀、倉庫出納、權衡度量之制。

[7]課：國家規定數額徵收的賦税。

十二年，上謂宰臣曰：“外路司吏，[1]止論名次上下，恐未得人。若其下有廉慎、熟閑吏事，委所屬保舉。試不中程式者，[2]付隨朝近下局分承應，[3]以待再試。彼既知不得免試，必當盡心以求進也。”

[1]外路司吏：指地方路府州官署機構中的一種低級屬吏，人數多少不等。

[2]不中程式者：考試不合規程的人。

[3]隨朝近下局分：朝廷直屬的各局署機關。　承應：充職當差。

章宗大定二十九年，[1]上封事者言：[2]“諸州府吏人不宜試補隨朝吏員，乞以五品以上子孫試補。蓋職官之後清勤者多，[3]故爲可任也。”尚書省謂：“吏人試補之法，行之已久，若止收廕人，復恐不閑案牘，[4]或致敗事。[5]舊格惟許五品職官子孫投試，今省部試者尚少，以所定法未寬故也。”遂定制，散官五品而任七品，[6]散官未至五品而職事五品，其兄弟子孫已承廕者並許投試，而六部令史内吏人試補者仍舊。

[1]章宗：廟號。即完顔麻達葛，漢名璟，金朝第六任皇帝，1189年至1208年在位。本書卷九至卷一二有紀。

[2]上封事者：上秘密奏章的人。

[3]清勤：爲政清廉、勤奮。

[4]案牘：指官府的文案和簿籍。

[5]敗事：壞事，將事情弄糟。

[6]散官：即散官階，亦稱階官。表示官員等級的稱號，與職官稱號相對而言。隋始定散官之號。散官與職官分開，品級不盡相同，階高者可出任低職，階低者亦可出任高職。宋代官員按階官級别發放俸禄，所以稱“寄禄官”。至明清兩代，階官始與職官級别相符。

泰和四年，簽河東按察司事張行信言：[1]“自罷移轉法後，[2]吏勢浸重，恣爲豪奪，民不敢言。今又無朝差都目，止令上名吏人兼管經歷六案文字，與同類分受賄賂。吏目通歷三十年始得出職，常在本處侵漁，[3]不便。”遂定制，依舊三十月移轉，年滿出職，以杜把握州府之弊。

[1]簽河東按察司事張行信：簽河東按察司事，河東按察司屬官，正五品。河東按察司，治所在今山西省太原市。張行信，莒州日照縣（今山東省日照市）人，世宗大定二十八年（1188）進士，

與其兄行簡俱曾掌禮部，當世榮之。後官至參知政事。本書卷一〇七有傳。

[2]移轉法：官員職任的轉換之法。

[3]侵漁：魚肉百姓。

八年，以僉東京按察司事楊雲翼言，[1]書吏書史皆不用本路人，[2]以別路書吏許特薦申部者類試，[3]取中選者補用。

[1]僉東京按察司事楊雲翼：僉東京按察司事，“僉”應作“簽”。東京按察司，治所在今遼寧省遼陽市。楊雲翼，平定州樂平縣（今山西省昔陽縣）人。章宗明昌五年（1194）經義科一甲第一名進士，詞賦亦中二甲。哀宗時官禮部尚書。本書卷一一〇有傳。

[2]書吏：按察司低級屬吏，或十人或十八人不等。

[3]類試：又稱類省試，始於宋。宋陸游《老學庵筆記》卷六：“自建炎軍興，蜀士以險遠，許就制置司類試，與省試同。”類試是指在蜀地設置臨時考場替代尚書省的科舉考試。金代府試在固定的幾個路府舉行，初設之時相當於類試。故此處所記的類試應指金代府試。

凡右職官，天德制，[1]忠武以下與差使，[2]昭信以上兩除一差。[3]大定十二年，勅鎮國以上即與省除。[4]十三年，制明威注下令，[5]宣威注中令，[6]廣威注上令，[7]信武權注下令，[8]宣武、顯武免差，[9]權注丞簿。又制宣武、顯武，功酬與上簿，[10]無虧與中簿。二十六年，制遷至宣武、顯武始令出職。又以舊制通歷五任令呈省，詔減爲四任。

[1]天德：金海陵王年號（1149—1153）。

[2]忠武：即忠武校尉。武官散階，從七品上。

[3]昭信：即昭信校尉。武官散階，正七品下。

[4]鎮國：即鎮國上將軍。武官散階，從三品下。

[5]明威：即明威將軍。武官散階，正五品下。

[6]宣威：即宣威將軍。武官散階，正五品中。

[7]廣威：即廣威將軍。武官散階，正五品上。

[8]信武：即信武將軍。武官散階，從五品上。

[9]宣武、顯武：階官名。即宣武將軍和顯武將軍，宣武將軍。武官散階，從五品下。顯武將軍，從五品中。

[10]功酬：指功勞與報酬。按官吏的事功勞績，並其次第，給以報酬。酬依次第稱一酬、二酬等。

明昌三年，以諸司除授，守闕近三十月，於選調窒礙。[1]今後依舊兩除一差，候員闕相副，則復舊制。

[1]窒礙：阻而不暢。

泰和元年，以縣令見闕，近者十四月，遠者至十六月，蓋以見格，官至明威者並注縣令，或犯選並虧永人，若帶明威人亦注，是無別也。遂令曾虧永及犯選格，女直人展至廣威，漢人至宣武，方注縣令。又以守闕簿丞，[1]近者十九月、遠者二十一月，依見格官至宣武、顯武、信武者合注丞簿，遂命但曾虧永，直至明威方注丞簿。又吏格，凡諸右職正雜班，謂無資歷者，班内祗同。

皆驗官資注授。帶忠武以下者與監當差使，[2]昭信以上擬諸司除授，仍兩除一差。宣武以上與中簿，功酬人與上簿。明威注下令，宣威注中令，廣威注上令，通歷縣令四任，如帶定遠已歷縣令三任者，[3]皆呈省。若但曾虧永及犯選格，諸曾犯公罪追官、私罪解任、及犯贜、廉訪不好、併體察不堪臨民，謂之犯選格。女直人遷至武義，[4]漢人、諸色人武略，[5]並注諸司除授，皆兩除一差，若至明威方注丞簿，女直人遷至廣威，漢人、諸色人遷至宣威者，皆兩任下令，一任中令，回呈省。

[1]丞：即縣丞。爲縣令副佐。赤縣丞正八品，其他縣丞正九品。

[2]監當：指宫廷内各監署。

[3]定遠：即定遠大將軍。武官散階，從四品中。

[4]武義：即武義將軍。武官散階，從六品上。

[5]武略：即武略將軍。武官散階，從六品下。

貞祐三年，[1]制遷至宣武者，皆與諸司除授，亦兩除一差。凡不犯選格者，若懷遠方注丞簿，[2]至安遠則注下令、上令各一任，呈省。四年，復以官至懷遠注下令，定遠注中令，安遠注上令，[3]四任呈省。

[1]貞祐：金宣宗年號（1213—1217）。

[2]懷遠：即懷遠大將軍。武官散階，從四品下。

[3]安遠：即安遠大將軍。武官散階，從四品上。

檢法、知法。[1]正隆二年，嘗定六部所用人數及差取格法，初考、兩考皆除司候，[2]三考者除上簿。五年，定制，十年内者初考除下簿，兩考除中簿，三考除警判。[3]十年外者初考除第二任司候，兩考除上簿，三考則除市丞。[4]大定二年，制曾三考者，不拘十年内外，皆與八品録事、市令，[5]擬當合得本門户。

[1]檢法、知法：檢法，尚書省左右三部檢法司、都元帥府、大宗正府、御史臺等官署機構都設有檢法官，主管檢斷取法文字等事，多者定員二十二人，少者二人，正八品或從八品。知法，爲樞密院、尚書省三司、大理寺、登聞鼓院、登聞檢院、地方府州屬官，執掌與檢法同，正員二人，從八品或從九品。

[2]司候：諸防刺州司候司長官。正九品。

[3]警判：即諸京警巡院判官。掌檢稽失，簽判院事。正員二人，正九品。

[4]市丞：市令司屬官。市令司令副佐。正九品。

[5]市令：即市令司令。市令司長官。掌平物價，察度量權衡之違式、百貨之估值。正八品。

除授，舊授劄付，[1]大定三年始命給勅，[2]以律科人爲之。七年，定制，驗榜次勾取，如勾省令史之制。二十六年，命三考除録事，以後則兩除一差。

[1]劄付：一種手寫的書面憑證。

[2]勅：朝廷頒發的正式委任狀。

女直知法、檢法。[1]大定三年格，以臺部統軍司出職令譯史，曾任縣佐市令差使人内奏差，[2]考滿比元出身陞一等，[3]依隨路知事例給勅，以三十月爲任。明昌五年，以省院臺部統軍司令譯史書史内擬，年五十以下、無過犯、慎行止，試一月，以能者充，再勒留者升一等，一考者初上令，[4]二、三中令，四上令，兩考陞二等，呈省。

[1]女直知法、檢法：指由女真人擔任的知法和檢法官。

[2]縣佐：指縣丞、主簿、縣尉等縣級屬官。主簿掌文書，縣尉掌巡捕盗賊。

[3]元：始，指最初的。

[4]一考者初上令：據中華點校本本卷校勘記，下文有“四上令”，疑此處當作“初下令”。

太常寺檢討二人。[1]正隆二年，五十月遷一重，女直遷敦武，餘人進義，百五十月出職，係雜班。大定二年，制以三十月遷一重，百二十月出職，係正班九品。

[1]太常寺檢討：太常寺屬官。章宗明昌元年（1190）置，以品官子孫及終場舉人試補。正員二人，從九品。

省祗候郎君。[1]大定三年，制以祖免以上親願承應已試合格而無闕收補者及一品官子，已引見，止在班祗候，三十月循遷。初任與正、從七品，次任呈省。内祗在班，初、次任注正、從八品，三、四注從七品，而後呈省。班祗在班，初九品，次、三正、從八品，四、五從七品，而後呈省。已上三等，並以六十月爲滿，各遷一重。

[1]省祗候郎君：尚書省屬吏。以皇室子弟及一品官僚子弟充任。

八年，定制，先役六十月以試驗其才，不能幹者進一官黜之。才幹者再理六十月。每三十月遷加，百二十月爲滿，須用識女直字者。十六年，定制，以制文試之，能解説得制意者爲中選。

十八年，制一品官子，初都軍，[1]二録事、軍防判，三都軍，四下令，五、六上令，[2]回呈省。内祗，初録事、軍防判，二上簿，三同初，四録事，五都軍，六下令，七中令，八上令，回呈省。班祗，初上簿，二中簿，三同初，四録事、軍防判，五録事，六都軍，七下令，八中令，九上令，回呈省。

[1]都軍：低級軍官名。

[2]四下令五六上令：據中華點校本本卷校勘記，上言“四下令”，下言“六下令”，則“五”下疑缺“中令”二字。

國史院書寫。[1]正隆元年，定制，女直書寫，試以契丹字書譯成女直字，[2]限三百字以上。契丹書寫，以熟於契丹大小字，以漢字書史譯成契丹字三百字以上，詩一首，或五言七言四韻，以契丹字出題。漢人則試論一道。遷考出職同太常檢討。

［1］國史院書寫：國史院屬吏。正員十人，女真、漢人各五人。

［2］契丹書寫：由契丹人擔任的國史院書寫，本書《百官志》失載。由此知國史院書寫由女真人、漢人和契丹人充任。

宗室將軍。[1]六十月爲任，初刺同，二都軍，三刺同，四從六。副將軍以七品出職人充。[2]明昌元年，以九十月爲滿，中都、上京初從七，[3]二録事、軍防判，三入本門户。餘路，初録事、軍防判，二上簿，三入本門户。承安二年改司屬令作隨朝。

［1］宗室將軍：大宗正府屬官。正七品。各宗室將軍在完顔氏成員聚居地區設置官署，稱宗室將軍司，是大宗正府在地方上的派出機構。章宗明昌二年（1191），爲避世宗父宗輔（一名宗堯）名諱，改宗室將軍司爲司屬司，宗室將軍亦改稱司屬令。

［2］副將軍：殿前點檢司屬官。分設左衛副將軍和右衛副將軍，掌宫禁及行從宿衛警嚴，總領護衛。

［3］中都、上京：京城名。中都古名燕京，遼稱南京析津府，金海陵王貞元元年（1153）遷都於此，改稱中都，治所在今北京市。上京是金初建都之地，稱上京會寧府，海陵王遷都中都後，廢上京之號，衹稱會寧府。世宗時又恢復上京稱號，治所在今黑龍江省阿城市東南金上京舊城址。

内侍御直。[1]内直六十四人，正隆二年格，長行人五十月遷一重，[2]女直人遷敦武，餘人遷進義，無出身。大定二年格，同上。

［1］内侍御直：指宫庭内部直接爲皇帝服務的吏員。

［2］長行人：内侍御直的一種，爲拱衛直使司屬吏，統屬於宣徽院。另，司天臺屬吏中置長行人五十人。

大定六年，更定收補内侍格，能誦一大經、以《論語》《孟子》内能誦一書、並善書札者，[1]月給奉八貫石，[2]稍識字能書者七貫石，不識字六貫石。

［1］《論語》《孟子》：書名。《論語》，孔子弟子及其後學關於孔子言行思想的記録，共二十篇。《孟子》，孟軻及其弟子撰。兩書被稱爲儒家經典。　善書札：能熟練地撰寫書信。

［2］奉：俸禄。

泰和二年，以參用外官失防微之道，乃剏寄禄官名，[1]以專任之，既足以酬其勞，而無侵官之弊。

［1］寄禄官：即内侍寄禄官。有中常侍、給事中、内殿通直、黄門郎、内謁者、内侍殿頭、内侍高品和内侍高班等八種。

凡宫中諸局分，大定元年，世宗謂諸局分承應人，班叙俸給涉於太濫，正隆時乃無出身，涉於太刻，[1]又其官品不以勞逸爲制，遂命更定之。大定六年，諭有司曰："宫中諸局分承應人，有年滿數差使者，往往苦於稽留，而卒不得。其差者，復多不解文字而不幹，[2]故公私不便。今後願出局者聽，願留者各增其秩，[3]依舊承應。其十人長，[4]雖老願留者亦增秩，作長行承應，[5]

餘依例放還。”七年，詔宰臣曰：“女直人自來諸局分不經收充祗候。可自今除太醫、司天、内侍外，[6]餘局分並令收充勾當。”

[1]太刻：過於嚴格。

[2]不解文字而不幹：因不識文字而不稱其職。

[3]秩：古代官吏的俸禄。亦指官吏的職位和品級。

[4]十人長：軍隊中領導十個人的小頭目。金朝的軍隊，統領百名正兵的軍官爲謀克，亦稱百夫長。一謀克設蒲輦兩名，蒲輦又稱隊正，是領五十名兵士的低級軍官。以下領十人者爲什長，亦稱十人長，領五人者稱“伍長”。

[5]長行承應：即前文所記的長行人。

[6]太醫、司天：官署名。太醫即太醫院，掌宫庭醫藥之事。司天指司天臺，掌天文曆法之事。

護衛，[1]正隆二年格，每三十月遷一重，初考，女直遷敦武，餘遷保義，百五十月出職，與從五品以下、從六品以上除。大定二年格，更爲初遷忠勇，[2]百二十月出職。大定十四年官制，從下添兩重，遂命女直初遷修武，[3]餘人敦武。十八年，制初除五品者次降除六品，第三復除從五品。初任六品者不降，第四任始授從五品，再勒留者各遷一官。[4]明昌元年資格，初任不算資歷，不勒留者，初從六品，二、三皆同上，第四任陞從五。勒留者，初從五，二、三同上，第四正五品。再勒留者，初正五品，二同上，三少尹，[5]四刺史。[6]明昌四年，降作六品、七品除。貞祐制，一考八品，兩考除縣令，三考正七品，四考六品。五年，定一考者注上令。兩考者一任正七品回降從七，兩任正七回陞六品。三考者正七一任回，再任正七陞六品。四考者，三任六品陞從五品。

[1]護衛：皇帝的衛士。由殿前都點檢司左、右衛將軍總領。

[2]忠勇：即忠勇校尉。武官散階，正八品上。

[3]修武：即修武校尉。武官散階，從八品上。

[4]再勒留者：皇帝兩次命其留任者。

[5]少尹：又稱治中，諸府屬官。爲知府的助理。正五品。治中官名祇見於金代人物傳記中，而不見於本書《百官志》。

[6]刺史：刺史州長官。正五品。

符寶郎，十二人，[1]正隆二年格，皆同護衛，出職與從七品除授。大定二年格，並同護衛。十四年，初收。[2]餘人遷進義。二十一年，英俊者與六品除，常人止與七品除。

[1]符寶郎十二人：按本書卷五六《百官志二》記符寶郎爲四員。符寶郎，殿前都點檢司屬官，原名牌印祇候，世宗大定二年（1162）改爲符寶祇候，後改稱符寶郎，掌皇帝印璽及金銀牌等。

[2]初收：據中華點校本本卷校勘記，“初收”下有脫文，據下文，疑或是“女真還敦武”五字。

奉御，[1]十六人，以内駙馬充，舊名入寢殿小底。大定十二年，更今名。正隆二年格，同符寶郎。大定二年，出職從七品。

[1]奉御：近侍局屬官。原名入寢殿小底，正員十六人。世宗大定十二年（1172）改爲奉御。在黑龍江省阿城市金上京故城址中曾出土"奉御從人牌子"銅牌，長方形，一端有穿。一面有"左右宿直將軍司"陰文楷書小字，另一面牌穿下有"奉御"二字。其左爲"得入第壹重門"，右爲"日字第三十二號"，下部有"從人牌子"四字（參見劉寧《對幾面金代牌子的認識》，《遼海文物學刊》1995 年第 1 期）。

奉職，[1]三十人，舊名不入寢殿小底，又名外帳小底。大定十二年更今名。正隆二年格，女直遷敦武，餘人歷進義，無出身。大定二年格，出職正班九品。大定十四年定新官制，從下添兩重，女直初考進義，餘人進義副尉。[2]十七年格，有廕者初中簿，二下簿，無廕者注縣尉，已後則依格。明昌元年格，有廕者每勒留一考則減一資。二年，以八品出職。六年定格，初録事、軍防判、正從八品丞，二上簿，三中簿，四正從八品，若不犯選格者則免此除，五下令，六、七中令，八上令。勒留一考者陞下令，四、五中令，六上令，回呈省。勒留兩考者陞上令，[3]二中令，三、四上令，回呈省。凡奉御奉職之出職，大定十二年增爲百五十月，二十九年復舊，承安四年復增。

[1]奉職：近侍局屬官。原名不入寢殿小底，又稱帳外小底，正員三十人。世宗大定十二年（1172）改爲奉職。

[2]進義副尉：武官散階，從九品下。

[3]勒留兩考者升上令：按下文有"三、四上令"，則此處

“上”疑當作“下”。

東宫護衛,[1]正隆二年，出職正班從八品。大定二年，正從七品。初收女直遷敦武，餘人保義。

[1]東宫護衛：負責保衛皇太子的警衛。

閤門祗候,[1]正隆二年格，女直初遷敦武，餘人保義，出職正班從八品。大定二年格，出職從七品。八年定格，初都軍，二録事，三軍防判，四都軍，五下令，六中令，七上令。已帶明威者即與下令，二録事、軍防判，三都軍，四下令，五中令，六上令。泰和四年格，初都軍，二録事、軍防判，三下令，四中令，五上令。

[1]閤門祗候：閤門司屬吏。亦作“閣門祗候”。正員二十五人，金哀宗正大年間增至三十二人。

筆硯承奉,[1]舊名筆硯令史，大定三年，更爲筆硯供奉，後以避睿宗諱,[2]復更今名。正隆二年，女直人遷敦武，餘歷進義，無出身。大定二年格，初考女直遷敦武，餘保義，出職正班從七品。吏格，初都軍，二、三下令，四、五中令，六上令。

[1]筆硯承奉：筆硯局長官。亦稱筆硯直長。本書卷五六《百官志二》筆硯局，“直長二員，正八品，掌御用筆墨硯等事。泰和七年（1207）以女真應奉兼”。注云，“舊名筆硯令史，大定三年

(1163）改爲筆硯恭奉，以避諱改爲承奉”。所謂避諱，當是避章宗之父允恭名諱。

［2］睿宗：中華點校本據本書卷一九《世紀補》改爲“顯宗”。甚是。顯宗，世宗皇太子完顔允恭的廟號。允恭先於世宗而死，並未當皇帝，其子章宗繼承皇位，追謚廟號爲顯宗。本書卷九有紀。

妃護衛，[1]正隆二年格，與奉職同。大定二年，出職與八品。

［1］妃護衛：皇妃的警衛。

符寶典書，[1]四人，舊名牌印令史，以皇家袒免以上親、有服外戚、功臣子孫爲之。[2]

［1］符寶典書：殿前都點檢司屬吏。

［2］有服外戚：五服以内的外戚。

正隆二年格，出職九品。大定二十八年，出職八品，二上簿，回驗官資注授。

尚衣承奉，[1]天德二年格，以班内袛人選充。大定三年，女直人遷敦武，餘人選進義，出職九品。

［1］尚衣承奉：應爲尚衣局屬吏。本書《百官志》失載。

知把書畫，[1]十人，正隆二年格，與奉職同。大定二年，出職九品。十四年格，同奉職。二十一年定格，有廕者，初中簿，二軍器庫副，[2]後依本門户差注，無廕者，與差使。

[1]知把書畫：應爲書畫局屬吏。本書《百官志》失載。

[2]軍器庫副：即軍器庫副使，爲軍器庫使副佐。正九品。

凡已上諸局分承應人，正隆二年格，有出身者皆以五十月爲一考，五考出職，無出身者五十月止遷一官。大定二年、三年格，皆三十月爲考，遷一重，四考出職。十二年，復加爲五考。大定二十九年，又爲四考。承安四年，復爲五考。自大定十二年，凡增考者，惟護衛則否。

隨局内藏四庫本把，[1]二十八人，[2]正隆二年格，同奉職。大定二年格，十人長，每三十月遷一重，四考出職九品。長行，每五十月遷一重，初考女直敦武，餘人進義。轉十人長者其後依親軍例，轉五十人長者以三十月遷加，[3]雖未至十人長而遷加至敦武者，依本門户出職。十二年，加爲五考。二十一年格，與知把書畫同。二十八年，以合數監同人内，從下選差。明昌元年，如八貫石本把闕，六貫石局内選。六年，半於隨局承應人内選。

[1]内藏四庫本把：内藏四庫，指宣徽院所屬的内藏庫，掌内宫珍寶財物，率隨庫都監等供奉調用。世宗大定二年（1162），將内藏庫分爲頭面、段匹、金銀、雜物四庫。本把，内藏四庫屬吏名。頭面庫七人，段匹庫十二人，金銀、雜物庫各八人。

[2]二十八人：按本書卷五六《百官志二》記，内藏四庫本把爲三十五人，與此處所記不同。

[3]五十人長：領導五十人的小頭目。即蒲輦，又稱“蒲里衍”。

左右藏庫本把，[1]八人，格同内藏。大定二十九年設，三十月遷一重，百二十月出職。

[1]左右藏庫：官署名。即太府監所屬的左藏庫和右藏庫，左藏庫掌金銀珠寶、寶貨錢幣；右藏庫掌錦帛絲綿毛褐、諸道常課諸色雜物。

儀鸞局本把，[1]大定二十七年，三人。明昌元年，設十五人，格比内藏本把。

[1]儀鸞局：官署名。隸屬於宣徽院，掌殿庭鋪設、帳幕、香燭等事。

尚食局本把，[1]四人，大定二十八年設，格同儀鸞。

[1]尚食局：官署名。隸屬於宣徽院，掌御膳、進食先嘗、兼管從官飲食。在遼寧阜新縣出土的金代《蕭居士墓志》志蓋上有十三個契丹小字，即實先生釋爲“故顯武將軍尚食局使拔里公墓志”（參見郭添剛、劉鳳翥等《契丹小字金代〈蕭居士墓誌銘〉考釋》，《文史》2009年第1輯；即實《謎田耕耘——契丹小字解讀》，遼寧民族出版社2012年版，第330－331頁）。

尚輦局本把，六人，[1]二十八年設，格同儀鸞。

[1]尚輦局本把六人：尚輦局，官署名。隸屬於殿前都點檢司，掌承奉輿輦等事。本書卷五六《百官志二》記，尚輦局本把爲四人，與此處所記不同。

典客署書表，[1]十八人，大定十二年，以班内祗、并終場舉人慎行止者，試三國奉使接送禮儀、并往復書表，[2]格同國史院書寫。十四年，以女直人識漢字班内祗一同試補。大定二十四年，終場舉人出職八品注上簿，次下簿，三任依本門户。明昌五年，復許終場舉人材質端偉、言語辯捷者，與内班祗同試，與正九除。

[1]典客署書表：典客署，官署名，隸屬於宣徽院。書表，屬吏名。

[2]三國奉使接送禮儀：即出使外國和接待外國使者的禮儀。所謂三國指南宋、西夏和高麗三個政權。本書卷三八《禮志十一》所記外國使者入見儀、曲宴儀、朝辭儀、新定夏使儀等即屬於這一類。

捧案，[1]八人，大定十九年，以已承三品官廕人，命宣徽院揀試儀觀修整者，[2]格同尚衣承奉。二十一年，格同知把書畫。

[1]捧案：侍儀司屬吏。本書卷五六《百官志二》侍儀司令下注，“掌侍奉朝儀，率捧案、擎執、奉輦各給其事”。

[2]宣徽院：官署名。掌朝會燕享、殿庭禮儀及監知御膳。

擎執㩮使，[1]大定四年，以内職及承奉班内選。明昌六年，以皇家袒免以上親、不足則於外戚、并三品已上散官、五品以上職事官應廕子孫弟兄姪，以宣徽院選有德而美形貌者。

[1]擎執㩮使：侍儀司屬吏。侍儀司原名擎執局，世宗大定元年（1161）改稱侍儀局，五年升局爲司。

奉輦，[1]舊名拽輦兒，大定二十九年更名，格同擎執。

[1]奉輦：侍儀司屬吏。

妃奉事，[1]舊名不入寢殿小底，大定十一年又名名奉職，[2]大定十八年更今名。格同知把書畫。

[1]妃奉事：諸皇妃宫中的屬吏。
[2]又名名奉職：中華點校本據殿本改爲“又名妃奉職”。

東宫妃護衛，[1]十人，大定十三年，格同親王府祗候郎君。二十八年，有廕人與副巡檢、譏察，[2]無廕人與司軍、軍轄等除。[3]

[1]東宫妃護衛：太子妃的警衛。
[2]副巡檢、譏察：官名。散巡檢司屬官。本書卷五七《百官

志三》諸巡檢條下注，“散巡檢，正九品。内泗州以管勾排岸兼之。皆設副巡檢一員，爲之佐”。譏察，各關津渡口設有譏察官，掌關禁、譏察奸僞。

[3]司軍、軍轄：防禦州和刺史州屬官中均設有司軍和軍轄，皆從九品，軍轄兼巡捕使。

東宫入殿小底，[1]三十月遷一重。初考，女直人遷敦武，餘人遷保義。吏格，有廕無蔭其出職，初八品，二上簿，三中簿，四八品，五下令，六中令，八上令，[2]回呈省。

[1]東宫入殿小底：應爲太子東宫屬吏。本書《百官志》失載。

[2]六中令八上令：“六”下疑脱“七”字，或“八”當作“七”。

東宫筆硯，[1]五十月遷一重，百五十月出職正班九品。無蔭人差使。有廕人，二十一年格，[2]與二十一年知把書畫格同。

[1]東宫筆硯：應爲太子東宫屬吏。本書《百官志》失載。

[2]二十一年格：中華點校本據文義於此句前補“大定”二字。

正班局分，尚藥、果子本把、奉膳、奉飲、司裀、儀鸞、武庫本把、掌器、掌輦、習騎、群子都管、生料庫本把。[1]大定二十一年格，有廕人，知把書畫格同。章宗大定二十九，[2]諸局分長行並歷三百月、十人長九十月出職。

[1]尚藥、果子本把、奉膳、奉飲、司裀、儀鸞、武庫本把、掌器、掌輦、習騎、群子都管、生料庫本把：宫庭内各司署服務吏員；尚藥、果子本把皆隸屬尚藥局，主管進湯藥茶果；奉膳、奉飲隸屬於尚食局；司裀、儀鸞隸屬於儀鸞局；武庫本把隸屬於殿前都點檢司武庫署；其餘所屬機構不詳。

[2]章宗大定二十九：中華點校本據殿本於此句末補“年”字。

雜班局分，鷹坊子、尚食局厨子、果子厨子、食庫車本把、儀鸞典幄、武庫槍寨、司獸、錢帛庫官、旗鼓笛角唱曲子人、弩手、傘子。[1]貞元元年，[2]制弩手、傘子、尚厩局小底、尚食局厨子，[3]並授府州作院都監。[4]大定二十九年，長行三百月、十人長九十月出職，弩手、傘子四百月出職。

[1]鷹坊子、尚食局厨子、果子厨子、食庫車本把、儀鸞典幄、武庫槍寨、司獸、錢幣庫官、旗鼓笛角唱曲子人、弩手、傘子：宫庭内各司署服務人員。鷹坊子，屬殿前都點檢司鷹坊，掌訓養獵鷹之事；尚食局厨子和果子厨子是尚食局、尚藥局厨師；儀鸞典幄屬儀鸞局；武庫槍寨屬武庫署；司獸是宫庭内負責訓獸者；其餘所屬機構不詳。

[2]貞元：金海陵王年號（1153—1156）。

[3]尚厩局小底：殿前都點檢司尚厩局屬吏。

[4]府州作院都監：指地方州府作院長官。

其他局分，若秘書監楷書及琴、碁、書、阮、象、説話待詔，[1]尚厩局醫獸、駞馬牛羊群子、酪人，[2]皆無出身。

[1]秘書監楷書及琴、碁、書、阮、象、説話待詔：各司署服務人員。碁，圍棋。

[2]尚厩局醫獸：本書卷五八《百官志四》作“尚厩獸醫”，此處“醫獸”似誤。

侍衛親軍長行，[1]初收，遷一重，女直敦武，餘人進義。每五十月遷一重，以次轉五十人長者，則每三十月遷一重。如五十人長内遷至武義者，以五十人長本門户出職。五十人長每三十月遷一重，六十月出職，係正班，與九品除授，有廕者八品除授。如轉百人長者，[2]則三十月遷一重，六十月出職，係正班八品，有廕者七品。大定六年，百户任滿，有廕者注七品都軍、正將，[3]無廕及五十户有廕者，注品刺郡、都巡檢、副將。[4]五十户無廕者及長行有廕者，注縣尉，無廕注散巡檢。十六年，有廕百户，初中令，二都軍、正將，三、四録事，五下令，六中令，七上令，回呈省。無廕者，初都軍、正將，二録事，三、四副將、巡檢，五都軍、正將，六下令，七中令，八上令，回呈省。此言識字者也；不識字者，初止縣尉，次主簿。二十一年，有廕者初中簿，二縣尉。無廕者初縣尉，二散巡檢。已後，依本門户，識字、不識字並用差注。二十九年，定女直二百五十月出職，餘三百月出職。吏格，先察可親民、及不可者，[5]驗其資歷，若已任回帶明威、懷遠者，驗資擬注。

[1]侍衛親軍長行：拱衛直使司屬吏。

[2]百人長：即謀克，亦稱百夫長。

[3]正將：諸邊地軍事長官。掌提控部堡將，輪番巡守邊境，正七品。

[4]八品刺郡、都巡檢：八品刺郡，指刺史州判官，從八品。都巡檢，爲都巡檢司長官，正七品。

[5]親民：亦作“親民官”，指親自臨民的州縣長官。

拱衛直，[1]正隆名龍翔軍，無出身。大定二年，改龍翔軍爲拱衛司。定格，軍使、什將、長行，[2]每五十月遷一重，女直人敦武，餘人進義。遷至指揮使，[3]則三十月出職，遷一重，係正班，與諸司都監。雖未至指揮使，遷至武義出職，係雜班，與差使。

[1]拱衛直：拱衛直使司兵士。本書卷五六《百官志二》，“拱衛直使司，威捷軍隸焉。舊名龍翔軍，正隆二年（1157）改爲神衛軍，大定二年（1162）更名爲拱衛司”。

[2]軍使、什將、長行：爲拱衛直使司屬吏。

[3]指揮使：拱衛直使司長官，世宗大定五年（1165），改稱都指揮使，統領兵馬、謹嚴儀衛，從四品。

司天長行，[1]正隆二年，定五十月遷一重，女直敦武，餘人進義，無出身。

[1]司天長行：司天臺屬吏。正員五十人。

太醫，格同。貞元元年，嘗罷去六十餘人。正隆二年格，五十月遷一重，女直人敦武，餘人進義，無出身。

教坊，[1]正隆間有典城牧民者，[2]大定間罷，遂定格同上。

[1]教坊：官署名。掌殿庭音樂。

[2]典城牧民：指出任地方州縣官。

金史　卷五四

志第三十五

選舉四

部選　省選　察廉　薦舉　功酬虧永

凡吏部選授之制，[1]自太宗天會十二年，[2]始法古立官，[3]至天眷元年，[4]頒新官制。[5]及天德四年，[6]始以河南、北選人並赴中京，[7]吏部各置局銓注。[8]又命吏部尚書蕭頤定河南、北官通注格，[9]以諸司橫班大解、親大將軍合注差人，[10]依年例一就銓注，餘求仕人分四季擬授，遂爲定制。貞元二年，[11]命擬注時，依舊令，求仕官明數，[12]謂面授也。不許就本鄉，[13]若衰病年老者毋授繁劇處。[14]

[1]吏部選授：吏部，官署名，尚書省六部之一，主管文武官吏的選授、勳封、考核、頒發制詔等事。選授，古官制術語，選拔和除授官職。

［2］太宗：廟號。即完顔吴乞買，漢名晟。1123年至1135年在位。本書卷三有紀。　天會：金太宗年號（1123—1137）。

［3］法古立官：効法前代設立官署和官職。

［4］天眷：金熙宗年號（1138—1140）。

［5］新官制：熙宗天眷年間頒行的新官制，廢除了女真人傳統的勃極烈制，采用漢官制，史稱“天眷新制”。

［6］天德：金海陵王年號（1149—1153）。

［7］河南、北選人：指黄河以南和黄河以北的候選者。　中京：陪都名。亦稱北京，治所在今内蒙古自治區寧城縣大明鄉遼金古城。

［8］銓注：古代官制術語。選官登記在册。

［9］吏部尚書蕭頤：吏部尚書，尚書省吏部長官，掌文武選授，勳封，考課，出給制詔之政，正三品。蕭頤，中華點校本據本书卷五《海陵纪》改“頤”爲“賾”。“頤”是賾之弟，此吏部尚书者應爲賾。蕭賾，奚族人，海陵王正隆年間官至尚書右丞。　通注格：統一登記授官的法律條文。

［10］諸司横班大解，並大將軍合注差人：横班，武臣官階，又稱“横行”。大解（jiè），解發。大將軍，武散官。合注，合銓注。差，差遣官員。此句文意爲，諸司授有武官階者解發赴銓，由諸司並大將軍注擬差遣以實職赴任。

［11］貞元：金海陵王年號（1153—1156）。

［12］明敷：當面授官。

［13］不許就本鄉：不准到本籍貫任官職，是當時任官的一種迴避制度。

［14］繁劇處：繁華和人口稠密的地方。

世宗大定元年，[1]敕從八品以下除授，不須奏聞。又制，求仕官毋入權門，[2]違者追一官降除，[3]有所饋獻而受之者，[4]奏之。

[1]世宗：廟號。即完顔烏禄，漢名雍。金朝第五任皇帝，1161 年至 1189 年在位。本書卷六至八有紀。　大定：金世宗年號（1161—1189），章宗即位後又延用一年。

[2]求仕官毋入權門：本書卷六《世宗紀上》記此條規定是在大定三年（1163）十一月頒布的，與此處所記時間不同。

[3]追一官降除：降官一級除授。

[4]饋獻：指送禮行賄。

二年，詔隨季選人，如無過或有功酬者，[1]依格銓注。有廉能及污濫者，約量升降，呈省。

[1]功酬：古官制術語。指功勞報酬。按照官吏的事功勞績，並其次第給予報酬。酬依次第分一酬、二酬等。

七年，命有司，[1]自今每季求仕人到部，令本部體問，政跡出衆者、及贓污者，申省核實以聞，約量升擢懲斷，年老者勿授縣令。又謂宰臣曰："隨朝官能否，大率可知。若外路轉運司幕官以至縣令，[2]但驗資考，[3]其中縱有忠勤廉潔者，無路而進，是此人終身不敢望三品矣，豈進賢退不肖之道哉。自今通三考視其能否，以定升降爲格。"又曰："今用人之法甚弊，其有不求聞達者，入仕雖久，不離小官，至三四十年不離七品者。而新進者結朝貴，[4]致顯達，此豈示激勸之道。卿等當審於用人，以革此弊。"

[1]有司：指有關的職能部門。

[2]外路轉運司幕官：外路，指除京師之外的各路。轉運司幕官，指轉運司的佐吏。金於京師所在地的路設都轉運司，其餘各路設轉運司，掌賦税錢穀、倉庫出納、權衡度量之制等事。

[3]資考：古官制術語。即官員的資歷和考核年限。金在職官員以三十個月爲一考。

[4]朝貴：指朝廷的顯官要員。

時清州防禦使常德輝上言：[1]“吏部格法，止叙年勞，[2]是以雖有才能，拘於法而不得升，以致人材多滯下位。[3]又，刺史、縣令，親民之職，[4]多不得人，乞加體察，[5]然後公行廉問，庶使有懼心。且今酒税使尚選能者，[6]況承流宣化之官，[7]可不擇乎。自今宜以能吏當任酒使者授親民之職。”從之。

[1]清州防禦使常德輝：清州防禦使，清州軍政長官，掌防捍不虞、禦制盗賊、主治清州事，從四品。治所在今河北省清縣。常德輝，本書卷八八《紇石烈良弼傳》作“同知清州防禦事常德暉”。“輝”作“暉”，所記官職亦與此處不同。

[2]年勞：任官的年限。

[3]下位：指低級職務。

[4]刺史：刺史州軍政長官。正五品。

[5]體察：調查考核。

[6]酒税使：本書卷五七《百官志三》記，金於京師和真定府置都麯酒使司，其他路府置酒使司。收税至十萬貫以上的酒使司設酒税使、副使和小都監各一員。五萬貫以上者設使、副各一員。二萬貫以上者設使、都監各一員。“諸酒税使三萬貫以上者正八品，五萬貫以上者副使正八品。”

[7]承流宣化之官：指地方州縣長官。因州縣長官負責治理地方、宣揚教化，所以稱“承流宣化之官”。

十年，上謂宰臣曰：“守令以下小官，能否不能徧知。[1]比聞百姓或請留者，類皆不聽。凡小官得民悦，上官多惡之，能承事上官者，必不得民税。自今民願留者，許直赴部，告呈省。遣使覆實，其績果善可超升之，如丞簿升縣令之類，[2]以示激勸。”

[1]徧：同“遍”。

[2]丞簿：指縣丞和主簿，皆爲縣令的副佐。

二十六年，以闕官，[1]勑：“見行格法合降資歷内，[2]三降兩降各免一降，一降者勿降。省令譯史得縣令資歷内，[3]免録事及下縣令各一任。[4]密院令史三考以上者，[5]同前免之。臺、部、宗正府、統軍司令譯史，[6]合歷縣令任數，免下令一任。外路右職文資諸科，[7]合歷縣令亦免一任。當過檢法知法，[8]三考得録事者，已後兩除一差”。

[1]闕：義同缺。

[2]見：與“現”通。

[3]省令譯史：指省令史和省譯史，皆爲尚書省屬吏。省令史正員七十人，漢人、女真各三十五。省譯史十四人，左、右司各七人。

[4]録事：諸府節鎮録事司長官。掌平理獄訟、員警所部、總判司事。正八品。　下縣令：即下縣縣令。金制，京師倚郭縣稱京

縣，又稱赤縣。其餘二萬五千户以上的縣稱次赤，又稱劇縣。二萬五千户以下、二萬户以上者稱次劇縣。萬户以上、不足二萬户者稱上縣。三千户以上、不足萬户者稱中縣。不足三千户稱下縣。

［5］密院令史：即樞密院令史。樞密院屬吏。正員十八人，其中女真十二人，漢人六人。

［6］臺、部、宗正府、統軍司：官署名。臺，指御史臺。部，指尚書省所轄各部。宗正府，又稱大宗正府。章宗泰和六年（1206）爲避世宗父宗輔（又名宗堯）名諱，改爲大睦親府。是一個專門管理完顔宗室成員的機構，其長官必須由皇族成員擔任。統軍司，金在河南開封府、陝西京兆府、山西太原府、山東益都府共設四統軍司，掌督領兵馬、鎮懾邊陲、分管營衛、視察奸僞。

［7］右職文資：右職，指授武散官者。文資指授文散官者。本書卷五二《選舉二》："凡進士則授文散官，謂之文資官。自余皆武散官，謂之右職，又謂之右選。"

［8］檢法知法：檢法，尚書省左、右三部檢法司、都元帥府、大宗正府、御史臺等官署機構都設有檢法官，主管檢斷取法紀文字等事。多者定員二十二人，少者二人，正八品或從八品。知法，爲樞密院、尚書省三司、大理寺、登聞鼓院、登聞檢院、地方府州等機構屬官，執掌與檢法同，正員多少不等，從八品或從九品。

明昌三年，[1]上曰："舊制，每季到部求仕人，識字者試以書判，[2]不識字者問以疑難三事，體察言行相副者。其令自今隨季部人並令依條試驗。"宰執奏曰："既體察知與所舉相同，又試中書判，若不量與升除，無以示勸。"遂定制，若隨朝及外路六品以上官則隨長任用，外路正七品官擬升六品縣令一等除授，任滿合降者免降，從七品以下於各等資歷内減兩任擬注，以後體察相同即依已升任使，若體察不同者本等注授，若見任縣令升中上令者、並掌錢穀及丁憂去者，[3]候解由到部。[4]諸局分人亦候將來出職日準上擬注。[5]猛安謀克擬依前提刑司保舉到升任例，[6]施行時嘗令隨門户減一資歷。明昌七年，勅復令如舊。

[1]明昌：金章宗年號（1190—1196）。

[2]試以書判：考試處理文檔、文書之題目，以觀應試者的文字功底和處理文案的能力。

[3]丁憂：居父母之喪。

[4]解（xiè）由：解，發送。由，憑證。解由即記載授官者的來歷、理由的文書憑證。本書卷五二《選舉二》："凡銓注，必取求仕官解由，撮所陳行績資歷之要爲銓頭。"卷五五《百官志一》："凡内外官之政績、所歷之資考、更代之期、去就之故，秩滿皆備陳於解由，吏部據以定能否。"

[5]諸局分人：指在宫廷内各司署服務的吏員。

[6]猛安謀克：金代女真人特有的社會組織形式，是由氏族時期圍獵組織發展形成的。太祖收國二年（1116），以三百户爲一謀克，十謀克爲一猛安。猛安，女真語，意爲"千"，所以又稱千夫長。謀克，女真語，意爲"氏族""鄉里"。每謀克所領正兵約百人，所以謀克官又稱百夫長。猛安謀克同時也是金代女真人地方行政設置及長官的名稱。猛安相當於州，謀克相當於縣，是一種生産、行政、軍事合一的組織。猛安謀克官平時爲行政長官，督促生産，徵收賦税，管理部内事務及訓練武藝。戰時，部民壯者爲兵，由猛安謀克長官率領征戰，罷戰後返回原地。猛安謀克官實行世襲制。内地猛安謀克轄於府、節度使，在邊地者，轄於招討司。　提刑司：官署名。地方監察機構。掌審察刑獄、照刷案牘、糾察濫官污吏及豪强奸猾之徒、私鹽酒禁，兼勸課農桑。章宗大定二十九年

（1189）六月，於全國共設九路提刑司，承安四年（1199）改爲按察司，宣宗貞祐三年（1215）罷廢。

泰和元年，[1]上以縣令見守闕，近者十四月、遠者十六月，又以縣令丞簿員闕不相副，勑省臣，“右選官見格，散官至明威者注縣令，[2]宣武者注丞簿，[3]雖曾犯選格及虧永者亦注，[4]是無别也”。遂定制，曾犯選格及虧永者，廣威注令，[5]明威注丞簿。

[1]泰和：金章宗年號（1201—1208）。
[2]明威：即明威將軍。武官散階，正五品下。
[3]宣威：即宣威將軍。武官散階，正五品中。
[4]虧永：長期虧損。
[5]廣威：即廣威將軍。武官散階，正五品上。

衛紹王大安元年，[1]以縣令闕少，令初入上中下令者，與其守闕可令再注丞簿一任，俟員闕相副則當復舊。

[1]衛紹王：封爵名。即完顏興勝，漢名允濟。金朝第七任皇帝，1209年至1213年在位。本書卷一三有紀。　大安：金衛紹王年號（1209—1211）。

宣宗貞祐二年，[1]以播越流離，官職多闕，權命河朔諸道宣撫司得擬七品以下，[2]尋以所注吏部不知，季放之闕多至重複，乃奏罷之。時李英言：[3]“兵興以來，百務煩冗，政在用人，舊雖有四善、十七最之法，[4]而拔擢蔑聞，幾爲徒設。[5]大定間，以監察御史及審録官分詣諸路，[6]考覈以擬，[7]號爲得人，可依已試之効，庶幾使人自勵。”詔從之。

[1]宣宗：廟號。即完顏吾睹補，漢名珣。金朝第八任皇帝，1213年至1223年在位。本書卷一四至一六有紀。　貞祐：金宣宗年號（1213—1217）。

[2]河朔諸道宣撫司：河朔，地區名，泛指河北、河東（今山西）、山東之地。宣撫司，官署名。章宗泰和六年（1206）置陜西路宣撫司，節制陜西兵馬公事。八年，改陜西宣撫司爲安撫司，後於陜、山東東西、大名、河北東西、遼東咸平、隆安、上京、肇州、北京、河東南北路，共設十安撫司。掌鎮撫人民、譏察邊防軍旅、審録重刑事。

[3]李英：渤海人。時爲御史中丞。本書卷一〇一有傳。

[4]四善、十七最：指金朝選擢官吏的一些具體的法律條文規定，其内容不詳。

[5]徒設：虚設。

[6]監察御史及審録官：監察御史，御史臺屬官，掌糾察内外百官，檢查諸官府賬目，兼祭禮及出使之事。世宗大定二年（1162）定員八人，章宗承安四年（1199）增至十人，五年增至十二人，正七品。審録官，指負責審核官吏升遷的職能部門官員。

[7]考覈：考察核實。

三年，户部郎中奥屯阿虎言：[1]“諸色遷官並與女直一體，[2]而有司不奉，妄生分别，以至上下相疑。”詔以違制禁之。

[1]户部郎中奥屯阿虎：户部郎中，户部尚書屬官，從五品。奥屯阿虎，懿州胡土虎猛安女真人，世宗大定二十八年（1188）策論進士，參知政事奥屯忠孝之子。

[2]諸色：指各種不同民族出身的人。

初，宣宗之南遷也，[1]詔吏部以秋冬於南京、春夏於中都置選，[2]而赴調者憚於北行，率皆南來，遂併於南京設之。三年，[3]命汰不勝官者，令五品以上官公舉，今季赴部人内，先擇材幹者量緩急易之。

[1]宣宗之南遷：貞祐二年（1214），迫於蒙古軍事上的壓力，金宣宗將首都由中都（今北京市）南遷汴京（今河南省開封市），此後金王朝即走向衰落。

[2]南京：都城名。亦稱汴京，原爲北宋的首都，金改爲南京。金宣宗遷都於此，治所在今河南省開封市。　中都：都城名。古名燕京，遼稱南京析津府，金海陵王貞元元年（1153）遷都於此。治所在今北京市。

[3]三年：中華點校本據本書卷一四《宣宗紀上》改爲“三月”。

興定元年，[1]詔有司議減冗員。[2]又詔，自今吏部每季銓選，[3]差女直、漢人監察各一員監視，又盡罷前犯罪降除截罷、及承應未滿解去而復爲隨處官司委使者。又定制，權依劇縣例俱作正七品，令隨朝七品、外路六品以上職事官，舉正七品以下職事官年未六十無公私罪堪任使者，歲一人，仍令兼領樞密院彈壓之職，[4]以鎮軍人。凡上司不得差占及淩辱決罰。[5]到任半年，委巡按官體訪具申籍記。[6]又半年覆察，考滿日分等升用。如六事備爲上等，升職一等，四事爲中等，減二資歷，其次下等減一資歷，不稱者截罷。

[1]興定：金宣宗年號（1217—1222）。

[2]冗員：有職而不幹實事的多餘吏員。

[3]銓選：古官制術語。選拔官吏。

[4]樞密院彈壓：樞密院屬官。本書《百官志》失載。

[5]决罰：判决處罰。

[6]巡按官：指出巡地方的御史臺官員。

凡省選之制，[1]自熙宗皇統八年以上京僻遠，[2]始命詣燕京擬注，歲以爲常。貞元遷都，始罷是制。其常調制，正七品兩任陞六品，六品三任陞從五品，從五品兩任陞正五品，正五品三任陞刺史。凡内外官皆以三十月爲考，隨朝官以三十月爲任，升職一等。自非制授，尚書選在外官，命左司移文勾取。[3]承安三年，始命置簿勾取。[4]

[1]省選：指由尚書省直接銓選。

[2]熙宗：廟號。即完顔合剌，漢名亶。1135 年至 1149 年在位。本書卷四有紀。　皇統：金熙宗年號（1141—1149）。

[3]左司：官署名。隸屬尚書省。總察尚書省吏、户、禮三部受事付事。

[4]簿：官吏的檔案簿，有闕滿簿、行止簿、貼黄簿，分别記載官吏的出身、資歷、政績和遷轉情況。

大定十五年，制凡二品官及宰執樞密使不理任，[1]每及三十月則書于帖黄，[2]不及則附於闕滿簿。[3]内外三品官以五十月爲任。

[1]宰執樞密使：金尚書省置左、右丞相，平章政事二員，爲宰相。左、右丞，參知政事二員，爲執政官，即副宰相。正、副宰相合稱爲宰執。樞密使，樞密院長官，掌武備機密之事，從一品。

[2]貼黄：亦稱押黄，是唐代首創的公文改錯制度，宋人葉夢得《石林燕語》："唐制，降勅有所更改，以紙貼之，謂之貼黄。蓋勅書用黄紙，則貼者亦黄紙也。"宋代貼黄制度十分流行，大臣奏疏用白紙，若意有未盡，則另書於黄紙貼於後，成爲對奏章的補充説明。至明代，命内閣重定貼黄程式，即令本官自撮疏中大要，不過百字，以黄紙粘附牘尾，相當於内容提要，便於皇帝閲覽。金之貼黄制當類似唐宋之制。貼黄簿成爲文武百官人事檔案的一種。本書卷五四《選舉志四》："大定事務年，制凡二品官及宰執樞密不理任，每及三十月則書於貼黄，不及則附於闕滿簿。"又"上謂宰臣曰：'昨觀貼黄，五品以下官多闕。'"時賈益謙任尚書省左司郎中。卷五五《百官志一》記載左司郎中的職掌："每月秩滿者爲簿，名曰闕本，及行止簿、貼黄簿，並官制同進呈，御覽畢則受而藏之。"

[3]闕滿簿：古代官吏檔案簿的一種。記載擔任官職的時間、職務履行等情況。

泰和三年，制凡文資右職官應遷三品職事者，五品以上歷五十月，六品以下及門廕雜流職事至四品以上而散官應至三品者，[1]皆歷六十月，方許告遷。

[1]門廕：官僚子弟憑前輩功勳、官爵直接入仕任官的一種制度，是古代社會貴族的一種特權。　散官：又稱階官，與職官不同。古代表示官員等級的稱號，與職官品級稱號相對而言，隋朝始有散階之號，各朝代散官階級亦不盡相同。階高者可出任低職，階低者亦可出任高職。宋官員按階官發俸禄，所以稱“寄禄官”。至明清階官始與職官級别相符。

七年，自按察使副依舊三十月理考外，[1]内外四品以四十月理考，通八十月遷三品。

[1]按察使副：指按察使和按察副使。按察使是按察司長官，正三品。按察副使是按察使副佐，正四品。

泰和八年，詔以門廕官職事至四品者甚少，自今至刺史而散官應至三品者，即許告遷三品。此省選資考之制也。

世宗大定元年，上謂宰臣曰：“朕昔歷外任，[1]不能悉知人之優劣，每除一官必以不稱職爲憂。夫薦賢乃相職，卿等其各盡乃心，勿貽笑天下。”又曰：“凡擬注之際當爲官擇人，勿徒任親舊，庶無曠官矣。”[2]又曰：“守令之職當擇材能，比聞近邊殘破多用年老及罪降者，是益害邊民也。若資歷高者不當任邊遠，可取以下之才能者升授，回不復降，庶可以完復邊陲也。”邊陞之制，[3]蓋始於此。

[1]朕昔歷外任：世宗即位前，曾先後擔任過會寧府尹、中京

留守、燕京留守、濟南府尹、西京留守、東京留守等職，所以説“昔歷外任”。

[2]曠官：職官空缺。

[3]邊升：古官制術語。因鎮守邊地而升職。本書卷五二《選舉志二》：“授東北沿邊州郡而升者爲邊升。”

三年，詔監當官遷散官至三品尚任縣令者，與省除。

四年，勑隨朝六品以繁劇局分官有闕者，省不得擬注，今具闕及人以聞。

六年，制官至三品除，朝廷約量勞績歲月，[1]特恩遷官。

[1]約量勞績歲月：衡量任官政績和時間。

七年，制內外三品官遇擬注，其歷過成考以上月日，不曾遷加，或經革撥，[1]可於除目內備書以聞。[2]又勑，外路四品以上職事官、並五品合陞除官，皆具闕及人以聞。六品以下官，命尚書省擬定而復奏。[3]上又謂宰臣曰：“擬注外官，往往未當。州縣之官良則政舉，否則政隳。[4]卿宜辨論人材，優劣參用，則遞相勉勵，庶幾成治矣。”又曰：“從來頓舍人例爲節副，[5]今宣徽院同簽銀朮可以特收頓舍，[6]然後授以滄州同知，[7]此亦何功，但其人有足任使，故授以同簽也。且如自護衛、符寶、頓舍考滿者與六品五品之職，[8]而與元苦辛特收頓舍者例除，則是不倫也。”

［1］革撥：因故革職或調撥。

［2］除目：指除授官職的具體條目記録。

［3］尚書省：行政官署名。海陵王即位，罷中書、門下二省，中央衹置尚書省。尚書省是金朝最高行政機關。

［4］隳（huī）：毁壞。

［5］頓舍人：不見於本書《百官志》，待考。　節副：即節度副使，爲節度州屬官。從五品。

［6］宣徽院同簽銀朮可：宣徽院同簽，又稱同簽宣徽院事，爲宣徽院屬官，正五品。銀朮可，女真人，生平不詳。

［7］滄州同知：即滄州同知節度使。爲滄州節度使副佐，通判節度使事，兼同知滄州管内觀察使。正五品。治所在今河北省滄州市東南。

［8］符寶：亦稱符寶郎，原名牌印祇侯。世宗大定二年（1162）改爲符寶祇侯，後又改稱符寶郎。掌御寶印璽及金銀牌等，正員四人，爲殿前都點檢司屬吏，爲不入品級的流外官。

十年，謂宰臣曰："凡在官者，若不爲隨朝職任，便不能離常調。若以卿等所知任使恐有滯，如驗入仕名項或廉等第用之亦可。若不稱職，即與外除。"

十一年，上謂宰臣曰："隨朝官多自計所歷，一考謂當得某職，兩考又當得某職，故但務因循而已。及被差遣，又多稽違。[1]近除大理司直李寶爲警巡使，[2]而奏謝言'臣内歷兩考'，意謂合得五品而除六品也。朕以此人幹事，嘗除監察御史，及爲大理司直，未嘗言情見一事，[3]由是除長官，欲視其爲政，故授是職。自今外路與内除者，察其爲政公勤則升用，若但務苟簡者，[4]

不必待任滿即當依本等出之。不明賞罰，何以示勸勉也。”

［1］稽違：延遲時間而違犯規定。

［2］大理寺直李寶：大理寺直，爲大理寺屬官，掌参議疑獄、披詳法狀，正員四人，正七品。李寶，生平不詳。　警巡使：諸京警巡院長官。掌評理獄訟、員警所部，總判院事。正六品。

［3］未嘗言情見一事：没有循私情處理過一個案件。

［4］苟簡：苟且或草率處理政事。

十二年，上謂宰臣曰：“朕嘗取尚書省百官行止觀之，[1]應任刺史知軍者甚少，[2]近獨深州同知辭不習爲可，[3]故用之。即今居五品者皆再任當例降之人，故不可也。護衛中有考滿者，若令出職，慮其年幼不閑政事，[4]兼宿衛中如今日人材亦難得也。若勒留承應，[5]累其資考，今至正五品可乎？”皆曰：“善。”

［1］行止：指官吏的行止簿。記載官吏履歷任官情况的一種檔案。

［2］知軍：懂軍事。

［3］深州同知辭不習：深州同知，深州刺史副佐，掌通判州事，正七品。治所在今河北省深縣南。辭不習，女真人，亦作“辭不失”。

［4］不閑政事：不熟悉爲政之事。

［5］勒留承應：强令留任爲承應人（指原職務）。

十六年，勅宰臣，選調擬注之際，須引外路求仕人，引至尚書省堂量材受職。[1]

[1]引至尚書省堂量材受職：據中華點校本本卷校勘記，本書卷五五《百官志一》記，尚書省直省局局長“掌都堂之禮及官員參謝之儀”。《歸潛志》卷一一有“執政召在京父老士庶計事詣都堂”、“崔立坐都堂”。都堂指尚書省議政的大堂。所以此處“尚書省”下缺一“都”字。

二十一年，謂宰臣曰：“海陵時，[1]與人本官太濫，今復太隘”，令散官小者奏之。

[1]海陵：郡王封號。即完顏迪古迺，漢名亮。金朝第四任皇帝，1149年至1162年在位。本書卷五有紀。

二十四年，以舊資考太滯，命各減一任，臨時量人材、辛苦、資歷、年甲，[1]以次奏稟。

[1]年甲：進士及第的年月和甲次。

章宗大定二十九年，[1]定制，自正七品而上皆以兩任而後陞。

[1]章宗：廟號。即完顏麻達葛，漢名璟。金代第六任皇帝，1189年至1208年在位。本書卷九至一二有紀。

明昌四年，以前制有職官已帶三品者不許告遷，有司因之不舉，以致無由遷叙。上慮其滯，遂定制，已帶三品散官實歷五十月，從有司照勘，[1]格前進官一階，格後爲始再算。

[1]照勘：按規定考核。

五年，命宰臣擬注之際，召赴選人與之語，以觀其人。

六年，命隨朝五品之要職、及外路三品官，皆具人闕進呈，以聽制授。

七年，勅隨朝除授必欲至三十月，如有急闕，則具闕及人奏稟。尋復令，不須待考滿後，當通算其所歷而已。

承安四年，勅宰臣曰："凡除授，恐未盡當。今無門下省，[1]雖有給事中而無封駁司，[2]若設之，使於擬奏未受時詳審得當，然後授之可也。"乃立審官院，[3]凡所送令詳審者，以五日内奏或申省。

[1]門下省：隋文帝官制改革後，中央所設的三省之一，負責審議中書省制定的詔令和議案。後代沿襲隋制，金初亦置門下省，海陵時罷之。

[2]雖有給事中而無駁議司：給事中，隋朝門下省長官稱納言，唐代改稱侍中。金罷中書、門下省，内侍寄禄官中有給事中，從五品，其職能可能是負責審核詔令的。本書卷五六《百官志二》給事中條下無執掌記載，待考。駁議司，官署名。隋唐時期的門下省"出納帝命，佐天子而統大政"。對中書省制定的詔令和議案有駁正

權，所以駁議司是指有駁正權的職能部門。

［3］審官院：官署名。章宗承安四年（1199）始設，衛紹王大安二年（1210）罷，掌奏駁除授失當事。

承安五年，以六品、從五品闕少，勅命歷三任正七品而後陞六品。

泰和元年，諭旨宰臣曰："凡遇急闕，與其用資歷未及之人，何如止起復丁憂舊人也。"[1]命內外官通算，合得升等而少十五月者，依舊在職補足，而後升除，或有餘月日以後積算。遇闕而無相應人，則以資歷近者奏稟。

［1］起復丁憂舊人：起復，重新起用。起復丁憂舊人，即起用居父母之喪的官員。

二年，命少五月以下者本任補，六月至十四月者本任或別除補之。是制既行之後，至六年，以一例遷升復恐太濫，[1]命量材續稟。[2]

［1］一例遷升：一例就是一律，也就是任滿即升。
［2］量材續稟：權衡其才能按先後次序申奏。

衛紹王大安元年，定文資本職出身內，有至一品職事官應遷一品散官者，實歷五十月方許告遷。二品三品職事官應告本品循遷者，亦歷五十月，不得過本品外。四品以下職事官如遷三品者，亦歷五十月，止許告遷三品一資。六品以下職事官歷六十月告遷，帶至三品更不許告。犯選格者皆不許。如已至三品以上職事者，六十月亦聽。凡遷三品官資及致仕並橫遷三品者，[1]則具行止以聞。四品則六十月告遷，雜班則否。[2]

[1]致仕並横（hèng）遷：致仕，亦作“致政”。意爲交出官職、還政於君，即離職退休。横遷，不按常格規定特殊升遷。

[2]雜班：本書卷五三《選舉志三》：“海陵初，除尚書省、樞密院、御史臺吏員外，皆爲雜班。”

宣宗興定元年，徒單頑僧言：[1]“兵興以來，恩命數出，以勞進階者比年尤多。[2]賤職下僚散官或至極品，[3]名器之輕莫此爲甚。自今非親王子及職一品，餘人雖散官至一品乞皆不許封公。若已封者，雖不追奪其儀衛，[4]亦當降從二品之制。”從之。

[1]徒單頑僧：女真人。金哀宗皇后之父，曾任鎮南軍節度使。

[2]以勞進階：以勞指功勞和勞績。進階，升階官。

[3]極品：官品達到無以復加的級别，指一品高官。

[4]儀衛：儀仗和侍衛。

凡選監察御史，尚書省具才能者疏名進呈，以聽制授。[1]任滿，御史臺奏其能否，[2]仍視其所察公事具書於解由，以送尚書省。如所察事皆無謬戾爲稱職，[3]則有陞擢。庸常者臨期取旨，不稱者降除，任未滿者不許改除。大定二十七年前，嘗令六十以上者爲之。後，臺官以年老者多廢事爲言，乃勅尚書省於六品七品内取六十以下廉幹者備選。[4]二十九年，令臺官得自辟舉。[5]

[1]制授：皇帝降詔親授官職。

[2]御史臺：官署名。西漢稱御史府，東漢改稱御史臺，歷代多相沿，是古代國家的中央監察機構。掌糾察内外百官善惡，凡内外刑獄所屬理斷不當，有陳述者付臺治之。

[3]謬戾（lì）：謬誤和差錯。

[4]廉幹：廉潔和幹練。

[5]辟舉：推薦。

明昌三年，復命尚書省擬注，每一闕則具三人或五人之名，取旨授之。

承安三年，勅監察給由必經部而後呈省。

泰和四年，制以給由具所察事之大小多寡定其優劣。

八年，定制，事有失糾察者以怠慢治罪。

貞祐二年，定制以所察大事至五、小事至十爲稱職，數不及且無切務者爲庸常，[1]數内有二事不實者爲不稱職。四年，命臺官辟舉，以名申省，定其可否。

[1]切務：即急務，緊急重要的任務。

廉察之制，[1]始見於海陵時，故正隆二年六月有廉罷官復與差除之令。[2]大定三年，命廉到廉能官第一等進官一階陞一等，[3]其次約量注授。污濫官第一等殿三年降二等，[4]次二年，又次一年，皆降一等。詔廉問猛安謀克，廉能者第一等遷兩官，其次遷一官。汚濫者第一等決杖百，罷去，擇其兄弟代之。第二等杖八十，第三等杖七十，皆令復職。蒲輦決則罷去，[5]永不補差。

[1]廉察之制：專門考核官吏是否廉潔而予以升遷和降黜的一種選官制度。

[2]廉罷官：因廉察而被罷免的官員。

[3]廉到廉能官：指經廉察證明其廉潔奉公者。

[4]汚濫官：有貪汚和其他違法行爲的官員。

[5]蒲輦：官名。亦作"蒲里衍"。《三朝北盟會編》卷三引《女真記事》作"蒲里偃牌子頭"。卷二四二引《正隆事迹記》作"蒲里演"。卷二四三引《煬王江上録》作"葫蘆眼"。本書卷四四《兵志》："猛安者，千夫長也。謀克者，百夫長也。謀克之副曰蒲里衍。"《三朝北盟會編》卷二四四引《金虜圖經》："一謀克轄兩蒲輦（蒲輦，五十户也）。"蒲輦是統轄五十名正兵的下級軍官。

八年，省臣奏御史中丞移剌道所廉之官，[1]上曰："職官多貪汚，以致罪廢，其餘亦有因循以苟歲月者。今所察能實可甄獎，[2]若即與升除，恐無以慰民愛留之意，且可遷加，候秩滿日升除。"

[1]八年，省臣奏御史中丞移剌道所廉之官：按，此"八年"誤，應作"九年"。本書卷六《世宗紀上》："九年三月丁卯，詔御史中丞移剌道廉問山東、河南。"所據應爲《金世宗實録》，時月可信（參見王慶生《〈金史〉點校拾遺》，《古籍整理出版情況簡報》2006 年 11 月 17 日）。御史中丞，御史大夫副佐，從三品。移

剌道，契丹人，本書卷八八有傳。

[2]今所察能實可甄（zhēn）獎：據中華點校本本卷校勘記，疑“能”字之上缺一“廉”字。

十年正月，上謂宰臣曰：“今天下州縣之職多闕員，朕欲不限資歷用人，何以遍知其能。擬欲遣使廉問，[1]又慮擾民而未得其真。若令行辟舉之法，復恐久則生弊。不若選人暗察明廉，如其相同，然後升黜之，何如？”宰臣曰：“當如聖訓。”

[1] 廉問：這裏指對官員的政績進行考察。

十一年，奏所廉善惡官，上曰：“罪重者遣官就治，所犯細微者盖不能禁制妻孥耳，其誡勵而釋之。凡廉能官，[1]四品以下委官覆實，同則升擢。三品以上以聞，朕自處之。”時陳言者有云：“每三年委宰執一員廉問”者，上以大臣出則郡縣動摇，誰復敢行事者。今默察明問之制，蓋得其中矣。又謂宰臣曰：“朕以欲遍知天下官吏善惡，故每使采訪，其被升黜者多矣，宜知勸也。若常設訪察，恐任非其人以之生弊，是以姑罷之。”皆曰：“是官不設，何以知官吏之善惡也？”左丞相良弼曰：[2]“自今臣等盡心親察之。”上曰：“宜加詳，勿使名實淆混。”

[1]廉能官：爲政清廉而才能出衆的官員。

[2]左丞相良弼：左丞相，金尚書省於平章政事之上置左丞相、

右丞相各一員，皆從一品。與平章政事並稱宰相。“掌丞天子，平章萬機”。左丞相位於右丞相之上。良弼，女真人，即紇石烈良弼，本書卷八八有傳。

十二年，以同知山陽軍山和尚等清强，[1]上曰：“此輩，暗察明訪皆著政聲。夫賞罰必信，則善者勸、恶者懼，此道久行庶可得人也。其第其政績旌賞之。”三月，詔贓官既已被廉，若仍舊在職必復害民，其遣驛使遍諧諸道，[2]即日罷之。

[1]以同知山陽軍山和尚等清强：據中華點校本本卷校勘記，本書卷七《世宗紀中》大定十二年二月，“廉察到同知城陽軍事山和尚等清强官”。由此知“山陽軍”當爲“城陽軍”。同知城陽軍，即同知城陽軍節度使，城陽軍節度使副佐，兼同知莒州管内觀察使事，正五品。治所在今山東省莒縣。山和尚，生平不詳。清强，廉潔公正的典型。

[2]驛使：即驛站使者，負責一站一站地遞傳公文敕命。

大定二十八年，制以閤門祇候、筆硯承奉、奉職、妃護衛、東宫入殿小底、宗室郎君、王府郎君、省郎君，[1]始以選試才能用之，不須體察。内藏本把、不入殿小底、與入殿小底、及知把書畫，[2]則亦不體察。

[1]閤門祇候、筆硯承奉、奉職、妃護衛、東宫入殿小底、宗室郎君、王府郎君、省郎君：官署屬吏名。閤門祇候，爲宣徽院閤門司屬吏，正員二十五人，哀宗正大年間增至三十二人。筆硯承奉，爲筆硯局屬吏，原名筆硯令史，世宗大定三年（1163）改爲筆

硯供奉，後避章宗父允恭嫌名（同音字），又改稱筆硯承奉。奉職，爲近侍局屬吏，原名不入殿小底，又名帳外小底，世宗大定十二年(1172）改稱奉職，正員三十人。妃護衛，爲皇妃的護衛人員，屬各皇妃宮邸。東宮入殿小底，爲太子東宮屬吏，本書《百官志》失載。宗室郎君，指擔任吏員的皇族子弟。王府郎君，爲王府屬吏，本書《百官志》失載。省郎君，指在尚書省任吏員的皇族子弟。

[2]内藏本把、不入殿小底、入殿小底、知把書畫：低級吏員名。爲内藏本把，内藏庫屬吏。内藏庫於世宗大定二年分爲頭面、段匹、金銀、雜物四庫，共設本把三十五人。不入殿小底，又稱不入寢殿小底，即奉職。入殿小底，又稱入寢殿小底，爲近侍局屬吏。世宗大定十二年改稱奉御，正員十六人。遼寧博物館藏有銅質“奉御從人牌子”一面。穿下有“奉御”二字，其左爲“得入第壹重門”，右爲“日字第三十二號”，下有“從人牌子”四字。銅牌背面陰文楷書“左右宿直將軍司”七字（見劉寧《對幾面金代牌子的認識》，《遼海文物學刊》1995年第1期）。知把書畫，爲書畫局屬吏，本書《百官志》失載。

三年，[1]以所廉察則有清廉之聲，而政績則平常者，勅命不降注。以石仲淵等四人，[2]雖清廉爲百姓所喜，而復有行事邀順人情之語，則與公正廉能人不同，勅命降注。凡治績平常者，奪元舉官俸一月。[3]

[1]三年：中華點校本據文義將下文之“四年”二字移此。

[2]石仲淵：生平不詳。

[3]元：最初。

明昌四年，[1]上曰：“凡被舉者，或先察者不同，其後爲人再舉而察者同，或先察者同，而後察者不同，當何以處之？其議可久通行無窒之術以聞。”省臣奏曰：“保舉與體察不一者，可除不相攝提刑司境内職事，再令體察，如果同則依格用，不同則還本資歷。”時有議“凡當舉人之官，歲限以數，減資注受”者，是日，省臣併奏，以謂如此恐滋久長求請僥倖之弊。遂擬“被舉官如體察相同，隨長陞用，不如所舉者元舉官約量降除。如自囑求舉，[2]或因勢要及爲人請囑而舉之者，[3]各追一官，[4]受賄者以枉法論，體察官亦同此。歲舉不限數，不舉不坐罪，但不如所舉則有降罰，如此則必不敢濫舉，而實材可得。”上曰：“是可止作條理，施行一二年，當別思其法。”

［1］明昌四年：中華點校本據文義將“四年”二字移至上文“三年”之上。

［2］自囑求舉：指使或囑托别人推薦自己。

［3］因勢要：因，依靠。勢要，當權的顯要。

［4］追一官：降官一級。

承安四年，以按察司不兼采訪，遂罷平倒别路除授之制。

泰和元年，定制，自第一等闕外，第二等闕滿，合注縣令者升上令，少一任與中令，少二任與下令，少三任以上者與録事軍防判，仍減一資，注令。少五任以上者注丞簿。第三等任滿，合注縣令者升中令，少一任與下令，少二任以上者與録事防判，亦減一資，注令。少四任以上者並注丞簿。已入縣令者，秩滿日與上令，仍依各等資考内通減兩任呈省。已任七品、六品者減一資注授，經保充縣令，[1]明問相同，[2]依資考不待滿升除，見隨朝者考滿升注，既升除後將來覆察公正廉能者不降。

［1］經保充縣令：經過别官保舉充任縣令。
［2］明問：授官時舉行面試。

宣宗南遷，嘗以御史巡察。興定元年，以縣官或非材，監察御史一過不能備知，遂令每歲兩遣監察御史巡察，仍别選官巡訪，以行黜陟之政。[1]

［1］黜陟：黜，罷免。陟，升遷。

哀宗正大元年，[1]設司農司，[2]自卿而下迭出巡察吏治臧否，[3]以陞黜之。

［1］哀宗：廟號。又稱義宗，即完顔速甲寧，漢名守禮，後改名守緒。金朝最後一任皇帝，1223 年至 1233 年在位。本書卷宗七至一八有紀。　正大：金哀宗年號（1224—1231）。
［2］司農司：官署名。原名勸農使司，章宗泰和八年（1208）罷。宣宗貞祐年間復設，興定六年（1222）改設司農司，主管勸課天下力田之事，兼采訪公事。
［3］卿：官名。指大司農卿，爲司農司屬官，大司農副佐，正員三人，正四品。

薦舉。[1]大定二年，詔隨朝六品、外路五品以上官，各舉廉能官一員。三年，定制，若察得所舉相同者，即議旌除。[2]若聲跡穢濫，所舉官約量降罰。

[1]薦舉：按本卷卷首標目即作“薦舉”，中華點校本作“舉薦”，誤。

[2]旌（jīng）除：遷其官以表揚之。

九年，上曰：“朕思得忠廉之臣，與之共治，故嘗命五品以上各舉所知，于今數年矣。以天下之大，豈無其人，由在上者知而不舉也。”參知政事魏子平奏曰：[1]“可令當舉官者，每任須舉一人，視其當否以爲旌賞。”上曰：“一任舉一人，則人材或難，恐涉於濫。又少有所犯則罪舉者，故人益畏而不敢舉。宋國被舉之官有犯罪者，[2]所舉官雖宰執亦不免降黜，若有能名，則被遷賞。且人情始慕進，故多廉慎，既得任用，或失所守。宰執自掌黜陟之權，豈可因所舉而置罪耶。”左丞相紇石列良弼曰：“已申前令，命舉之矣。”

[1]參知政事魏子平：參知政事，金尚書省執政官之一，即副宰相，佐治省事。正員二人，從二品。魏子平，弘州（今河北省陽原縣）人，嘗中進士，世宗時官至參知政事。本書卷八九有傳。

[2]宋國：指南宋政權。

十年，上曰：“舉人之法，若定三品官當舉幾人，是使小官皆諂媚於上也。惟任滿詢察前政，則得人矣。”

十一年，上謂宰臣曰："昨觀貼黄，五品以上官多闕，[1]而難於得人。凡三品以上，朕則自知，五品以下，不能盡識，卿等曾無一言見舉者。國家之務，朕豈能獨盡哉？蓋嘗思之，欲盡久安之計，[2]興百姓之利，而無良輔佐，雖有所行皆尋常事耳。"

[1]五品以上：中華點校本據本書卷六《世宗紀上》相關記載，改"上"爲"下"。

[2]欲盡久安之計：中華點校本據本書卷六《世宗紀上》相關記載，改"盡"爲"畫"。

十九年，時朝廷既取民所譽望之官而升遷之，後，上以隨路之民赴都舉請者，往往無廉能之實，多爲所使而來沽名者，不須舉行。

章宗大定二十九年，上以選舉十事，命奉御合魯諭尚書省定擬。[1]

[1]合魯：女真人。即完顏合魯，生平不詳。

其一曰："舊格，進士、軍功最高，尚且初除丞簿，[1]第五任縣令升正七品，兩任正七品升六品，三任六品升從五品，兩任從五升正五品，正五三任而後升刺史，計四十餘年始得至刺史也，其他資格出職者可知矣。拘於資格之滯，至於如此。其令提刑司采訪可用之才，減資考而用之，庶使可用者不至衰老。"省臣遂擬，凡三任升者減爲兩任，於此資歷内，遇各品闕多，則於第二任未滿人内，選人材、苦辛可以超用者，及外路提刑司所采訪者，升擢之。

[1]丞薄：指縣丞和縣主薄。縣丞是縣令副佐，“掌貳縣事”。縣主薄“掌同且縣丞”。赤縣縣丞和主薄皆爲正八品，次縣和下縣縣丞、主薄皆爲正九品。

其二曰：“舊格，隨朝苦辛驗資考陞除者，任滿回日而復降之。如正七滿回降除從七品，從五品回降爲六品之類。[1]今若其人果才能，可爲免降。”尚書吏部遂擬，今隨朝考滿，遷除外路五品以下職事，並應驗考次職滿有才能者，以本官任滿已前十五月以上、二十月以内，察訪保結呈省。

[1]如正七滿回降除從七品，從五品回降爲六品之類：金朝授官，内（朝官）外（地方官）有别。重内官而輕外官，故外官任滿回朝任職，反降其級别。

其三曰：“隨路提刑所訪廉能之官，就令定其堪任職事，從宜遷注。”[1]

[1]從宜：便宜從事。

其四曰：“從來宰相不得與求仕官相見，如此何由知天下人材優劣。其許相見，以訪才能。”尚書刑部謂，[1]“在制，求仕官不得於私第謁見達官，違者追一官降等奏除。若有求請餽遺，[2]則以奏聞，仍委御史糾察”。上遂命削此制。

[1]刑部：官署名。尚書省六部之一。掌刑法獄訟之事。

[2]餽遺（wèi）：送禮行賄。

其五曰：“舊時，臣下雖知親友有可用者，皆欲遠嫌而不引薦。古者舉賢不避親讎，如祁奚舉讎，[1]仁傑舉子，[2]崔祐甫除吏八百皆親故也。[3]其令五品以上官，各舉所知幾人，違者加以蔽賢之罪。”吏部議，内外五品以上職事官，每歲保廉能官一人。外路五品、隨朝六品願舉者聽。若不如所舉者，各約量降罰。今擬賢而不舉者，亦當約量降罰。

[1]祁奚舉仇：祁奚，春秋晉國大夫，因其字黄羊，所以又稱祁黄羊。晉悼公三年（前570），祁奚告老退休，先推薦自己的仇人解狐代其職，將立之，而解狐死。祁奚又薦自己的兒子午以代，時人稱祁奚“外舉不避仇，内舉不避親”。

[2]仁傑舉子：仁傑，即狄仁傑，唐并州太原（今山西省太原市）人，武則天時官至宰相。武則天詔宰相各舉一人爲尚書，仁傑推薦自己兒子狄光嗣任地官員外郎，稱職，武則天稱讚仁傑如古之祁奚（《新唐書》卷一一五《狄仁傑傳》）。

[3]崔祐甫除吏八百皆親故：崔祐甫，唐京兆長安（今陝西省西安市）人，唐德宗時官至中書侍郎。祐甫爲相，“則薦舉惟其人，不自疑畏，推至公以行。未逾年，除吏幾八百員，莫不諧允”。由此受到朝野的稱讚（《新唐書》卷一四二《崔祐甫傳》）。

其六曰："前代官到任之後，即舉可自代者，其令自今五品以上官，舉自代以備交承。"吏部按《唐會要》，[1]建中元年赦文，[2]文武常參官外，節度、觀察、防禦、軍使、刺史、赤令、畿令、並七品以上清官、大理司直評事，[3]受命之三日，於四方館上表，[4]讓一人以自代，外官則馳驛奏聞。表付中書門下，每官闕即以所舉多者量授。今擬内外官五品以上到任，須舉所知才行官一員以自代。太傅、丞相、平章謂，[5]"自古人材難得，若令舉以自代，恐濫而不得實材。"參政謂，[6]"自代非謂即令代其人也，止類姓名，取所舉多者約量授之爾，此蓋舜官相讓，《周官》推賢之遺意。"[7]上以參政所言與吏部同，從之。

[1]《唐會要》：書名。北宋王溥撰，共一百卷，是專門記述唐代各種典章制度沿革的史書。

[2]建中：唐德宗年號（780—783）。

[3]節度、觀察、防禦、軍使、刺史、赤令、畿令：節度，即節度使，爲節度州長官，從三品。觀察，即觀察使，爲節度州行政長官，由節度使兼任。防禦，即防禦使，爲防禦州長官，從四品。軍使，指統軍使，爲統軍司長官，正三品。刺史，爲刺史州長官，正五品。赤令，即赤縣縣令，指大興縣和宛平縣縣令，從六品。畿令，指京師近郊縣令。　大理司直評事：指大理司直和大理評事，爲大理寺屬官。大理司直掌參議疑獄、披詳法狀，正員四人，正七品。大理評事掃掌與司直同正員三人，正八品。

[4]四方館：官署名。掌提控諸路驛舍驛馬及陳設器皿等事。

[5]太傅：金以太師、太傅、太保爲"三師"，皆正一品。"師範一人，儀刑四海"。太傅位居"三師"之次，實爲用來封賞元老

勳臣的榮譽官銜。

［6］參政：即參知政事。

［7］周官：《故尚書》篇名。

其七曰："隨朝、外路長官，一任之内足知僚屬之能否，[1]每任可令舉幾人。"吏部擬，令内外五品以上職事官長，於僚屬内須舉才能官一人，數外舉者聽。

［1］僚屬：幕僚和下屬。

其八曰："人材隨色有之，[1]監臨諸物料及草澤隱逸之士，不無人材，宜薦舉用之。"吏部擬，監臨諸物料内，以外路五品、隨朝六品以上，舉廉能者，直言所長，移文轉申省，差官察訪得實，隨材任使。草澤隱逸，當遍下司縣，以提刑司察訪呈省。隨色人材，令内外五品以上職官薦之。

［1］隨色：指從事各種職業或各種出身的人。

其九曰："親軍出職，[1]内有尤長武藝、勇敢過人者，其令内外官舉、提刑司察，如資考高者，可參注沿邊刺史、同知、縣令。"吏部擬，若依本格資歷，恐妨才能，若舉察得實者，依本路減一資歷擬注。尚書省擬，依旨升品擬注。

［1］親軍：指皇帝的侍衛親軍。

其十曰："内外官所薦人材，即依所舉試之，委提刑司采訪虚實，若果能稱職，更加遷擢，如或碌碌，即送常調。古者進賢受上賞，進不肖有罰，其立定賞罰條格，庶使人不敢徇私也。"省臣議，隨款各欲舉人，則一人内所舉不下五七人。[1]自古知人爲難，人材亦自難得，限數多則猥避責罰、務苟簡不副聖主求賢之意。[2]擬以前項各款，隨色能舉一人，即充歲舉之數。如此則不濫，而實材得矣。每歲貢人數，尚書省覆察相同，則置簿籍之，[3]如有闕則當隨材奏擬。

[1]則一人内所舉不下五七人：中華點校本本卷校勘記，據文意，"一人"疑是"一任"之誤。

[2]猥避：即畏避。

[3]置簿籍之：設登記册予以登記。

明昌元年，勅齊民之中有德行才能者，[1]司縣舉之，特賜同四舉五舉人下。[2]明昌元年，制如所舉碌碌無過人跡者，元舉官依例治罪。

[1]齊民：平民百姓。《漢書・食貨志下》："世家子弟富人，或鬥鷄走狗馬弋獵搏戲，亂齊民。"顔師古注："齊，等也。無有貴賤，謂之齊民，若今言平民也。"

[2]四舉五舉：指科舉考試參加過四次或五次殿試者，雖未被取中亦可依恩例賜第授官。

宣宗興定元年，[1]令隨朝七品、外路六品以上職事官，舉正七品以下職事官年未六十、不犯贓、堪任使者一人。

[1] 興定：金宣宗年號（1217—1222）。

三年，定辟舉縣令制。稱職，則元舉官減一資歷。中平，約量陞除。不稱，罰俸一月。犯免官，[1]免所居官。及官當私罪解任、杖罪、贓污者，[2]約量降除。污贓至徒以上及除名者，[3]一任不理資考。三品以上舉縣令，稱職者約量升除，不稱奪俸一月。若被舉者犯免官等罪，奪俸兩月。贓污至徒以上及除名者，奪俸三月。獄成，而會赦原者，[4]亦原之。

[1]犯免官：違法犯罪被免去官職。

[2]杖罪：犯罪受杖責。金下自平民百姓，上至一品高官，犯罪者皆可予以杖責。

[3]贓污至徒：貪污受賄達到判處徒刑的程度。

[4]赦原：赦免。

五年，制辟舉縣令考平者，元舉者不得復舉，他人舉之者聽。又舊制，保舉縣令秩滿之後，以六事論升降，三事以下減一資歷，四事減兩資歷，六事皆備則升職一等。既而御史張升卿言：[1]“進士中下甲及第人、及監官至明威當入縣丞主簿，[2]而三事以下減一資歷注下令，四事減注中令，令皆七品也，若復八品矣。輕重相戾，宜更定之。”遂定制，自今四事以下如前條，六事完者，進士中下甲及第、監官當入縣丞主簿人，減三資歷，注上令。餘出身者亦同此。任二十月以上，雖未秩滿，若以理去官，六事之跡已經覆察，論升如秩滿例。

[1]御史張升卿：御史，即監察御史。張升卿，生平不詳。

[2]進士中下甲及第人：金科舉仿宋制，殿試時進士科分三等録取，亦稱三甲，即上、中、下三甲。中下甲指二、三等。

五年，以舉官或私其親、或徇於請求、或謬於鑒裁而妄舉，[1]數歲之間以濫去者九十餘人，乃罷辟舉縣令之制。

[1]謬於鑒裁：鑒别判斷失誤。

至哀宗正大元年，[1]乃立法，命監察御史、司農司官，先訪察隨朝七品、外路六品以上官，清慎明潔可爲舉主者，然後移文使舉所知，仍以六事課殿最，[2]而升黜舉主。故舉主既爲之盡心，而被舉者亦爲之盡力。是時雖迫危亡，而縣令號爲得人，由作法有足取云。

[1]正大：金哀宗年號（1224—1235）。

[2]以六事課殿最：考核官吏時以六條標準衡量出高下名次。課，考察官事吏。殿，最後一名。最，第一名。

功酬虧永之制。凡諸提點院務官，三十月遷一官，周歲爲滿，止取無虧月日用之。大定四年，定制，一任内虧一分以上降五人，二分以上降十人，三分以上降十五人，[1]若有增羨則依此陞遷，[2]其升降不盡之數，於後任充折。

[1]“一任内虧一分以上降五人”至“三分以上降十五人”：一任内，指任職規定的時間内。一分、二分、三分，均相對十分而言。指官吏所守職，依其征虧定率以爲降職的等次。

[2]增羨：超額。也以三分爲等進升。

二十一年，以舊制監當官並責決，而不顧廉恥之人，以謂已決即得赴調，不以刑罰爲畏。擬自今，若虧永及一酬以上，依格追官殿一年外，[1]虧永不及酬者，亦殿一年。

[1]殿一年：向後推遲一年。

章宗大定二十九年，罷年遷之法，更定制，比永課增及一酬遷一官，[1]兩酬遷兩官，如虧課則削亦如之，各兩官止。又罷使司小都監與使副一體論增虧者，[2]及罷餘錢陞降不盡之數後任充折之制。[3]

[1]比永課增及一酬：永課指官吏任職間無虧缺的課。課，指對官吏的考察、考核。增一酬，增虧永課一報酬者。

[2]使司小都監：架閣庫、按察司皆有小都監之職，並分正、

副，位在都監之下。

［3］及罷餘錢陞降不盡之數後任充折之制：中華點校本改“錢”爲“前”。

泰和元年，制犯選及虧永者，右職漢人至宣武將軍從五品、女直至廣威將軍正五品，方注縣令。又吏格，曾犯選及虧永者，女直至武義從六、漢人及諸色人至武略從六，[1]皆注諸司，亦兩除一差，至明威方注丞簿。

［1］武義：即武義將軍。武官散階，從六品上。　武略：即武略將軍。武官散階，從六品下。

貞祐三年，制曾虧永、犯選者，選至宣武，注諸司，至懷遠從四下，[1]方注丞簿，至安遠從四上，[2]注下令。

［1］懷遠：即懷遠大將軍。武官散階，從四品下。

［2］安遠：即安遠大將軍。武官散階，從四品上。

正大元年，制曾犯選、曾虧永者，至廣威與諸司，兩除一差，至安遠注丞簿，三任，其至鎮國從三品下，[1]方注下令。群牧官三周歲爲滿，[2]所牧之畜以十爲率，[3]駞增二頭，馬增二疋，牛亦如之，[4]羊增四口，而大馬百死十五疋者，及能徵前官所虧，三分爲率，能盡徵及徵二分半以上，爲上等，陞一品級。駞增一，馬牛增二，羊增三，大馬百死二十五，徵前官所虧二分以上，爲中等，約量升除。駞不增，馬牛增一，羊增二，大馬百死三十，徵虧一分以上，爲下等，依本等除。餘畜皆依元數，而大馬百死四十，徵虧不及一分者，降一等。此明昌四年制也。

[1]鎮國：即鎮國上將軍。武官散階，從三品下。

[2]群牧官：指群牧所的官員。金在邊遠遊牧民族地區設群牧所，蒙古語稱"烏魯古"。其官職有提控諸烏魯古、群牧使（烏魯古使）、判官和知法等。

[3]以十爲率：以十爲基本計算單位。

[4]馬增二疋，牛亦如之：據中華點校本本卷校勘記云，下文"中等"是"駝增一，馬牛增二，羊增三"。"下等"是"駝不增，馬牛增一，羊增二"。則上等似當是駝增二，馬牛增三，羊增四。疑此處"二"當作"三"。"疋"，"匹"的異體字。

五年，制馬牛羊虧元數十之一，騬馬百死四十，[1]徵虧不及一分者，降一等，决四十。若駞馬牛羊虧元數一分、馬百死四十，徵虧不得者，杖八十，降同前。

[1]騬（chéng）馬：經閹割的馬稱騬馬。

金史　卷五五

志第三十六

百官一

三師　三公　尚書省　六部　都元帥府　樞密院　大宗正府　御史臺　宣撫司　勸農使司　司農司　三司　國史院　翰林院　審官院　太常寺

金自景祖始建官屬，[1]統諸部以專征伐，嶷然自爲一國。其官長，皆稱曰勃極烈，[2]故太祖以都勃極烈嗣位，[3]太宗以諳版勃極烈居守。[4]諳版，尊大之稱也。其次曰國論忽魯勃極烈，[5]國論言貴，忽魯猶總帥也。又有國論勃極烈，或左右置，所謂國相也。[6]其次諸勃極烈之上，則有國論、乙室、忽魯、移賚、阿買、阿舍、昃、迭之號，[7]以爲陞拜宗室功臣之序焉。其部長曰孛堇，[8]統數部者曰忽魯。凡此，至熙宗定官制皆廢。[9]

[1]景祖：金太祖完顏阿骨打祖父烏古迺的廟號。烏古迺任遼

朝生女真部族節度使，形成以完顏部爲中心的女真軍事大聯盟，爲後來金朝建國奠定了基礎。金熙宗天會十四年（1136），追尊烏古迺謚號惠桓皇帝，廟號景祖。

[2]勃極烈：官名。是由女真語“孛堇”（部長）一詞的詞根演變而成。滿語漢譯作“貝勒”，本意爲“官長”。金初沿襲女真族舊官制，在中央領導集團内部實行勃極烈制度，其名號有十三個之多，皆由完顏宗室貴族擔任。熙宗實行官制改革，推行漢官制，勃極烈制度纔被徹底廢止。

[3]太祖：廟號。即完顏阿骨打，漢名旻。金朝開國皇帝，1115 年至 1122 年在位。本書卷二有紀。　都勃極烈：《金史·金國語解》：“都勃極烈，總治之官，猶漢云塚宰。”《滿洲源流考》卷一八：“索倫語謂高爲都。”都勃極烈，即最高勃極烈，所以阿骨打在稱帝前以都勃極烈嗣位。

[4]太宗：廟號。即完顏吴乞買，漢名晟。金朝第二任皇帝，1123 年至 1135 年在位。本書卷三有紀。　諳版勃極烈：《金史·金國語解》：“諳版勃極烈，官之尊且貴者。”諳版，女真（滿）語意爲“大”，滿語漢譯或作“昂邦”。諳版勃極烈，即大勃極烈，金初授此官者爲皇位當然繼承人，故太宗、熙宗皆以諳版勃極烈繼登帝位。

[5]國論忽魯勃極烈：國論，亦譯作“固倫”“古倫”，女真語意爲“國”。《金史·金國語解》：“胡魯勃極烈，統領官之稱。”本志下文稱“忽魯猶總帥也”。知國論忽魯勃極烈，即國之總勃極烈，其位次於諳版勃極烈。

[6]又有國論勃極烈，或左右置，所謂國相也：國論勃極烈，意即國之勃極烈。左、右置，即左、右國論勃極烈。國相，官名。是女真軍事民主制時期的輔佐官。據《大金得勝陀頌碑》，國相女真語譯音爲“古魯温你背塞”。“國相”是漢語的意譯，以比附爲宰相（參見王可賓《女真國俗》中編第五章，吉林大學出版社 1988 年版）。

[7]乙室、移賚、阿買、阿舍、昃（zǎi）、迭：皆爲勃極烈稱號。乙室勃極烈，亦作“國論乙室勃極烈”，《金史·金國語解》：“乙室勃極烈，迎迓之官。”移賚勃極烈，《金史·金國語解》記：“位第三曰‘移賚’。”移賚亦譯作“依蘭”，女真（滿）語“三”之意。移賚勃極烈即第三勃極烈。阿買勃極烈，日本學者三上次男認爲“阿買”是女真語“厄木”的對音，意爲第一（參見三上次男《關於金初的勃極烈》，《史學雜誌》第47編第8號）。阿買勃極烈即第一勃極烈。阿舍勃極烈，《金史·金國語解》：“札失哈勃極烈，守官署之稱。”《金史語解》卷六：“阿斯罕貝勒，阿斯罕，侍也。貝勒，管理衆人之稱。”《金史》卷三作“阿舍勃極烈”。王可賓認爲，“阿斯罕”“札失哈”即“阿舍”的漢字異譯，阿舍勃極烈就是札失哈勃極烈（見王可賓《女真國俗》）。昃勃極烈，亦作“昃勃極烈”。《金史·金國語解》：“昃勃極烈，陰陽之官。”《金史語解》卷六：“古倫齋貝勒。古倫，國也。齋，第二也。”貝勒，管理衆人之稱。《金史》卷七四作“國倫昃勃極烈”。金啟孮《女真文詞典》：“厄木（amu），一。拙（dzo），二。以蘭（ilan），三。”“昃”“齋”“拙”皆爲女真語不同的漢字音譯，所以昃勃極烈即第二勃極烈。迭勃極烈，《金史·金國語解》：“迭勃極烈，倅貳之職。”“倅貳之職”，意爲副職。在諸勃極烈中，迭勃極烈居最末位。

[8]其部長曰孛堇：孛堇與勃極烈爲同一女真語詞根，但二者還是有一定區别的。孛堇的原意是“部長”，而勃極烈是女真人建國後中央領導集團的官職稱號。

[9]熙宗：廟號。即完顔合剌，漢名亶。金朝第三任皇帝，1136年至1148年在位。本書卷四有紀。

其後惟鎮撫邊民之官曰秃里，烏魯骨之下有掃穩脱朵，[1]詳穩之下有麼忽、習尼昆，[2]此則具於官制而不廢，皆踵遼官名也。

［1］烏魯古之下有掃穩脱朵：烏魯古，官署名。即群牧所，金在北部邊地遊牧民族聚居區所設的行政管理機構。掃穩脱朵，官名。《金史》卷五七《百官志三》諸群牧所條下注："又設掃穩脱朵，分掌諸畜，所謂牛馬群子也。"

［2］詳穩之下有麼忽、習尼昆：詳穩，官名。諸乣長官，主管戍守邊堡，治理乣内軍政事務，從五品。麼忽，官名。詳穩副佐，從八品。習尼昆，諸乣屬吏，主管本乣差役等事。

漢官之制，自平州人不樂爲猛安謀克之官，[1]始置長吏以下。天輔七年以左企弓行樞密院於廣寧，[2]尚踵遼南院之舊。[3]天會四年，[4]建尚書省，[5]遂有三省之制。至熙宗頒新官制及換官格，除拜内外官，始定勳封食邑入銜，而後其制定。然大率皆循遼、宋之舊。海陵庶人正隆元年罷中書門下省，[6]止置尚書省。自省而下官司之别，曰院、曰臺、曰府、曰司、曰寺、曰監、曰局、曰署、曰所，各統其屬以修其職。職有定位，員有常數，紀綱明，庶務舉，是以終金之世守而不敢變焉。

［1］平州：治所在今河北省盧龍縣。　猛安謀克：金代女真人特有的社會組織形式，由氏族時期圍獵組織逐漸發展而成。猛安，女真語的原意是"千"，所以猛安官又稱千夫長。謀克，女真語的原意是"族"，"氏族""鄉里"，滿語漢譯作"穆昆"。《三朝北盟會編》卷三作"毛毛可"。金人建國之前，猛安謀克無定數，太祖收國二年（1116）定制，以三百户爲一謀克，十謀克爲一猛安。每謀克所領披甲正兵約百人，所以謀克官又稱百夫長。實際這衹是個

約數，猛安的謀克數及謀克的户數和兵士人數在金初都不固定。《金史》卷四四《兵志》記載：“東京既平，山西繼定，内收遼、漢之降卒，外籍部卒之健士。嘗用遼人訛里野以北部百三十户爲一謀克。漢人王六兒以諸州漢人六十五户爲一謀克，王伯龍及高從右等並領所部爲一猛安。”猛安謀克的壯丁平時畋獵，戰時出征，是一種生産、行政、軍事合一的組織。按，自“平州人”到“始罷長吏以下”句，行文應在下文“尚踵遼南院之舊”後。

[2]天輔七年以左企弓行樞密院於廣寧：天輔，金太祖年號（1117—1123）。左企弓，燕京人，在遼中進士，遼天慶末，官拜廣陵軍節度使、同中書門下平章事、知樞密院事。金太祖統兵攻燕京，左企弓等奉表降。金太祖爲了籠絡燕人，授左企弓金牌，贈官太傅、中書令。金太祖欲將燕地予宋，左企弓諫阻之，獻詩曰“君王莫聽捐燕議，一寸山河一寸金”。時金設樞密院於廣寧府，以左企弓知院事，左企弓由燕京赴廣寧上任，途經平州，被張覺所殺。樞密院，軍政官署名。金初襲遼制，占領遼東地區後設樞密院以統漢軍，後改設燕京。又於西京設雲中樞密院。太宗天會六年（1128）燕京樞密院並於雲中，成爲統轄全國軍隊的最高軍政官署。此後每行兵則稱元帥府，兵罷則復爲院。廣寧，府名。治所在今遼寧省北鎮市。

[3]遼南院：遼朝官制，中央分南北兩樞密院。北院治契丹和其他少數民族之政。南院設三省六部，治漢人及渤海人之政，即漢官制。

[4]天會：金太宗年號（1123—1137），熙宗即位又延用二年。

[5]尚書省：行政官署名。隋文帝實行官制改革，在中央設中書、門下、尚書三省。中書省是決策機構。門下省是審議機構。尚書省是執行機構，下統六部。此年爲統一遼、宋不同之制，始建尚書省於該地區，設三省之制。

[6]海陵庶人正隆元年：海陵庶人，指金朝第四任皇帝完顔亮，即完顔迪古迺，1149年至1160年在位。世宗大定二年（1162），降

封完顏亮爲海陵郡王，謚號“煬”。大定二十年，又降封爲海陵庶人。本書卷五有紀。正隆，金海陵王年號（1156—1161）。

大定二十八年，[1]在仕官一萬九千七百員，四季赴選者千餘，歲數監差者三千。明昌四年奏，[2]周歲，官死及事故者六百七十，新入仕者五百一十，見在官萬一千四百九十九，[3]内女直四千七百五員，[4]漢人六千七百九十四員。至泰和七年，[5]在仕官四萬七千餘，四季部擬授者千七百，監官到部者九千二百九十餘，則三倍世宗之時矣。[6]

[1]大定：金世宗年號（1161—1189），章宗即位又延用一年。

[2]明昌：金章宗年號（1190—1195）。

[3]見：通“現”。

[4]女直：即“女真”。遼朝修當代史，爲避遼興宗耶律宗真名諱，書“真”字缺筆作“直”。元人修《金史》未回改，仍書爲“女直”。

[5]泰和：金章宗年號（1201—1208）。

[6]世宗：廟號。即完顏烏祿，漢名雍。金朝第五任皇帝，1161 年至 1189 年在位。本書卷六至八有紀。

若宣宗之招賢所、經略司，[1]義宗之益政院，[2]雖危亡之政亦必列於其次，以著一時之事云。

[1]宣宗：廟號。即完顏吾睹補，漢名珣。金朝第八任皇帝，1213 年至 1223 年在位。本書卷一四至一六有紀。　招賢所：官署名。招賢所是宣宗貞祐元年（1213）十月所設的一個特別機構，主

管招募人才。　經略司：官署名。原名宣撫司，章宗泰和六年（1206）始置陝西路宣撫司，節制陝西兵馬公事，後置陝西、山東東西路、大名路、河北東西路、河東南北路、遼東咸平路、隆安路、上京路、肇州路、北京路共十路宣撫司。宣宗貞祐四年六月，罷黄河以北諸路宣撫司，更置經略司。

［2］義宗之益政院：義宗，金哀宗的另一廟號。哀宗完顔守緒，初名守禮，本名寧甲述。金宣宗第三子，元光二年（1224）十二月即帝位，改元正大。停止攻宋，集中力量抗蒙圖存。正大九年（1234）正月戊申，傳位於承麟。次日，自縊死。《大金國志》卷二六："義宗皇帝名守緒。"又記"或謂'哀'不足以盡謚，天下士夫咸以'義宗'謚，蓋取《左氏》君死社稷之義"。王鶚《汝南遺事》亦稱哀宗爲"義宗"。益政院，官署名。哀宗正大三年（1226）置於内庭，以學問深博的朝臣擔任益政院官員，每天有兩名當值，替皇帝講解經史，作政事顧問。哀宗東狩，罷益政院。

三師

太師、太傅、太保各一員，皆正一品，師範一人，儀刑四海。

三公[1]

太尉、司徒、司空各一員，皆正一品，論道經邦，燮理陰陽。

［1］"三師""三公"：皆授予有功於國的元老勳臣，實爲一種優渥勳貴的榮譽官銜。

尚書省

尚書令一員，正一品，總領紀綱，儀刑端揆。

左丞相、右丞相各一員，從一品，平章政事二員，從一品，爲宰相，掌丞天子，平章萬機。

左丞、右丞各一員，正二品，參知政事二員，從二品，爲執政官，爲宰相之貳，佐治省事。

左司

郎中一員，正五品。國初置左、右司侍郎，天眷三年始更今名。舊凡視朝，執政官親執奏目，天德二年詔以付左、右司官，爲定制。員外郎一員，正六品，掌本司奏事，總察吏、户、禮三部受事付事，兼帶修起居注官，[1]迴避其間記述之事。每月朔朝，[2]則先集是月秩滿者爲簿，[3]名曰闕本，及行止簿、貼黄簿、并官制同進呈，[4]御覽畢則受而藏之。每有除拜，凡尚書省所不敢擬注者，則一闕具二三人以聽制授焉。[5]都事二員，正七品。貞元二年，[6]左右司官，宫中出身、并進士、令史三色人内通選。三年，以監察御史相應人取次稟奏，[7]不復擬注。掌本司受事付事，檢勾稽失、省署文牘，[8]兼知省内宿直，檢校架閣等事。右司所掌同。

[1]修起居注官：負責記載皇帝言行以備修史之用的史官，多爲兼職。

[2]每月朔朝：每個月農曆初一的朝會。

[3]秩：古代官員的任職期限。

[4]行止簿、貼黄簿：古代官員的兩種檔案登記册。行止簿主要記載官員的出身、履歷等。貼黄，是唐代首創的公文改錯制度，宋人叶夢得《石林燕語》："唐制，降勅有所更改，以紙貼之，謂之貼黄。蓋勅書用黄紙，則貼者亦黄紙也。"貼黄制度在宋代十分流行，成爲對奏章的補充説明。至明代，命内閣重訂貼黄程式，即令本官自撮疏中大要，不過百字，粘附牘尾，相當於内容提要，便於

皇帝閱覽。金之貼黄制度當與唐、宋之制同。貼黄簿成爲文武百官人事檔案的一種。本書卷五四《選舉志四》:“大定十五年，制凡二品官及宰執樞密不理任，每及三十月則書於貼黄，不及則附於闕滿簿。”又“上謂宰臣曰:‘昨觀貼黄，五品以下官多闕。’”本志又記載左司郎中的職掌:“每月朔朝，則先集足月秩滿者爲簿，名曰闕本，及行止簿、貼黄簿，並官制同進呈，御覽畢則受而藏之。”

[5]闕:義通“缺”。

[6]貞元:金海陵王年號（1153—1156)。

[7]監察御史:御史臺屬官。主管糾察内外百官，檢查諸官署賬目案卷，並監祭禮及出使之事。正七品。世宗大定二年（1162）定員八人，章宗承安四年（1199）增至十人，承安五年兩司各添十二人，遂爲定制。

[8]文牘:公文案卷。

右司

郎中一員，正五品，員外郎一員，正六品，掌本司奏事，總察兵、刑、工三部受事付事，兼帶修注官，迴避其間記述之事。都事二員，正七品。

尚書省祗候郎君管勾官，從七品，掌祗候郎君，謹其出入及差遣之事。承安二年以前，[1]走馬郎君擬注。《泰和令》，[2]以左右女直都事兼。正大間，[3]改用親從人。

[1]承安:金章宗年號（1196—1200)。

[2]泰和令:金章宗泰和制定的法律條文。現已失傳。

[3]正大:金哀宗年號（1224—1231)。

架閣庫大定二十一年六月設，仍以都事提控之。

管勾，舊二員，正大省一員。正八品，同管勾。舊二員，正大省一員。從八品，掌總察左右司大程官追付文牘，並提控小都監給受紙筆，餘管勾同。女直省令史三十五人，左二十人，右十五人。大定二十四年爲三十人，進士十人，宰執子、宗室子十人，密院臺部統軍司令史十人。[1]漢令史三十五人，左二十一人、右十四人。省譯史十四人，左右各七人。女直譯史同。通事八人，左右各四人。高麗、夏國、回紇譯史四人，[2]左右各二人。諸部通事六人。曳剌二十人。[3]走馬郎君五十人。

[1]統軍司：官署名。金朝分别在陝西、山東、山西、河南各置一統軍司，掌督領軍馬、鎮攝邊陲、分管營衛、視察奸僞。

[2]高麗：朝鮮半島古代封建王朝。公元 918 年王建創立，國號高麗，都城開京（今朝鮮開城）。先後吞并了新羅和後百濟，統一了朝鮮半島。1392 年爲李氏朝鮮所代。　夏國：党項人在西北所建的西夏政權。　回紇：族名。屬突厥語系，唐代稱“回鶻”，元代稱“兀吾兒”，即今維吾爾族的祖先。

[3]曳剌：低級屬吏名。《遼史》卷四六《百官志二》：“拽剌軍詳穩司，走卒謂之拽剌。”“拽剌”應爲“曳剌”之異寫，亦作“移剌”，知此吏名原是契丹語。

提點歲賜所

左右司郎中、員外郎兼之，掌提點歲賜出入錢幣之事。

堂食公使酒庫[1]

使一員，從八品，掌受給歲賜錢，總領庫事。

副一員，正九品，掌貳使事。

［1］堂食公使酒庫：官名。在今黑龍江省依蘭縣出土“堂厨公使酒庫之印”，應即此“堂食公使酒庫”。此“堂食”係“堂厨”之誤，應以官印爲准（見景愛《金代官印集》，文物出版社1991年版，第248頁）。

直省局

局長，從八品，掌都堂之禮及官員參謝之儀。[1]

副局長，正九品，掌貳局長。

管勾尚書省樂工，從九品。

［1］都堂：指尚書省總辦公處。唐代尚書省總辦公處居中，吏、户、禮三部辦公之所在東，兵、刑、工三部在西。尚書省又稱“都省”，所以其總辦公處被稱爲“都堂”。

行臺之制。熙宗天會十五年，罷劉豫，[1]置行臺尚書省于汴。[2]天眷元年，以河南地與宋，遂改燕京樞密爲行臺尚書省。[3]天眷三年，復移置於汴京。[4]皇統二年，定行臺官品皆下中臺一等。[5]

［1］劉豫：原宋景州府城（今河北衡水）人，仕宋至濟南知府，金天會七年（1229），金將撻懶（完顏昌）攻濟南，降金。天會八年九月，金太宗立他爲“子皇帝”，都汴京，充當金朝的傀儡，統治河南和陝西之地，建齊國，史稱僞齊政權。天會十五年（1137），金廢齊國，置行臺尚書省，劉豫被囚於金明池，家屬被遷於臨潢府。皇統二年（1142），自蜀王進封曹王。六年（1146），死於臨潢。

［2］行臺尚書省：官署名。簡稱行省，是在地方上所設代行尚

書省職權的官署機構。行者設官仿尚書省，但同類官員比尚書省低一品級。

[3]燕京：古京城名。遼稱南京析津府，金海陵王遷都於此後改稱中都，治所在今北京市。按，本志“行臺之制”之沿革記載有誤。天眷元年（1138）撻懶倡議將河南與宋，而金將河南與宋在二年三月，已將行臺尚書省由汴遷大名，又遷祁。後取河南地，復置於汴。燕京行臺尚書省是改原燕京樞密院而設。此時河南地尚未與宋。

[4]汴京：古京城名。北宋都城開封府古稱汴梁，所以又稱汴京。金朝改稱南京，治所在今河南省開封市。

[5]定行臺官品皆下中臺一等：中臺，指中央尚書省。行臺尚書省官職一依中臺六部之制，本志缺記。至於金末行省，本志未載。

六部，國初與左、右司通署，天眷三年始分治。[1]

[1]六部，國初與左、右司通署，天眷三年始分治：金末哀宗天興年間，左、右司復合署，設左右司郎中、員外郎、都事各一人。黑龍江省寧安縣出土“主奏司郎中印”。金左、右司分署時，由左、右司郎中各掌本司奏事。此“主奏司郎中”當是合署後之稱。此變化本志未載。

吏部

尚書一員，正三品。

侍郎一員，正四品。

郎中二員，從五品。天德二年，增作四員，後省。

員外郎，從六品。天德二年，增作四員，後省。

掌文武選授、勳封、考課、出給制誥之政。[1]以才行勞効,[2]比仕者之賢否；以行止、文册、貼黄簿，制名闕之機要。正七品以上，以名上省，聽制授。從七品以下，每至季月則循資格而擬注,[3]自八品以上則奏，以下則否。侍郎以下，皆爲尚書之貳。郎中掌文武選、流外遷用、官吏差使、行止名簿、封爵制誥。[4]一員掌勳級酬賞、承襲用廕、循遷、致仕、考課、議謚之事。[5]員外郎分判曹務及參議事，所掌與郎中同。

[1]考課：官制術語。對在職官員進行政績考察。

[2]才行勞効：指官員的才能、品行和政績。

[3]季月：指任職期滿的最後一個月。

[4]流外：不入品級的低級官吏，稱“流外官”。

[5]致仕：亦作“致政”。辭去官職，還政於君之意。即離職退休。　議謚：討論追加謚號之事。

文官九品，階凡四十有二：

從一品上曰開府儀同三司，中曰儀同三司，中次曰特進，下曰崇進。[1]

正二品上曰金紫光禄大夫，下曰銀青榮禄大夫。

從二品上曰光禄大夫，下曰榮禄大夫。

正三品上曰資德大夫，中曰資政大夫，下曰資善大夫。

從三品上曰正奉大夫，中曰通奉大夫，下曰中奉大夫。

正四品上曰正議大夫，中曰通議大夫，下曰嘉議大夫。

從四品上曰大中大夫，中曰中大夫，下曰少中大夫。

正五品上曰中議大夫，中曰中憲大夫，下曰中順大夫。

從五品上曰朝請大夫，中曰朝散大夫，下曰朝列大夫。舊曰奉德大夫，天德二年更。[2]正六品上曰奉政大夫，下曰奉議大夫。從六品上曰奉直大夫，下曰奉訓大夫。[3]

正七品上曰承德郎，下曰承直郎。

從七品上曰承務郎，下曰儒林郎。

正八品上曰文林郎，下曰承事郎。

從八品上曰徵事郎，[4]下曰從仕郎。

正九品上曰登仕郎，下曰將仕郎。

從九品上曰登仕佐郎，下曰將仕佐郎。此二階，大定十四年創增。

［1］從一品曰開府儀同三司，中曰儀同三司，中次曰特進，下曰崇進：《大金國志》卷三四："正一品開府儀同三司、儀同三司。從一品特進、崇進。"所記與本書不同。

［2］"從五品曰朝請大夫"至"天德二年更"：朝請大夫，《大金國志》卷三四作"朝議大夫"。朝列大夫下所注"舊曰奉德大夫，天德二年更"。當是避海陵王天德年號，改奉德大夫爲朝列大夫。

［3］奉訓大夫：《大金國志》卷三四作"奉順大夫"。與本書所記不同。

［4］徵事郎：《大金國志》卷三四記爲"從政郎"，與本書所記不同。

武散官，凡仕至從二品以上至從一品者，皆用文資。自正三品以下，階與文資同：

正三品上曰龍虎衛上將軍，中曰金吾衛上將軍，下曰驃騎衛上將軍。

從三品上曰奉國上將軍，中曰輔國上將軍，下曰鎮國上將軍。

正四品上曰昭武大將軍，中曰昭毅大將軍，下曰昭勇大將軍。

從四品上曰安遠大將軍，中曰定遠大將軍，下曰懷遠大將軍。

正五品上曰廣威將軍，中曰宣威將軍，下曰明威將軍。

從五品上曰信武將軍，中曰顯武將軍，下曰宣武將軍。

正六品上曰武節將軍，下曰武德將軍。[1]

從六品上曰武義將軍，下曰武略將軍。

正七品上曰承信校尉，下曰昭信校尉。

從七品上曰忠武校尉，下曰忠顯校尉。

正八品上曰忠勇校尉，下曰忠翊校尉。

從八品上曰修武校尉，下曰敦武校尉。

正九品上曰保義校尉，下曰進義校尉。

從九品上曰保義副尉，下曰進義副尉。此二階，大定十四年創增。

[1]正六品上曰武節將軍，下曰武德將軍：《大金國志》卷三

四置“武德將軍”於“武節將軍”之前，與本書所記順序相反。

封爵：
正從一品曰郡王，曰國公。[1]
正從二品曰郡公。
正從三品曰郡侯。
正從四品曰郡伯。舊曰縣伯，承安二年更。[2]
正五品曰縣子，從五品曰縣男。[3]

[1]正從一品曰郡王，曰國公：按，金制在“郡王”之上有“封王”者。

[2]“正從四品曰郡伯”至“承安二年更”：按金制在“郡伯”下復有“郡子”“郡男”。如《北行日録》，徒丹子澄大定九年（1169）十二月爵爲廣平郡開國子，食邑五百户。《金石萃編》卷一五八《摩唐太宗慈德寺詩》，正大四年（1234）李文本爵爲隴西郡開國子，食邑五百户。《常山貞石志》卷一五《文代縣重修社壇記》載，泰和二年（1202），蒲散口家奴爵爲彭城郡開國男，食邑三百户。在承安二年前有郡伯，食邑七百户，還有縣伯。當是取消縣伯，衹存郡伯與縣子。

[3]正五品曰縣子，從五品曰縣男：原有縣伯，此衹存縣子、縣男二級。

凡勳級：
正二品曰上柱國，從二品曰柱國。
正三品曰上護軍，從三品曰護軍。
正四品曰上輕車都尉，從四品曰輕軍都尉。
正五品曰上騎都尉，從五品曰騎都尉。

正六品曰驍騎尉，從六品曰飛騎尉。

正七品曰雲騎尉，從七品曰武騎尉。

凡食邑：

封王者萬户，實封一千户。

郡王五千户，實封五百户。

國公三千户，實封三百户。

郡公二千户，實封二百户。

郡侯一千户，實封一百户。

郡伯七百户，縣子五百户，縣男三百户，皆無實封。

自天眷定制，凡食邑，同散官入銜。

司天翰林官，舊制自從七品而下止五階，至天眷定制，司天自從四品而下，立爲十五階：[1]

從四品上曰欽象大夫，中曰正儀大夫，下曰欽授大夫。

正五品上曰靈憲大夫，中曰明時大夫，下曰頒朔大夫。[2]

從五品上曰雲紀大夫，中曰協紀大夫，下曰保章大夫。

正六品上曰紀和大夫，下曰司玄大夫。

從六品上曰探賾郎，下曰授時郎。

正七品上曰究微郎，下曰靈臺郎。

從七品上曰明緯郎，下曰候儀郎。

正八品上曰推策郎，下曰司正郎。

從八品上曰校景郎，下曰平秩郎。

正九品上曰正紀郎，[3]下曰挈壺郎。

從九品上曰司曆郎，下曰司辰郎。

[1]司天自從四品而下，立爲十五階：本書本卷下文又記："太醫官，舊自從六品而下止七階，天眷制，自從四品而下，立爲十五階。""内侍，天德創制，自從四品以下十五階"。教坊，舊用武散官，大定二十九年（1189）以爲不稱，乃創定二十五階。明昌三年（1192），自從四品以下，更立爲十五階。"本卷各條下所列，却均爲二十五階。《大金國志》卷三四："自司天、太醫、内侍、教坊官各立二十五階。"與本書所記實際内容相符，所以此"十五階"應作"二十五階"。

[2]頒朔大夫：《大金國志》卷三四作"頌厥大夫"，當是以字形相近而誤。

[3]正紀郎：《大金國志》卷三四作"正秩郎"。

太醫官，舊自從六品而下止七階，天眷制，自從四品而下，立爲十五階：

從四品上曰保宜大夫，中曰保康大夫，下曰保平大夫。

正五品上曰保頤大夫，中曰保安大夫，下曰保和大夫。

從五品上曰保善大夫，中曰保嘉大夫，下曰保順大夫。

正六品上曰保合大夫，下曰保沖大夫。

從六品上曰保愈郎，下曰保全郎。

正七品上曰成正郎，下曰成安郎。

從七品上曰成順郎，下曰成和郎。

正八品上曰成愈郎，下曰成全郎。

從八品上曰醫全郎，下曰醫正郎。

正九品上曰醫効郎，下曰醫候郎。

從九品上曰醫痊郎，下曰醫愈郎。

内侍，天德創制，自從四品以下，十五階：

從四品上曰中散大夫，中曰中尹大夫，下曰中侍大夫。

正五品上曰中列大夫，中曰中御大夫，[1]下曰中儀大夫。

從五品上曰中常大夫，中曰中益大夫，下曰中衛大夫。[2]

正六品上曰中良大夫，[3]天德作中亮。下曰中涓大夫。

從六品上曰通禁郎，下曰通侍郎。

正七品上曰通掖郎，下曰通御郎。

從七品上曰禁直郎，下曰侍直郎。

正八品上曰掖直郎，下曰内直郎。

從八品上曰司贊郎，下曰司謁郎。

正九品上曰司閽郎，下曰司僕郎。

從九品上曰司奉郎，下曰司引郎。[4]

[1]中御大夫：《大金國志》卷三四作“中衛大夫”。

[2]中衛大夫：《大金國志》卷三四作“中衡大夫”。

[3]中良大夫：中華點校本本卷校勘記云，本條下注，“天德作‘中亮’”。海陵王名完顏亮，避諱森嚴，所以絶無天德年間内侍稱中亮大夫之理。疑此處叙事顛倒，其正文應作“正六品上曰中亮大夫”小注爲“天德中改爲中良”。

［4］從九品上曰司奉郎，下曰司引郎：《大金國志》卷三四記作“從九品司引郎司奉郎”。與本書卷五五《百官志一》所記前後次序相反。

教坊，舊用武散官，大定二十九年以爲不稱，乃創定二十五階。明昌三年，自從四品以下，更立爲十五階：

從四品上曰雲韶大夫，中曰仙韶大夫，下曰成韶大夫。

正五品上曰章德大夫，中曰長寧大夫，下曰德和大夫。

從五品上曰景雲大夫，中曰雲和大夫，下曰協律大夫。

正六品上曰慶喜大夫，[1]下曰嘉成大夫。

從六品上曰肅和郎，下曰純和郎。

正七品上曰舒和郎，下曰調音郎。

從七品上曰比音郎，下曰司樂郎。

正八品上曰典樂郎，下曰協樂郎。

從八品上曰掌樂郎，下曰和樂郎。

正九品上曰司音郎，[2]下曰司律郎。

從九品上曰和聲郎，下曰和節郎。

［1］正六品上曰慶喜大夫：《大金國志》卷三四記作“慶善大夫”。“喜”“善”二字形近，不知兩者孰是，待考。

［2］從九品上曰和聲郎：《大金國志》卷三四作“和音郎”。

凡内外官之政績，所歷之資考，[1]更代之期，去就之故，秩滿皆備陳于解由，[2]吏部據以定能否。又撮解由之要，於銓擬時讀之，謂之銓頭。又會歷任銓頭，而書于行止簿。行止簿者，以姓爲類，而書各人平日所歷之資考功過者也。又爲簿，列百司官名，有所更代，則以小黄綾書更代之期，及所以去就之故，而制其銓擬之要領焉。

[1]資考：官制術語。指在職官員的資歷和考滿次數。金制，職官以三十個月爲一考。

[2]解（jiè）由：宋、金時稱官吏赴任的證書爲解由。本書卷五二《選舉二》："凡銓注，必取求仕官解由，攝所陳行績資歷之要爲銓頭。"本卷下文有"凡内外官之政績、所歷之資考、更代之期、去就之故，秩滿皆備陳於解由，吏部據以定能否"。

凡縣令，則省除、部除者通書而各疏之。[1]

[1]省除、部除：指由尚書省及各部直接授予官職。

泰和四年，定考課法，准唐令，作四善、十七最之制。[1]四善之一曰德義有聞，二曰清慎明著，三曰公平可稱，四曰勤恪匪懈。十七最之一曰禮樂興行，肅清所部，爲政教之最。二曰賦役均平，田野加闢，[2]爲牧民之最。[3]三曰決斷不滯，[4]與奪當理，爲判事之最。四曰鈐束吏卒，[5]姦盜不滋，爲嚴明之最。五曰案簿分明，評擬均當，爲檢校之最。以上皆謂縣令、丞簿、警巡使副、録事、司候、判官也。[6]六曰詳斷合宜，咨執當理，爲幕職之最。七曰盜賊消弭，[7]使人安静，爲巡捕之最。八曰明於出納，物無損失，爲倉庫之最。九曰訓導有方，生徒充業，[8]爲學官之最。十曰檢察有方，行旅無滯，爲關津之最。十一曰隄防堅固，備禦無虞，爲河防之最。十二曰出納明敏，數無濫失，爲監督之最。十三曰謹察禁囚，輕重無怨，爲獄官之最。十四曰物價得實，姦濫不行，爲市司之最，謂市令也。[9]十五曰戎器完肅，扞守有方，[10]爲邊防之最，謂正副部隊將、鎮防官也。[11]十六曰議獄得情，處斷公平，爲法官之最。十七曰差役均平，盜賊止息，爲軍職之最，謂都軍、軍轄也。[12]

[1]准唐令，作四善、十七最之制：准唐令即以唐令爲標准。唐代考課法有“四善二十七最”，詳見《新唐書》卷四六《百官志一》。

[2]闢：通“辟”。

[3]牧民：治理黎民百姓。

[4]決斷不滯，與奪當理：能及時處理獄訟，判決公允。

[5]鈐（qián）束：管束。

[6]丞簿：指縣丞和主簿，縣級屬官。縣丞是縣令副佐，金代赤縣縣丞爲正八品，劇縣和諸縣縣丞爲正九品。主簿爲主管簿籍的文書，正九品。　警巡使副：指警巡使和警巡副使。警巡使是諸京警巡院長官，主管平理獄訟、員警所部、總判院事，正六品。警巡副使是警巡使的副佐，從七品。　録事：諸府節鎮録事司長官。主管平理獄訟、員警所部，總判司事。正八品。　司候：諸防刺州司候司長官。其執掌與録事同。正九品。　判官：防禦州、刺史州、

警巡院、統軍司、招討司等官署屬官。主管簽判州、院事及通檢推排簿籍。防禦州判官正八品。刺史州判官從八品。警巡院判官正員二人，正九品。統軍司判官從五品。招討司判官從六品。

[7]消弭（mǐ）：消聲匿迹。

[8]生徒：古代指官學生。

[9]市令：市令司長官。主管平易物價、檢查度量衡之違式、百貨之估值。正八品。金前期唯於中都置此官，遷都汴京後，以左、右巡警使兼任。

[10]扞（hàn）：同“捍”，抵禦。

[11]正副部隊將：皆爲邊將。正將，主管提控諸邊堡守將，輪番巡守邊境，正七品。副將，正八品。部將，正九品。隊將，正九品。後三者皆主管輪番巡守邊境。金代於鄜延路置九邊將，慶陽府路置十員，臨洮府路置十四員，風翔府路置十六員，河東置三員。

[12]都軍、軍轄：都軍，諸府鎮都軍府司長官，全稱爲“都軍司都指揮使”。主管軍率差役，巡捕盜賊，總判軍事，並與録事同管城隍。諸府都軍爲正七品，節鎮都軍爲從七品。軍轄，諸防刺州各設軍轄一員其執掌與都軍同，兼巡捕，與司候同管城防。

凡縣令以下，三最以上有四善或三善者爲上，陞一等；三最以上有二善者爲中，減兩資歷；三最以上有一善爲下，減一資歷；節度判官、防禦判官、軍判以下，[1]一最而有四善或三善爲上，減一資歷，一最而有二善爲中，陞爲榜首；一最而有一善爲下，升本等首。又以明昌四年所定，軍民俱稱爲廉能者是爲廉能官之制，參於其間而定其甄擢焉。[2]

[1]節度判官、防禦判官、軍判：節度判官，爲諸節度州屬官，

主管紀綱，節鎮衆務，僉判兵馬，兼判兵、刑、工案事，正七品。防禦判官，即防禦州判官。軍判，指統軍司和招討司判官。

[2]甄（zhēn）擢：甄，鑒别。擢，任用。甄擢即認真鑒别予以任用。

宣宗興定元年，[1]行辟舉縣令法，[2]以六事考之，一曰田野闢，二曰户口增，三曰賦役平，四曰盜賊息，五曰軍民和，六曰詞訟簡。六事俱備爲上等，升職一等；兼四事者爲中等，減二資歷；其次爲下等，減一資歷；否則爲不稱截，[3]罷而降之，平常者依本格。

[1]興定：金宣宗年號（1217—1222）。

[2]辟舉：推薦。

[3]不稱截：中華點校本據文義改爲“不稱職”，甚是。

凡封王：

大國號二十，[1]曰：恒、舊爲遼，明昌二年以漢、遼、唐、宋、梁、秦、殷、楚之類，皆昔有天下者之號，不宜封臣下，遂皆改之。邵、舊爲梁。汴、舊爲宋。鎬、舊爲秦。並、舊爲漢。[2]益、舊爲漢。彭、舊爲齊。趙、越、譙、舊爲殷。郢、舊爲楚。魯、冀、豫、絳、舊爲唐。兖、鄂、舊爲吴。夔、舊爲蜀。宛、舊爲陳。曹。

[1]大國號二十：《大金集禮》卷九記，熙宗天眷元年（1138）所定的大國二十個封號是“遼、燕、梁、宋、秦、晉、漢、齊、魏、趙、越、許、楚、魯、冀、豫（此封號下缺一字，注云“御名”，不知所指）、兖、陳、曹”。世宗大定年間所定大國二十個封

號爲“遼、梁、宋、秦、晋、漢、齊、趙、越、許、楚、魯、冀、豫、唐、兖、吴、蜀、陳、曹”。經對照，知本卷所記大國二十封號是金章宗明昌二年（1191）在大定年間定制的基礎上重新改定的，唯“譙”下所注“舊爲殷”誤，“殷”當爲“許”。

[2]並舊爲漢：中華點校本據本書卷九《章宗紀一》和《大金集禮》的相關記載，改“漢”爲“晋”。

次國三十，[1]曰：涇、舊爲隋。鄭、衛、韓、潞、豳、沈、岐、代、澤、徐、滕、薛、紀、昇、舊爲原。邢、翼、豐、畢、鄧、鄆、霍、蔡、瀛、按金格，葛當在此。沂、荆、榮、英、壽、温。

[1]次國三十：《大金集禮》卷九記，世宗大定年間所定次國三十封號是“隋、鄭、衛、吴、韓、潞、豳（bīn）、沈、鄂、代、虞、徐、滕、薛、紀、原、邢、翼、豐、畢、鄧、鄆、霍、蔡、瀛、沂、荆、榮、壽、温”。兩相對照，知本志所記無“吴、鄂、虞”三國號，而增“岐、澤、英”三號。另外改“隋”爲“涇”。又因章宗即位前曾封原王，所以改“原”爲“昇”。“瀛”字下注“按金格，葛當在此”。葛王，世宗舊封號。

小國三十：濮、遂、舊爲濟。道、定、景、後改爲鄴。[1]申、崇、宿、昔、[2]莒、鄴、郜、舒、淄、郕、萊、舊爲宗，[3]以避諱改。郳、郯、杞、向、管、舊爲郇，興定元年改。密、胙、任、戴、[4]鞏、蔣、《士民須知》云，舊爲葛。[5]蕭、莘、芮。

[1]景、後改爲鄴：按金章宗名璟，爲避章宗嫌名，所以改

“景”爲“鄒”。

[2]昔：中華點校本據《大金集禮》的相關記載，改“昔”爲“息”。

[3]萊、舊爲宗，以避諱改：此是避世宗父完顔宗輔（一名宗堯）名諱，所以改“宗”爲“萊”。

[4]載：中華點校本據《大金集禮》的相關記載，改“載”爲“戴”。

[5]《士民須知》：書名。爲金代政府頒行類似普及法律知識的讀物，已失傳。

封王之郡號十：金源、廣平、平原、南陽、常山、太原、平陽、東平、安定、延安。

封公主之縣號三十：[1]樂安、清平、蓬萊、榮安、棲霞、壽光、靈仙、壽陽、鐘秀、惠和、永寧、慶雲、静樂、福山、隆平、德平、文安、福昌、順安、樂壽、静安、靈壽、大寧、聞喜、秀容、宜芳、真寧、嘉祥、金鄉、華原。

[1]封公主之縣號三十：《大金集禮》卷九記，世宗大定七年（1167）所定公主三十封號有“壽安”“昌樂”“永樂”。並注云，“壽安，後改慶雲”。“大定十四年十二月七日奉改昌樂、永樂爲金鄉、華原”。

凡白號之姓，[1]完顔、温蒂罕、夾谷、陁滿、僕散、朮虎、移剌荅、斡勒、斡準、把、阿不罕、卓魯、回特、黑罕、會蘭、沈谷、塞蒱里、吾古孫、石敦、卓陀、阿廝準、匹獨思、潘朮古、諳石剌、石古苦、綴罕、光吉剌皆封金源郡；[2]裴滿、徒單、温敦、兀林荅、阿典、紇石烈、納闌、孛术魯、阿勒根、納合、石盞、蒲鮮、古里甲、阿迭、聶摸欒、抹撚、納坦、兀撒惹、阿鮮、把古、温古孫、耨盌、撒合烈、吾塞、和速嘉、能偃、阿里班、兀里坦、聶散、蒲速烈皆封廣平郡；[3]吾古論、兀顏、女奚烈、獨吉、黄摑、顏盞、蒲古里、必蘭、斡雷、獨鼎、尼厖窟、窟亦作古。拓特、盍散、撒荅牙、阿速、撒剗、準土谷、納謀魯、業速布、安煦烈、愛申、拿可、貴益昆、温撒、梭罕、霍域皆封隴西郡。[4]

[1]白號之姓：本志記，女真姓氏有白號、黑號之分。白號之姓封金源郡者二十七，封廣平郡者三十，封隴西郡者二十六。黑號之姓，封彭城郡者十六。白號、黑號之姓共九十九。元人姚燧《牧庵集·布色君神道碑》："金有天下，諸部各以居地爲姓。章廟病其書以華言爲文不同，敕有司定著而一之，凡百姓，金源郡三十八，廣平郡三十，皆白書。隴西郡二十有八，彭城郡十有六，皆黑書。"所舉姓氏之數共一百一十二姓，但未列具體姓氏。與本志對照，封廣平郡、彭城郡者數字相同，而金源郡多十一姓，隴西郡多兩姓。且隴西郡爲"黑書"。王可賓認爲，女真人"白號之姓""黑號之姓"兩大姓氏集團，以及"封金源郡""封廣平郡""封隴西郡""封彭城郡"四大支系，"應是他們之間血緣關係遠近親疏的反映"。即女真先世實行族外婚，最初出現兩個原始氏族，以"白號""黑號"爲其識別標誌。後來在此基礎上逐漸繁衍發展成爲以完顏、徒單、烏古論、蒲察四姓爲首的四大支系（詳見王可賓《女真國俗》第三章，吉林大學出版社 1988 年版）。

[2]温蒂罕：本書卷六七《留可傳》有"統門温蒂痕阿里保孛

堇”。卷六五《謝庫德傳》亦作“温蒂痕部人”。《三朝北盟會編》卷三作“温蒂掀”。《高麗史》卷四作“暈底憲”。皆爲漢字異譯。

夾谷：一作“加谷”。《元史》卷一四七《夾谷之奇傳》：“其先出女真加谷部，後訛爲夾谷，由馬紀嶺撒曷水徙家于滕州。”馬紀嶺，今黑龍江省牡丹江西張廣才嶺（詳見都興智《金代馬紀嶺和幾個猛安謀克地事業的考訂》，《遼寧師範大學學報》1992 年第 6 期）。　陁滿：亦作“駞滿”。《三朝北盟會編》卷三作“陀嘍”。當與“土門”“圖門”爲同音異譯。此姓氏應得名於今中朝兩國的界河圖門江，該部最早應起源於圖門江流域。　僕散：亦作“僕撒”。《金文最》卷四作“布薩”。元人姚燧《牧庵集》作“布色”。《高麗史》卷一七作“孛散”。　移刺荅：亦作“移刺”，元人黄縉《金華集》卷二九作“亦刺”。此姓氏即“耶律”，係契丹人姓氏。　斡勒：原爲部名。本書卷一《世紀》有“斡勒部人杯乃”。卷六八《歡都傳》記，杯乃兄弟俱居按出虎水之北。按出虎水，即今東流松花江支流阿什河。　斡準：本書卷六五《斡帶傳》有“斡準部狄庫德勃堇”；卷六七《鈍恩傳》有“斡準部冶刺勃堇”；卷一一三《完顔賽不傳》有“斡轉留住”。陳述認爲“斡轉”是“斡準”的異譯（詳見陳述《金史拾補五種》，科學出版社 1960 年，第 79 頁）。　把：本書卷一二四《完顔絳山傳》有“巴良弼（即把奴申，字良弼）”。“巴”“把”同音。陳述認爲把氏原居地應在本書卷六五《斡賽傳》所記的把忽嶺地區。　阿不罕：《高麗史》卷二〇：“金遣阿弗罕德剛來賀生辰。”“阿弗罕”應爲“阿不罕”的異譯。　卓魯、回特、黑罕：本書卷八六《獨吉義傳》有“卓魯部族節度使”；卷一一四《石抹世績傳》有“卓魯回蒲乃速”。“蒲乃速”係人名，“卓魯回”當爲姓氏。施國祁《金史詳校》卷四作“卓魯回氏”“特黑罕氏”，而《續通志》則作“卓魯氏”“回特氏”“黑罕氏”三姓。並存之待考。　吾古孫：亦作“烏古孫”。本書卷八二有《烏孫訛論傳》。“烏孫”應是“烏古孫”的簡寫。　光吉刺：亦作“廣吉刺”。即蒙古弘吉刺氏，又作“翁吉剌”“雍吉剌”，是與成吉思汗互相通婚的一個蒙古部落。《遼金元三朝語解》認爲“弘吉剌”是蒙古語“野鴨”之意。該部起源於今内蒙古自治區哈拉哈河至貝爾湖一帶。

[3]裴滿：《大金國志》卷十作“裴摩申氏”。《三朝北盟會編》卷三作“婆由滿氏”。《高麗史》卷四作“排門異”。本書卷六七記，裴滿部居地在婆多吐水（或認爲婆多吐水是今黑龍江省境内的蜚克圖河）。　徒單：亦作“徒丹”。《三朝北盟會編》卷三作“禿丹”。《高麗史》卷四作“徒怠”。即滿族圖克坦氏，該部金代時居住在活剌渾水（今東流松花江支流呼蘭河）流域。　温敦：亦作“温都”。本書卷一一五《崔立傳》有“温屯阿里”。“温屯”即“温敦”之異譯。本書卷六七《烏春傳》記，温都部在阿拔斯水（今牡丹江上游流段）流域。　兀林答：亦作“烏林答”“忽林答”。《三朝北盟會編》卷三作“烏陵”。《高麗史》卷四作“烏臨大”。該部最早居住孩懶水（今牡丹江支流海浪河）流域。
紇石烈：本書卷一一九《粘割奴申傳》作“克石烈”。《三朝北盟會編》卷三作“紇石列”。《高麗史》卷二作“訖石列”。《元文類》卷四九作“紇石里”。即滿族的赫舍里氏。　納蘭：本書卷一《世紀》作“拏懶”。《三朝北盟會編》卷三作“那懶”。即滿族那拉氏。　孛术魯：本書卷一《世紀》作“不术魯”。《宋史》卷三〇有“金遣兀术魯定方來賀明年正旦”。“兀”當是“不”字之誤寫。　阿勒根：本書卷一二《章宗紀四》有“阿雷根寺家奴”。《金史·金國語解》作“阿里侃”。“阿雷根”“阿里侃”即阿勒根之異譯。　石盞：亦作“赤盞”。元王惲《秋澗集》卷六〇有“洪嵒老人石琖公墓碑碣”。“石琖”亦“石盞”之異譯。　古里甲：《元史》卷一一九《木華黎傳》有“谷里夾打”。“谷里夾”即“古里甲”。即滿族的“瓜爾佳氏”。　抹撚：亦作“抹顔”。本書卷一《世紀》有“五國没撚部”。“没撚”當爲“抹撚”之異譯。“撚”是“拈”的異體字。《高麗史》卷四所記“麼乙逸”可能是“抹撚”的岐譯。　兀撒惹：即《遼史》所記的“兀惹”，亦作

“烏惹”。宋洪皓《松漠紀聞》作“温熱”，原是黑龍江下游的一個部族。　温古孫：陳述懷疑是“烏古孫”的異譯而重出（參見陳述《金史拾補五種》，第104頁）。　耨盌：按本書卷八四有《耨盌温敦思忠傳》，其子名“謙”，侄名“兀帶”，爲“耨盌温敦”四字姓。施國祁《金史詳校》卷四認爲不是四字姓，而是一個人兼兩姓氏。存之待考。　和速嘉：亦作“禾速嘉”。　蒲速烈：陳述認爲遼之五國部中有“蒲聶部”，“聶”爲“速烈”切音，“蒲速烈”急讀即“蒲聶”（參見陳述《金史拾補五種》，第106頁）。

［4］吾古論：亦作“烏古論”“烏古倫”。本書卷六七《石顯傳》作“土骨論”；卷八一《阿徒罕傳》作“烏論”。《三朝北盟會編》卷三作“遇雨隆”。該部最早居住在按出虎水完顏部東南。　兀顔：亦作“烏延”。女真語“豬”之意。該部當以飼養豬而得名。陳述認爲“兀顔”即《遼史》所記之“烏丸”（參見陳述《金史拾補五種》，第110頁）。恐不確。滿族中即有此姓，後改漢姓爲豬，嫌其不雅，乃改爲“朱”。　女奚烈：即清代滿族的“鈕古禄氏”。女真語的原意爲“狼”，後取其意而改漢姓爲“狼”，嫌“狼”字不雅，所以又改爲姓“郎”。　獨吉：《三朝北盟會編》卷三作“獨斤”。　黄摑：陳述認爲即蒙古的汪古部。亦作“旺古”“汪骨”“王孤”“雍古”，是突厥後裔（參見陳述《金史拾補五種》，第113頁）。　斡雷：《東三省輿地圖説》記三姓以下三百五十里松花江南岸有“瓦里和屯”，爲赫哲族聚居的村落，又譯作“萬里霍通”。“萬里”即“瓦里”“斡雷”異譯，“霍通”意爲“城”。如是，則斡雷部當起源于萬里霍通。　尼厖窟、窟亦作古：本書卷一一二有《尼厖古蒲魯虎傳》；卷一七有“尼古厖華山”。《三朝北盟會編》卷三作“尼漫古”。《高麗史》卷四作“尼方古”。《金史·金國語解》載“尼忙古曰魚”。該部可能以其居地盛産魚而得名。其早期聚居在今呼蘭河支流通肯河和雙陽河流域。　阿速：今烏蘇里江古稱阿速江，阿速氏應是最早居住在阿速江而得名。　愛申：《高麗史》卷四有“乙信”，應是“愛申”異譯。《三

朝北盟會編》卷三作“阿審”，即滿語的“愛新”。

黑號之姓，唐括、舊書作同古。蒲察、术甲、蒙古、蒲速、粘割、奥屯、斜卯、準葛、諳蠻、獨虎、术魯、磨輦、益輦、帖暖、蘇孛輦皆封彭城郡。[1]

[1]唐括、舊書作同古：亦作“唐適”“唐古”。《高麗史》卷四作“冬骨逸”。　蒲察：《宋史》記作“富察”。即清代滿族的富察氏。又作“僕叉”“普察”。　术甲：本書卷七六《杲傳》作“諸甲”。《元史》卷一五九《趙良弼傳》作“术要甲”。　蒙古：亦作“萌古”“忙古”“蒙括”“蒙哥”。　粘割：亦作“粘合”“粘哥”“粘葛”。　奥屯：亦作“奥敦”“奥燉”“奥純”“鄂屯”。　斜卯：《老學菴筆記》卷一：“金姓多兩三字，又極怪，至有姓斜卯者，亦作‘斜卵’”。金啟孮《女真文字研究》根據女真文音譯亦作“斜卯”。

親王母妻，封一字王者舊封王妃，爲正從一品，次室封王夫人。承安二年，勅王妃止封王夫人，次室封孺人。[1]郡王母妻封郡王夫人，國公母妻封國公夫人，郡公母妻封郡公夫人，郡侯母妻封郡君。承安二年更爲郡侯夫人。四品文散少中大夫、武散懷遠大將軍以上母妻封縣君。承安二年爲郡君。五品文散朝列大夫、武散宣武將軍以上母妻封鄉君。承安二年爲縣君。

[1]孺（rú）人：古代婦女封號。《禮記·曲禮下》：“天子之妃曰后，諸侯曰夫人，大夫曰儒人。”宋代爲文散階通直郎以上官員母、妻之封號。明清則爲七品官母妻之封號。

皇統五年，以古官曰“牧”、曰“長”，各有總名，今庶官不分類爲名，于文移不便。[1]遂定京府尹牧、留守、知州、縣令、詳穩、群牧爲“長官”，[2]同知、簽院、副使、少尹、通判、丞曰“佐貳官”，[3]判官、推官、掌書記、主簿、縣尉爲“幕職官”，[4]兵馬司及它司軍者曰“軍職官”，警巡、市令、録事、司候、諸參軍、知律、勘事、勘判爲“厘務官”，應管倉庫院務者曰“監當官”。監當官出大定制。知事孔目以下行文書者爲“吏”。[5]

[1]文移：官府文件往來。

[2]京府尹牧：即京府府尹，爲京府最高行政長官，兼本路兵馬都總管，正三品。　留守：諸京留守司長官，由京府府尹兼任。

[3]同知：指諸京留守、京府和諸府府尹、總管府都總管、節度使、防禦使、刺史的副佐。　簽院：樞密院屬官。全稱爲“同簽樞密院事”。正四品。　副使：有樞密院副使，爲樞密使副佐，從二品。按察司副使，按察使副佐，正四品。節度副使，節度州屬官，位在同知節度使之下，正五品。　少尹：府級屬官。又稱“治中”，位於同知之下。正五品。

[4]掌書記：又稱“掌書”。審官院屬官，正員四人，漢人、女真各二。

[5]知事孔目：官名。知事，司農司、三司、大宗正府等官署屬官，正七品或從七品。孔目，大興府屬官。主管印璽，監受案牘。

凡除拜，尚書令、左右丞相以下，品不同者，則帶

"守"字。左右丞則帶"行守"字。凡臺官、御史、部官、京尹、少尹、守令、丞、簿、尉、録事、諸卿少至協律、評事、諫官、國子監學官、諸監至丞郎、符寶郎、東宫詹事、率府、僕正副、令丞、王府官，散官高於職事者帶"行"字，[1]職事高於散官一品者帶"守"字、二品者帶"試"字，品同者皆否。

[1]協律：官名。又稱"協律郎"。太常寺屬官，主管音樂音律，從八品。　評事：大理寺屬官。掌参議疑獄、披詳法狀，正員三人。正八品。　諫官：指諫院的官員。有左、右諫議大夫，左、右司諫，左、右補闕，左、右拾遺。　國子監學官：有國子祭酒、國子司業、國子監丞、國子博士、國子助教等。　符寶郎：原名牌印祗候，世宗大定二年（1162）改稱符寶祗候，後改稱符寶郎。殿前都點檢司屬吏，主管皇帝印璽及金銀牌。　東宫詹事：太子東宫屬官。主管東宫内外庶務。從三品。　率府：東宫屬官。全稱爲"左右衛率府率"，主管東宫侍從儀仗。從五品。　僕正副：指東宫屬官中的僕正和副僕，主管車馬弓箭器物等事。僕正爲正六品，副僕爲正七品。　令丞：指典食令、典食丞、掌飲令、掌飲丞、家令、家丞等，皆爲東宫屬官。

猛安、謀克、翰林待制、修撰、判、推、勘事官、都事、典事、知事、内承奉、押班、通事舍人、通進、編修、勾當、頓舍、部役、廂官、受給管勾、巡河官、直省直院長副、諸檢法、知法、司正、教授、司獄、司候、東宫諭德、贊善、掌寶、典儀以下，[1]王府文學、記事參軍，[2]並帶"充"字。樞密、宣徽、勸農、諸軍都指揮、統軍、轉運使、招討、提刑、節度、群牧、防禦、客省、引進、四方館、閤門、太醫、教坊、鷹坊、警巡、巡檢、諸司局倉庫務使副，皆帶"充"字及"知某事"。

[1]司正、教授、司獄、東宮諭德、贊善、掌寶、典儀：司正，亦作"侍正"，東宮屬官。主管冠帶衣服、左右給使之事，正七品。教授，學官名。金代路、府、州各設教授一員，有女真人居住的地方另設女真教授一員，主管地方官學生的培養和教育。司獄，諸京留守司屬官，正八品。東宮諭德、贊善、掌寶、典儀，均爲東宮屬官。有左、右諭德，主管"贊喻道德，侍從文章"。皆正五品。有左、右贊善，執掌與諭德同，皆正六品。掌寶主管印璽，謹其出入，正員二人，從六品。典儀司贊禮儀，從六品。

[2]王府文學、記室參軍：皆爲親王府屬官。文學主管贊導禮儀，資廣學問，正員二人，從七品。記室參軍主管表箋書啟之事，正八品。

凡帶"知""判""簽書"字者，則不帶"行""守""試"字。已上所帶字，品同者則否。

自三師、三公、平章政事、元帥以下至監軍、東宮三師、三少、點檢至振肅、承旨、學士、王傅、副統、招討、及前所不載者，[1]皆不帶"行""守""試""知""充"字。

[1]東宮三師、三少：皆東宮屬官。"三師"指太子太師、太子太傅、太子太保，均爲正二品。"三少"指太子少師、太子少傅、太子少保，皆爲正三品。　點檢：官名。即殿前都點檢，爲殿前都點檢司長官，兼侍衛親軍都指揮使。主管行從宿衛、關防門禁、督

攝隊仗，總判司事。正三品。　振肅：殿前都點檢司屬官。有左、右振肅之分，主管嬪妃出入，總領護衛導從。正七品。　王傅：親王府屬官。主管師範輔導、參議可否。如親王在外，則兼本京節鎮同知之職，正四品。　副統：統軍司屬官。統軍使副佐。正四品。　招討：即招討使，招討司長官。主管招懷降附，征討反叛。正三品。

主事四員，從七品，掌知管差除，校勘行止，分掌封勳資考之事，惟選事則通署，及掌受事付事、檢勾稽失省署文牘，兼知本部宿直、檢校架閣。[1]餘部主事，自受事付事以下，所掌並同此。皇統四年，六部主事始用漢士人。大定三年，用進士，非特旨不得擬吏人，如宰執保奏人材，不入常例。承安五年，增女直主事一員。令史六十九人，内女直二十九人。譯史五人，通事二人，與令史同。泰和八年，令史增十人。

[1]宿直：即值宿。

架閣庫大定二十一年六月設，仍以主事提控之。

管勾，正八品，掌吏、兵兩部架閣，兼檢校吏部行止。以識女直、契丹、漢字人充，如無，擬識女直、漢字人充。

同管勾一員。[1]

[1]同管勾一員：據中華點校本本卷校勘記，下文户、禮、刑、工部架閣庫同管勾皆注“從八品”，此處當漏“從八品”三字。

官誥院

提舉二員，掌署院事。以吏部郎中、翰林修撰各一人充。

户部

尚書一員，正三品。

侍郎二員，正四品。泰和八年減一員，承安二年復增。[1]

郎中三員，從五品。天德二年置五員，泰和省作二員，又作四員，貞祐四年置八員，[2]五年作六員。

員外郎三員，從六品。

[1]承安二年：中華點校本據上下文義改“承安”爲“大安”。

[2]貞祐：金宣宗年號（1213—1217）。

郎中而下，皆以一員掌户籍、物力、婚姻、繼嗣、田宅、財業、鹽鐵、酒麯、香茶、礬錫、丹粉、坑冶、榷場、市易等事，[1]一員掌度支、國用、俸禄、恩賜、錢帛、寶貨、貢賦、租税、府庫、倉廩、積貯、權衡、度量、法式、給授職田、拘收官物、並照磨計帳等事。[2]《泰和令》作二員，後增一員，貞祐四年作六員，又作八員，五年作四員。

[1]物力：賦税名。本書卷四七《食貨志二》：“計民田園、邸舍、車乘、牧畜、種植之資，藏鏹之數，徵錢有差，謂之物力錢。”麯：麴的異體字。一種製酒發酵劑。金代早期禁止民間私釀，由官府專賣，後改收麯課，聽民釀。

[2]寶貨：金代貨幣名。章宗承安年間以白銀鑄“承安寶貨”（詳見本書卷四八《食貨志三》）。

主事五員，從七品，女直司二員，通掌户度金倉等事，漢人司三員，同員外郎分掌曹事，泰和八年減一員，貞祐四年作八員，五年六員。兼提控編附條格、管勾架閣等事。令史七十二人，内女直十七人。譯史五人，通事二人。泰和八年增八人。

架閣庫

管勾一員，正八品，掌户、禮兩部架閣。大安三年以主事各兼之。

同管勾，從八品。

檢法，從八品。

勾當官五員，正八品。

貞元二年，設幹辦官十員，從七品。三年，置四員，尋罷之。四年，更設爲勾當官，專提控支納、管勾勘覆、經歷交鈔及香、茶、鹽引、照磨文帳等事。承安二年作四員，貞祐四年作十五員，五年作十員，興定元年五員，二年復作十員。

禮部

尚書一員，正三品。

侍郎一員，正四品。

郎中一員，從五品。

員外郎一員，從六品。

掌凡禮樂、祭祀、燕享、學校、貢舉、儀式、制度、符印、表疏、圖書、册命、祥瑞、天文、漏刻、國忌、廟諱、醫卜、釋道、四方使客、諸國進貢、犒勞張設之事。[1]凡試僧、尼、道、女冠，[2]三年一次，限度八十人，差京府幕職或節鎮防禦佐貳官二員，僧官二人、道官一人、司吏一名、從人各一人、厨子二人、把門官一名、雜役三人。僧童能讀《法華》《心地觀》《金光明》《報恩》《華嚴》等經共五部，計八帙。《華嚴經》分爲四帙。每帙取二卷，卷舉四題，讀百字爲限。尼童試經半部，與僧童同。道士、女冠童行念《道德》《救苦》《玉京山》《消災》《靈寶度人》等經，[3]皆以誦成句、依音釋爲通。中選者試官給據，[4]以名報有司。[5]凡僧尼官見管人及八十、道士女冠及三十人者放度一名，死者令監壇以度牒申部毀之。[6]

[1]燕享：即“宴享”。“燕”與“宴”通。　國忌、廟諱：國忌，國家規定的禁忌。廟諱，已故皇帝名字的避諱。

[2]女冠：女道士。

[3]《法華》《心地觀》《金光明》《報恩》《華嚴》：書名。皆爲佛教經典。　《道德》《救苦》《玉京山》《消災》《靈寶度人》：書名。皆爲道家經典。

[4]據：憑證。

[5]有司：主管部門。

[6]度牒：指僧尼出家，由官府發給的憑證。有憑證的得免徭役、地税。

主事二員，從七品。令史十五人，内女直五人。譯史二人，通事一人。

左三部檢法司

司正二員，正八品，掌披詳法狀。興定二年，右部額外設檢、知法及掌法，四年罷。

檢法二十二員，從八品，掌檢斷各司取法文字。

右三部檢法職事同。元受劄付，大定三年命給勑。

兵部

尚書一員，正三品。

侍郎一員，正四品。

郎中一員，從五品。

員外郎二員，從六品。

掌兵籍、軍器、城隍、鎮戍、厩牧、鋪驛、車輅、儀仗、郡邑圖志、險阻、障塞、遠方歸化之事。[1]凡給馬者，從一品以上，從八人，馬十疋，[2]食錢三貫十四文。從二品以上，從五人，馬七疋，食錢二貫九十八文。從三品以上，從三人，馬五疋，錢一貫五伯十一文。從五品以上，從二人，馬四疋，錢九百六十八文。從七品以上，從一人，馬三疋，錢六百十七文。從九品以上，從一人，馬二疋，錢四百六十四文。無從人，減七十八文。御前差無官者。視從五品。省差若有官者，人支錢四百五十一文，有從人加六十八文。走馬人支錢百五十七文。赦書日行五百里。此《天興近鑑》所載之制也。[3]泰和六年置遞鋪，[4]其制，該軍馬路十里一鋪，鋪設四人，内鋪頭一人，鋪兵三人，以所轄軍射粮軍内差充，[5]腰鈴日行三百里。[6]凡元帥府、六部文移，以勅遞、省遞牌子，入鋪轉送。

[1]城隍：古稱有水的城塹爲“池”，無水的城塹爲“隍”。城隍的原意是“護城河”，泛指城池。　車輅（lù）：指各種車輛。

[2]疋：“匹”異體字。

[3]天興近鑑：書名。爲金哀宗天興年間官方所修史書，今已失傳。

[4]遞鋪：古代的交通郵傳站，負責傳遞政府的重要公文、勅命或重要軍事情報。亦稱“急遞鋪”。本書卷一二《章宗紀四》泰和六年（1206）六月“初置急遞鋪，腰鈴傳遞，日行三百里”。

[5]射粮軍：軍名。《金史》卷四四《兵志》：“諸路所募射糧軍，五年一籍三十以下、十七以上强壯者，皆刺其□（所缺一字疑爲“面”或“頰”字），所以兼充雜役者也”。

[6]腰鈴：遞鋪鋪兵所用的一種銅鈴，與所送的公文一起向下一鋪傳遞。

主事二員，從七品。貞祐五年以承發司管勾兼漢人主事。令史二十七，内女直十二人。譯史三人，通事二人。

刑部

尚書一員，正三品。

侍郎一員，正四品。

郎中一員，從五品。

員外郎二員，從六品，一員掌律令格式、審定刑名、關津機察、赦詔勘鞫、追徵給没等事，[1]一員掌監户、官户、配隸、訴良賤、城門啟閉、官吏改正、功賞捕亡等事。[2]

[1]勘鞫：審訊、推問。

[2]監户、官户：金户籍名。本書卷四六《食貨志一》："凡没入官良人，隸宫籍監爲監户，没入官奴婢，隸太府監爲官户。"

主事二員，從七品。令史五十一人，内女直二十二人。譯史五人，通事二人。

架閣庫

管勾一員，正八品，掌刑、工兩部架閣。大安二年以主事各兼。[1]同管勾一員，從八品。

[1]大安：金衛紹王年號（1209—1211）。

工部

尚書一員，正三品。

侍郎一員，正四品。

郎中一員，從五品。

掌修造營建法式、諸作工匠、屯田、山林川澤之禁、江河隄岸、道路橋梁之事。[1]

[1]隄：同“堤”。

員外郎一員，從六品。貞祐五年，兼覆實司官。[1]天德三年，增二員。

[1]貞祐五年，兼覆實司官：據中華點校本本卷校勘記，此九字在“天德三年”之前，年序不合。下文“覆實司，管勾一員，從七品”。注云：“貞祐五年並罷之，以二部主事兼”。知兼覆實司者乃主事官而不是員外郎，此九字應置於“主事二員，從七品”之下。

主事二員，從七品。令史十八人，内女直四人。譯史二人，通事一人。

覆實司

管勾一員，從七品，隸户、工部，掌覆實營造材物、工匠價直等事。大安元年，隸三司、工部，罷同管勾。貞祐五年並罷之，以二部主事兼。興定四年復設，從省擬，不令户、工部舉。

右三部檢法司

司正二員，正八品。

檢法，從八品，二十二員。

都元帥府掌征討之事，兵罷則省。天會二年，伐宋始置。[1]泰和八年，復改爲樞密院。

都元帥一員，從一品。

左副元帥一員，正二品。

右副元帥一員，正二品。

元帥左監軍一員，正三品。

元帥右監軍一員，正三品。

左都監一員，從三品。

右都監一員，從三品。

經歷一員，都事一員，知事一員，見興定三年。正七品。

檢法一員，從八品。元帥府女直令史十二人，承安二年十六人，漢人令史六人。譯史三人，女直譯史一人，承安二年二人。通事，女直三人，後作六人，承安二年復作三人，漢人二人。

［1］“都元帥府掌征討之事”至“伐宋始置”：按本書卷三《太宗紀》，天會三年（1125）伐宋，始置都元帥府。本書卷四四《兵志》記：“太宗天會元年，以襲遼主所立西南都統府爲西南、西北兩路都統府。三年，以伐宋更爲元帥府，置元帥及左、右副及左、右監軍，左、右都監。”此“二年”應爲“三年”之誤（參見許子榮《金史校勘補遺》，《社會科學戰綫》1983 年第 2 期）。出土的金代官印中有“都元帥府之印”（見鄭紹宗《河北古代官印集釋》，《文物》1984 年第 9 期）。

正隆六年，海陵南伐，立三道都統制府及左右領軍大都督，將三十二總管，有神策、神威、神捷、神鋭、神毅、神翼、神勇、神果、神略、神鋒、武勝、武定、武威、武安、武捷、武平、武成、武毅、武鋭、武揚、武翼、武震、威定、威信、威勝、威捷、威烈、威毅、威震、威略、威果、威勇之號。

泰和六年伐宋，權設平南撫軍上將軍，正三品，至殄寇果毅都尉，從六品，凡九階，曰平南撫軍上將軍、平南冠軍大將軍、平南龍驤將軍、平南虎威將軍、平南蕩江將軍、殄寇中郎將、殄寇郎將、殄寇折冲都尉、殄寇果毅都尉，軍還罷。置令譯史八十人，正三十三人，餘四十七人從本府選擢。

元光間，[1]招義軍，置總領使，從五品。副使，從六品。訓練官，從八品。正大二年，更總領名都尉，陞秩爲四品。四年，又陞爲從三品，有建威、折冲、振武、蕩寇、果毅、殄寇、虎賁、鷹揚、破虜之名。[2]

[1]元光：金宣宗年號（1222—1223）。

[2]有建威、折冲、振威、蕩寇、果毅、殄寇、虎賁、鷹揚、破虜之名：《金史》卷四四《兵志》記，哀宗正大二年（1225），“軍勢既張，乃易總領之名爲都尉，班在隨朝四品之列，曰建威、曰虎威、曰破虜、振威、鷹揚、虎賁、振武、折冲、蕩寇、殄寇”。較此處所記少“果毅”而多“虎威”“振威”都尉之號。《兵志》又記有“安平都尉”之號，並記哀宗天興初年，共有十五都尉。本書卷一一三《赤盞合喜傳》則記作“十三都尉”。計以上引列，共有十二都尉之號。《金史》卷一一三《白撒傳》有“飛騎都尉兼合里合總領术虎只魯歡”。合之爲十三之數。由此看來，應以《赤盞合喜傳》所記爲是。安平都尉，有印出土（見景愛《金代官印集》，文物出版社1991年版，第179頁）。

樞密院天輔七年，始置於廣寧府。天會三年下燕山，[1]初以左企弓爲使，後以劉彦宗。[2]初猶如遼南院之制，後則否。泰和六年嘗改爲元帥府。

[1]燕山：山名。横貫今河北省北部，稱燕山山脉。今北京市古稱燕京，即以燕山而得名。這裏所記的“天會三年下燕山”，實際上就是指金兵攻克燕京。

[2]劉彦宗：金大興府宛平縣（今北京市）人。劉氏是燕京望族，彦宗祖上六世仕遼，相繼爲宰相，父劉霄在遼中狀元，官至中京留守。彦宗在遼中進士，官至簽樞密院事。金太祖攻燕京，彦宗與左企弓等俱降於金，受到重用，官同中書門下平章事、知樞密院事、加侍中，曾先後佐宗翰和宗望軍事。彦宗極力鼓動金人南侵，曾向金主獻伐宋十策，並自兼漢軍都統，助女真人南伐，卒滅北宋政權，虜宋欽、徽兩帝北歸。天會六年（1128），彦宗死，追封鄆王。

樞密使一員，從一品，掌凡武備機密之事。

樞密副使一員，從二品。泰和四年置二人，後不爲例。

簽書樞密院事一員，正三品。

同簽樞密院事一員，正四品。大定十七年增一員，尋罷。明昌初，復增一員，尋又省。三年九月復增一員。

經歷一員，從五品。興定三年見。[1]

都事一員，正七品，掌受事付事、檢勾稽失省署文牘、兼知宿直之事。

架閣庫管勾一員，正八品。

知法二員，從八品，掌檢斷各司取法之事。餘檢法同。

樞密院令史，女直十二人，漢人六人，三品官子弟四人，吏員轉補二人。譯史三人，通事三人，回紇譯史一人，曳剌十五人。

[1]興定三年見：此處所記時間有誤。本書卷一五《宣宗紀中》興定元年（1217）六月："丙辰，詔樞密院遣經歷官分諭行院，嚴兵利器以守冲要，乃禁飲宴，違以軍律論。"本書卷一四《宣宗紀上》貞祐三年（1215）八月："制軍府庶事樞密院官須與經歷官裁決，經歷議是而院官不從，許直以聞。"由此知早在宣宗貞祐年間已置有樞密院經歷官，疑此處所記"興定三年見"爲"貞祐三年見"之誤。

大宗正府。泰和六年避睿宗諱，[1]改爲大睦親府。

判大宗正事一員，從一品，以皇族中屬親者充，掌敦睦糾率宗屬欽奉王命，泰和六年改爲大睦親事。[2]同判大宗正事一員，從二品，泰和六年改爲同判大睦親事。

同簽大宗正事一員，正三品，宗室充，大定元年置。泰和六年改同簽大睦親事。

大宗正丞二員，從四品，一員於宗室中選能幹者充，一員不限親疏，分司上京長貳、兼管治臨潢以東六司屬，[3]泰和六年改爲大睦親丞。

知事一員，從七品。檢法，從八品。

[1]避睿宗諱：睿宗，世宗父完顔宗輔（一名宗堯）廟號。因避"宗"字，所以改大宗正府爲"大睦親府"。

[2]大睦親事：中華點校本據文義於句前補"判"字。

[3]上京：京城、行政區劃名。金初建都之地，稱上京會寧府，治所在今黑龍江省阿城市東南金上京舊址。時金首都在中都，治所在今北京市。分設在上京的管理機構叫分司。　分司上京長貳：以

上京會寧府長官之副一人兼大宗正丞，以治上京宗室之政。　臨潢以東六司屬：臨潢，路、府名。治所在今内蒙古自治區赤峰市林東鎮遼上京舊城址。臨潢以東六司屬，指在臨潢府路以東境内的上京、東温特、劄里瓜、合古西南、梅堅寨、蒲峪六司屬。

諸宗室將軍，正七品。上京、東温忒二處皆有之。[1]世宗時始命遷官，[2]其户凡百二十。[3]明昌二年更名曰司屬，設令、丞。承安二年以令同隨朝司令，正七品，丞正八品，中都、上京、扎里瓜、合古西南、梅堅寨、蒲與、臨潢、泰州、金山等處置，[4]屬大宗正府。

［1］東温特：水名。中華點校本本卷校勘記云："按本書卷七〇《宗亨傳》，爲淑温特宗室將軍，蓋'淑'或寫作'朿'，疑'東'或是'朿'之誤。"東温特當是"宋瓦""粟末"之音變，指今東流松花江。東温特宗室將軍治所在今東流松花江南阿城市境内（見張博泉《金史"合里賓忒"語義釋略》，載《女真新論》，吉林文史出版社 1993 年版）。

［2］遷官：即徙官。

［3］其户凡百二十二：本書卷四六及卷四七《食貨志》大定二十三年（1183），皆作"在都宗室將軍司，户一百七十"，與此所記不同。

［4］中都：都城名。原名燕京，遼稱南京析津府，金海陵王貞元元年（1153）遷都於此，改稱中都，治所在今北京市。　扎里瓜：地名。本書卷六六《偎可傳》："偎可授上京札里瓜猛安所屬世襲謀克。"《遼東志》卷九《外志》："海西東水陸城站，在海胡站尚京城站後，有札剌奴，疑即扎里瓜。"按"瓜"字，魯讀"必"。《三國志·管寧傳》注，"瓜當讀爲蝸"。古從瓜之字亦從"古"，"奴"當是"瓜"字音訛。"扎里瓜"應在今裴克圖附近。

合古西南：合古，舊無釋，疑是“海古”的同音異寫。海古亦作“海姑”。水名，今黑龍江省阿城市境内的海溝河。金初以海古爲内地，於其地設海古寨、海古猛安，是女真宗室完顔氏聚居之地。此司屬司在今海溝之西南方向，推定在今阿城市東南的半拉城子古城。　梅堅寨：梅堅，水名。寨在今上京會寧府境内。《金史》卷六六《奕傳》：“隸梅堅塞吾司屬司。”“塞”是“寨”字之誤。今禿魯河出土的金代謀克印文作“圖魯屋”，“屋”是女真語“河”（兀、兀剌）。此“吾”義當爲“河”。即梅堅河寨司屬司。梅與“末”音近。“堅”當是漢字“尖”同音異寫。“尖”即女真語“頭”（兀术）。今阿什河有東、西兩源，西源在平山鄉老母豬頂子下。“母豬”是“兀术”的同音異寫。梅堅（尖）當是“河頭”之意。其司屬司在阿什河西源老母豬頂子下河源處，其地已發現金墓（扎里瓜、海古西南、梅堅寨，俱見張博泉《金司屬司及其治址考》，未刊稿）。　蒲與：亦作“蒲峪”。金代上京路轄下相當於節度州一級的一個路名。治所在今黑龍江省克東縣金城鄉古城。　泰州：州名。金代泰州治所前後期有變化。前期治所目前有兩説，一種説法認爲在今吉林省洮安縣東雙塔鄉程四家子古城，一種説法認爲在今黑龍江省泰賚縣塔子城。金章宗承安三年（1198）之後，泰州徙治原遼朝的長春州，地點在今吉林省前郭旗境内的他虎城。　金山：縣名。金山指今大興安嶺。今内蒙古自治區烏蘭浩特東北三十里發現一座古城址，又洮兒河上游北岸索倫附近刻崖上發現有“金山縣”字樣墨題，似與金山縣有關（見張博泉等《東北歷代疆域史》，吉林人民出版社 1991 年版）。朱國忱認爲金代前期泰州治所在今吉林洮安縣程四家子，而黑龍江省泰賚縣塔子城是金山縣治所（見朱國忱《金源故都》，《北方文物》雜誌社，1991 年印）。

御史臺。登聞檢院隸焉。[1] 見《士民須知》。《總格》《泰和令》皆不載。[2]

[1]登聞檢院：官署名。主管奏御進告尚書省、御史臺理斷不當之事。二十世紀八十年代，在黑龍江省五常市一遼金古城中出土一方金代銅印，印文爲大篆“登聞檢院之印”六個漢字。印側刻“正隆元年□月□日。”印背刻“登聞檢院之印”與“尚書省監鑄”楷書（參見張曉梅《登聞檢院之印與金初監察制度》，《薊門集——北京建都850年論文集》）。

[2]總格：書名。内容主要是金代朝廷頒布的法律條文規定，已失傳。

御史大夫，從二品，舊正三品，大定十二年陞。掌糾察朝儀、彈劾官邪、勘鞫官府公事。凡内外刑獄所屬理斷不當，有陳訴者付臺治之。

御史中丞，從三品，貳大夫。

侍御史二員，從五品。以上官品皆大定十二年遞陞。掌奏事、判臺事。

治書侍御史二員，從六品，掌同侍御史。

殿中侍御史二員，正七品，每遇朝對立於龍墀之下，專劾朝者儀矩，[1]凡百僚假告事具奏目進呈。

[1]劾：參奏。　儀矩：儀禮規矩。

監察御史十二員，正七品，掌糾察内外非違、刷磨諸司察帳並監祭禮及出使之事。參注諸色人，[1]大定二年八員，承安四年十員，承安五年兩司各添十二員。[2]

典事二員，從七品。

加閣庫管勾一員，從八品。

檢法四員，從八品。

獄丞一員，從九品。

[1]諸色人：指各種不同民族出身者。

[2]兩司：官署名。指尚書省左、右司。

御史臺令史，女直十三人，内班内祗六人，終場舉人七人。[1]漢人十五人，内班内祗七人，終場舉人八人。譯史四人，内班内祗二人，終場舉人二人。通事三人。

[1]終場舉人：古代科舉考試分數場，最後一場爲終場。 舉人：古代稱參加科舉考試的士子爲舉人。金代則稱除進士科外諸科中第者爲舉人。這裏的終場舉人是指參加科舉考試殿試的全過程而没有被録取者。

宣撫司。泰和六年置陝西路宣撫使，節制陝西右監軍、右都監兵馬公事，[1]八年，改陝西宣撫司爲安撫司。山東東西、大名、河北東西、河北南北、遼東、陝西、咸平、隆安、上京、肇州、北京凡十處置司。[2]使，從一品。

副使，正三品。[3]

[1]泰和六年置陝西路宣撫司：陝西路，金無陝西路。北宋的陝西路治所在京兆府（今陝西省西安市），轄境相當於今陝西、寧夏長城以南，秦嶺以北及山西西南部、河南西北部、甘肅東南地區。金朝皇統二年（1142），省并陝西六路爲四路（金占領陝西以後設置幾路，《金史》中的記載並不統一。太宗天會八年（1130）

以後，右副元帥完顔宗輔擔任攻取陝西的金兵統帥。卷一九《宗輔傳》記載爲“既定陝西五路。”卷四《熙宗紀》也記載，八月，“招撫諭陝西五路。”似乎金朝占領陝西以後設置了五路。但本書《地理志》記載爲四路）。金的陝西路指京兆（治所在今陝西省西安市）、慶原（治所在今甘肅省慶陽縣）、熙秦（即臨洮路，治所在今甘肅省臨夏縣東北）、鄜延（治所在今陝西省延安市）路，習慣上仍稱這四路爲陝西路。章宗泰和六年（1206），金兵伐宋所任命的陝西路宣撫使是徒單鎰。實際上最先設置的宣撫使並不是陝西路宣撫使，而是泰和五年所設的河南路宣撫使，後改爲河南行省（參見本書卷九九《徒單鎰傳》與卷九三《僕散揆傳》）。

［2］山東東西、大名、河北東西、河東南北、遼東、陝西、咸平、隆安、上京、肇州、北京凡十處置司：按以上所列非十處而是十一處，誤。本書卷五七《百官志三》按察司：“本提刑司，承安三年以上京、東京等提刑司並爲一提刑使兼宣撫使勸農采訪事，爲官稱。副使、判官以兼宣撫副使判官爲名。復改宣撫爲安撫。”又“安撫使副内，差一員于咸平、一員於上京分司。承安四年（1199）罷咸平分司，使在上京，副在東京”。本書卷二四《地理志上》咸平路：“置遼東路轉運司，東京、咸平路提刑司。”卷一〇一《承暉傳》：“初置九路提刑司，承暉東京咸平等路提刑副使。”此處所記的遼東即指東京路。由以上可知，“遼東”“咸平”宣撫司本爲一處，設在咸平府，如此方符“凡十處置司”之數。山東東西，指山東東、西路，此宣撫司治所在今山東省青州市。大名，路府名，治所在今河北省大名縣東北。河北東西，指河北東、西路，此宣撫司治所在今河北省河間市。河東南北，指河東南、北路，此宣撫司治所在今山西省太原市。咸平，路府名。治所在今遼寧省開原市。隆安，府名。治所在今吉林省農安縣。肇州，州名。治所在今黑龍江省肇源縣望海屯古城址（參見張博泉等《東北歷代疆域史》，第196頁）。北京，京城名。治所在今内蒙古自治區寧城縣大明鄉古城。

[3]“使，從一品”至“副使，正三品”：按本志宣撫司（安撫司）職官僅記使與副使。二十世紀八十年代，在吉林省德惠縣梨樹園子古城曾出土一方金代“安撫司經歷印”，銅質（參見伊葆力《金代官印考證》，《哈爾濱學院學報》2003年第1期）。由此知安撫司屬官中當有經歷官。

勸農使司。泰和八年罷，貞祐間復置。興定六年罷勸農司，改立司農司。使一員，正三品。

副使一員，正五品。

掌勸課天下力田之事。

司農司。興定六年置，兼采訪公事。

大司農一員，正二品。

卿三員，正四品。

少卿三員，正五品。

知事二員，正七品。

興定六年，陝西並河南三路置行司農司，設官五員。正大元年，歸德、許州、河南、陝西各置，[1]作三員。卿一員，正四品。少卿一員，正五品。丞一員，正六品。卿以下迭出巡案，[2]察官吏臧否而陞黜之。使節所過，姦吏屏息，十年之間民政修舉，實賴其力。

[1]歸德：府名。治所在今河南省商丘縣。　許州：州名。治所在今河南省許昌市。

[2]巡案：亦作“巡按”。古代官員出巡按察地方。

三司。泰和八年，省户部官員置三司，[1]謂兼勸農、鹽鐵、度支，户部三科也。貞祐罷之。使一員，從二品。

副使一員，正三品。

簽三司事一員，正四品。

同簽三司事一員，正五品。

掌勸農、鹽鐵、度支。

判官三員，從六品，本參幹官，大安元年更參議。

規措審計官三員，正七品，掌同參幹官。

知事二員，從七品。以識女直、漢字人充。

勾當官二員，正八品。大安元年置三員，照磨吏員七人。

管勾架閣庫一員，正八品。三司令史五十人，内女直十人，漢人四十人。大安元年增八人。譯史二人，大安元年增一人。通事二人。

知法三員，從八品。女直知法一員，大安元年增二員。

［1］“三司”至“省户部官員置三司”：按，本紀記十一月初設三司使。未省户部官員，而是減員，見本志户部小字原注。

國史院先嘗以諫官兼其職，明昌元年詔諫官不得兼，恐於其奏章私溢己美故也。

監修國史，掌監修國史事。

修國史，掌修國史，判院事。

同修國史二員。女直人、漢人各一員。承安四年更擬女直一員，[1]罷契丹同修國史。

編修官，正八品，女直、漢人各四員。明昌二年罷契丹編修三員，添女直一員。大定十八年用書寫出職人。

檢閱官，從九品。書寫，女直、漢人各五人。

修《遼史》刊修官一員，編修官三員。

[1]承安四年更擬女直一員：據中華點校本本卷校勘記，本書卷一一《章宗紀三》承安四年（1199）十二月，"癸未，更定科舉法，增設國史院女直、漢人同修史各一人"。此處當作"更增女直、漢人各一員"。

翰林學士院[1]天德三年，命翰林學士院自侍讀學士至應奉文字，通設漢人十員，女直、契丹各七員。

[1]翰林學士院：按金制，院設在宮禁之外。

翰林學士承旨，正三品，掌制撰詞命。凡應奉文字，銜內帶"知制誥"。直學士以上同。貞祐三年陞從二品。

翰林學士，正三品。翰林侍讀學士，從三品。

翰林侍講學士，從三品。

翰林直學士，從四品，不限員。

翰林待制，正五品，不限員，分掌詞命文字，分判院事，銜內帶"知制誥"。[1]

翰林修撰，從六品，不限員，掌與待制同。

應奉翰林文字，從七品。

[1]銜內帶"知制誥"：施國祁《金史詳校》卷四、中華點校本本卷校勘記皆認爲："按上文翰林學士承旨下'銜內帶知制誥'注'直學士以上同'。翰林待制在直學士以下，則不應'銜內帶知

制誥’，今依文義補‘不’字。”按碑刻，党懷英“奉議大夫充翰林待制同知制誥”。黄久約“中憲大夫充翰林待制同知制誥”。《烏古論元忠墓志》書丹者李著署官名爲“充翰林修撰國知制誥”。由此可證，非在“知制誥”上缺“不”字，乃是“知制誥”應爲“同知制誥”（參見趙福生等《金代烏古論窩論、烏古論元忠及魯國大長公主墓志考釋》，《北京文物考古》1983年總第一輯）。

審官院承安四年設，大安二年罷之，若注擬失當，止令御史臺官論列。

知院一員，從三品，掌奏駁除授失當事。隨朝六品、外路五品以上官除授，並送本院審之。補闕、拾遺、監察雖七品，[1]亦送本院。或御批亦送稟，[2]惟部除不送。

同知審官院事一員，從四品。

掌書四人。女直、漢人各二人，以御史臺終場舉人辟充。

［1］補闕、拾遺、監察：官名。補闕、拾遺是諫院屬官。監察即御史臺的監察御史。以上官職皆爲七品。

［2］御批：皇帝親筆批示。知審官院事一員，從四品。

太常寺。皇統三年正月始置。太廟、廪犧、郊社、諸陵、大樂等署隸焉。

卿一員，從三品。

少卿一員，正五品。

丞一員，正六品。

掌禮樂、郊廟、社稷、祠祀之事。[1]

博士二員，正七品，掌檢討典禮。

檢閲官一員，從九品，掌同博士。泰和元年置，四年罷。

檢討二員，從九品。明昌元年置，以品官子孫及終場舉人，[2]同國史院漢人書寫例，試補。

太祝，從八品，掌奉祀神主。

奉禮郎，從八品，掌設版位，執儀行事。

協律郎，從八品，掌以麾節樂，調和律吕，[3]監視音調。

[1]郊廟：指古代帝王定期舉行的郊祀及宗廟祭祀。

[2]品官子弟：指有品級（從九品以上）的官僚子弟。

[3]律吕：音律。

太廟署。皇統八年太廟成，設署，置令丞，仍兼提舉慶元、明德、永祚三宫。[1]

令一員，從六品，掌太廟、衍慶、坤寧宫殿神御諸物，[2]及提控諸門關鍵，掃除、守衛，兼廩犧令事。

丞一員，從七品，兼廩犧署丞。

直長，明昌三年罷。

[1]慶元、明德、永祚三宫：宫殿名。三宫殿皆在金上京城内。慶元宫建於天會十三年（1135），舊址是太祖阿骨打寢宫。天眷二年（1139）將太祖畫像置慶元宫内，改稱“原廟”。明德宫是供奉太宗吴乞買畫像的宫殿。永祚宫原名興德宫，是世宗父宗輔的寢宫，後改爲“永祚宫”。

[2]衍慶、坤寧：宫殿名。皆在金中都城内。衍慶宫是金在中都所建的原廟，内置金歷代皇帝的靈位畫像。坤寧宫則是放置金歷代皇后靈位的地方。

廩犧署。令、丞，乙太廟令、丞兼，掌薦犧牲及養飼等事。

郊社署。承安三年設祝史、齋郎百六十人，作班衹、傔使，[1]周年一替。大安元年，奏兼武成王廟署。[2]令一員，從六品。

丞一員，從七品。

掌社稷、祠祀、祈禱並廳舍祭器等物。直長，明昌三年廢。

[1]班衹傔使：屬吏名。班衹，金樞密院、御史臺皆置。傔使，傔即傔直。直即值班，使即使人。班衹傔使應斷句爲班衹、傔使。本書卷五七《百官志三》漕運司條，下注云："傔使科，掌吏、户、禮案。起運科，掌兵、工、刑案。公使八十一人，押綱官七十六人。"由此知傔使科爲漕運司下屬機構，傔使科吏員稱傔使。故"班衹傔使"應斷句爲"班衹、傔使"。

[2]武成王廟：武成王即太公望（姜尚）。唐開元十九年（731）在長安、洛陽兩京及各州立太公廟，到上元元年（760），封太公爲武成王，改原太公廟爲武成王廟（見本書卷三五武成王廟條）。

武成王廟署。大安元年置。

令，從六品。

丞，從七品。

掌春秋祀享，以郊社令、丞兼。

諸陵署大安四年同隨朝。

提點山陵，正五品，涿州刺史兼。[1]

令，從六品。丞一員，從七品。掌守山陵。[2]

直長，正八品。

[1]涿州刺史：官名。涿州長官。主治涿州事。正五品。治所在今河北省涿州市。

[2]山陵：指帝后的陵墓。

園陵署令，宛平縣丞兼。[1]貞祐二年以園陵遷大興縣境，[2]遂以大興縣令、丞兼。

[1]令宛平縣丞兼：據中華點校本本卷校勘記，無以縣丞兼"署令"之理，疑是"令、丞，宛平縣令、丞兼"。與下文"遂以大興縣令、丞兼"相同。似"令"下脱"丞"字。宛平縣，治所在今北京市。

[2]大興縣：治所在今北京市。

大樂署，兼鼓吹署。樂工百人。

令一員，從六品。丞，從七品。掌調和律吕，教習音聲并施用之法。

樂工部籍直長一員，正八品。

大樂正，從九品，掌祠祀及行禮陳設樂縣。

大樂副正，從九品。

右屬太常寺。

金史　卷五六

志第三十七

百官二

殿前都點檢司　宣徽院　秘書監　太府監　少府監　軍器監　都水監　諫院　大理寺　弘文院　登聞鼓院　登聞檢院　記注院　集賢院　益政院　武衛軍都指揮使司　衛尉司　六部所轄諸司　三路檢察及外路倉庫牧圉等職

殿前都點檢司。天眷元年置。掌親軍，總領左右衛將軍、符寶郎、宿直將軍、左右振肅，宫籍監、近侍等諸局署、鷹坊、頓舍官隸焉。

殿前都點檢，正三品，兼侍衛將軍都指揮使。[1]掌行從宿衛，關防門禁，督攝隊仗，總判司事。

殿前左副都點檢，從三品，兼侍衛將軍副都指揮使。

殿前右副都點檢，從三品，兼侍衛將軍副都指揮使，掌宫掖及行從。

殿前都點檢判官，從六品。大定十二年設。[2]

知事一員，從七品。

殿前左衛將軍，殿前右衛將軍，殿前左衛副將軍，殿前右衛副將軍，掌宫禁及行從宿衛警嚴，仍總領護衛。右衛同此。

符寶郎四員，[3]掌御寶及金銀等牌。[4]舊名牌印祗候，大定二年改爲符寶祗候，改牌印令史爲符寶典書，四人。

左右宿直將軍，從五品，掌總領親軍，凡宫城諸門衛禁、并行從宿衛之事，八員。大定二十九年作十員，復作十一員。

左右振肅，正七品，掌妃嬪出入總領護衛導從。本妃嬪護衛之長，大定二年改今名。

[1]兼侍衛將軍都指揮使：本書卷一三二《紇石烈執中傳》，"以其弟同知河南府特末也爲都點檢，兼侍衛親軍都指揮使"；卷一四《宣宗紀上》貞祐二年三月，"以濮王守純爲殿前都點檢兼侍衛親軍都指揮使"。故此處"侍衛將軍"應爲"侍衛親軍"。下文的"侍衛將軍副都指揮使"也應作"侍衛親軍副都指揮使"。

[2]大定：金世宗年號（1161—1189），章宗即位後又延用一年。

[3]符寶郎四員：本書卷五三《選舉志三》作"符寶郎十二人"，與此異。

[4]御寶：指皇帝的印璽。　金銀牌：亦稱"信牌""遞牌"。金建國之前各部長傳遞命令的信物。穆宗時號令統一，由部落聯盟長頒行使用，木製。建國後又製金牌、銀牌，與木牌並行。本書卷

五八《百官志四》記："收國二年九月，始製金牌，後又有銀牌、木牌之制，蓋金牌以授萬户，銀牌以授猛安，木牌則謀克、蒲輦所佩者也。""皇統五年三月，復更造金銀牌，其制皆不傳。"

宮籍監

提點，正五品。監，從五品。副監，從六品。丞，從七品。掌内外監户、及地土錢帛小大差發。

直長二員，正八品，掌同丞。

近侍局[1]

提點，正五品。泰和八年剏設。[2]使，從五品。副使，從六品。掌侍從，承勑令，[3]轉進奏帖。

直長，正八品。大定十八年增二員。奉御十六人，舊名入寢殿小底。奉職三十人，舊名不入寢殿小底，又名外帳小底，皆大定十二年更。

[1]近侍局：官署名。劉祁《歸潛志》卷七："金朝近習之權甚重，置近侍局於宮中，職雖五品，其要密與宰相等，如舊日中書，故多以貴戚、世家、恩倖者居其職，士大夫不預焉。"

[2]泰和八年創設：按此處記近侍局泰和八年（1208）創設，不確。本書卷一〇〇《路鐸傳》明昌五年（1194），"遣近侍局直長李仁願召凡諫北幸者詣尚書省"；卷一〇一《承暉傳》，"大定十五年，選充符寶祗候，遷筆硯直長，轉近侍局直長"；卷一〇一《烏古論慶壽傳》記，慶壽於泰和四年由近侍局使遷本局提點；卷一三一《梁充傳》記，宦官梁充在海陵王時"累官近侍局使"；卷一三二《大興國傳》記，大興國"事熙宗爲寢殿小底，權近侍局直長，最見親信，未嘗去左右"。由此可見，早在熙宗朝就創設了

近侍局。泰和，金章宗年號（1201—1208）。

［3］敕令：皇帝發布的詔令。

器物局

提點，正五品。使，從五品。副使，從六品。掌進御器械鞍轡諸物。[1]

直長，正八品。

都監，正九品。明昌三年省罷。

同監，從九品。泰和四年設。

［1］轡（pèi）：駕馭牲畜的轠繩。

尚厩局[1]

提點，正五品。使，從五品。副使，從六品，掌御馬調習牧養，以奉其事。大定二十九年添副使一員，管小馬群。

直長一員，司馬牛群。

掌厩都轄，正九品。不限員。

副轄，從九品。不限員數資考。[2]

［1］厩：圈養牲畜的場所。

［2］資考：古代官制術語。官員的資歷和考核年限。金之在職官員以三十個月爲一考。

尚輦局

使，從五品。副使，從六品。掌承奉輿輦等事。

直長，正八品。不限資考，大定十九年，除年六十以下人充。

典輿都轄，從九品。不限資考。

收支都監，正九品。大定二十年設，掌給受之事。

同監，泰和四年設。大安二年省。[1]

本把，四人。

[1]大安：衛紹王年號（1209—1211）。

鷹坊

提點，正五品。使，從五品。副使，從六品。掌調養鷹鶻“海東青”之類。[1]

直長，正八品。不限員。

管勾，從九品。不限員數資考。

[1]海東青：一種獵鷹名。産於黑龍江下游，性凶猛狡捷，能捕天鵝和雁鴨，是遼金時期的一種名貴的獵鷹。《三朝北盟會編》卷三：“海東青者出五國，五國之東接大海，自海而來者謂之‘海東青’。小而俊健，爪白者，尤以爲異。必求之女真，每歲外，鷹坊子弟趣女真，發甲馬千餘人入五國界，即‘海東’巢穴取之，與五國戰鬥而後得。”

武庫署

令，從六品，掌收貯諸路常課甲仗。以曉軍器女直人充。

丞，從七品。

直長二員，正八品。大定二年省一員。

武器署

提點，從五品。令，從六品。丞，從七品。掌祭祀、朝會、巡幸及公卿婚葬鹵簿儀仗旗鼓笛角之事。

直長，正八品。或二員。

頓舍官二員，《泰和令》《總格》作四員。[1]正八品。直長。見《士民須知》，《泰和令》無。

[1]總格：書名。金章宗泰和年間頒行的法律條文，今已失傳。

右屬殿前都點檢司。

宣徽院

左宣徽使，正三品。

右宣徽使，正三品。

同知宣徽院事，正四品。

同簽宣徽院事，正五品。

宣徽判官，從六品。

掌朝會、燕享，[1]凡殿庭禮儀及監知御膳。所隸弩手、傘子二百三十九人，控鶴二百人。[2]

[1]燕享：即"宴享"。

[2]弩手、傘子、控鶴：皇帝侍衛名。本書卷四一《儀衛志上》："其衛士，曰護衛、曰親軍、曰弩手、曰控鶴、曰傘子、曰長行。"弩手，即威捷軍中的弓弩手。本書卷四四《兵志》："又有威捷軍，承安增簽弩手千人"，"凡選弩手之制，先以營造尺度杖，其長六尺，立之謂之等杖。取身與杖等，能踏弩至三石，鋪弦解索登踏閑習，射六箭皆上垛，内兩箭中貼者"。卷四一《儀衛志》："朝參日，弩手、傘子直於殿門外，分兩面排立。"控鶴，本書卷四四《兵志》："又有控鶴二百人，皆以備出入者也。"

拱衛直使司，威捷軍隸焉。舊名龍翔軍，正隆二年更爲神衛軍，[1]大定二年更名爲拱衛司。

[1]舊名龍翔軍，正隆二年更爲神衛軍：本書卷四四《兵志》："海陵又名上京龍翔軍爲神勇軍，正隆二年將南伐，乃罷歸，使就僉調，復於侍衛親軍四猛安内，選三十以下千六百人，騎兵曰龍翔，步兵曰虎步，以備宿衛。"是海陵正隆二年（1157）已將龍翔軍罷歸，又從侍衛親軍四猛安内挑選一千六百人，其中的騎兵部隊仍稱龍翔軍，並不是把原來的龍翔軍改名爲神衛軍。正隆，海陵王年號（1156—1160）。

都指揮使，從四品。舊曰使。副都指揮使，從五品。舊曰副使。掌總統本直，謹嚴儀衛。大定五年，詔以使爲都指揮使，副使爲副都指揮使。

什將。

長行。[1]

威捷軍承安二年，[2]簽弩手千人。泰和四年，以之備邊事。鈐轄，正六品。都轄，從九品。不奏。

[1]長行：官名。本書卷五八《百官志四》記長行爲從六品。

[2]承安：金章宗年號（1196—1200）。

客省

使，正五品。副使，從六品。掌接伴人使見辭之事。

引進[1]使，正五品。副使，從六品。掌進外方人使貢獻禮物事。

[1] 引進：中華點校本據本書卷三六《禮志九》和卷三七《禮志十》，補爲“引進司”。

閤門明昌五年，[1]閤門官以次排轉除授。

[1]閤門：官名。即閤門使。1977 年在遼寧省鳳城縣出土一方金代“東上閤門使”官印（參見景愛《金代官印集》，文物出版社 1991 年版，第 12 頁）。　明昌：金章宗年號（1190—1195）。

東上閤門使二員，正五品。明昌六年省一員，作從五品。西同。副使二員，正六品。明昌六年，省一員，西同。簽事一員，從六品，掌簽判閤門事。西同。明昌六年，以減副使置。

西上閤門使二員，正五品。副使二員，正六品。簽事一員，從六品，掌贊道殿庭禮儀。[1]西閤門餘副貳同。

閤門祗候二十五人。正大間三十二人。[2]

閤門通事舍人二員，從七品，掌通班贊唱、承奏勞問之事。

承奉班都知，正七品，掌總率本班承奉之事。舊置判官，後罷。

内承奉班押班，正七品，掌總率本班承奉之事。

御院通進四員，從七品，掌諸進獻禮物及薦享編次位序。

[1]掌贊道殿庭禮儀：中華點校本據殿本改“贊道”爲“贊導”。

[2]正大：金哀宗年號（1224—1231）。

尚衣局

提點，正五品。使，從五品。副使，從六品。掌御用衣服、冠帶等事。

都監，正九品。舊設，後罷。

直長，正八品。

同監，從九品。

儀鸞局泰和四年，或以少府監官兼，或兼少府監官。

提點，正五品。使，從五品。副使，從六品。掌殿庭鋪設、帳幕、香燭等事。

直長四員，正八品。《泰和令》三員。

收支都監，正九品，二員，一員掌給受鋪陳諸物，一員掌萬寧宮收支庫。[1]大定七年置，明昌二年增一員。

同監二員，從九品。司吏二人，如内藏庫知書例。

[1]萬寧宮：宮殿名。在金中都城北，是一處離宮。本書卷二四《地理志上》中都路：“京城北離宮有太寧宮，大定十九年建，後更名爲壽安，明昌二年與日更爲萬寧宮。”

尚食局元光二年，[1]參用近侍、奉御、奉職。

提點，正五品。使，從五品。副使，從六品。掌總知御膳、進食先嘗、兼管從官食。

直長一員，正八品。不限資考。

都監三員，正九品。不限資考。

生料庫都監、同監各一員，掌給受生料物色。

收支庫都監、同監各一員，掌給受金銀裹諸色器皿。以外路差除人内選充。

［1］元光：金宣宗年號（1222—1223）。

尚藥局

提點，正五品。使，從五品。出職官内選除。副使，從六品。掌進湯藥茶果。

直長，正八品。

都監，正九品。

果子都監、同監各一員，掌給受進御果子。本局本把四人。

太醫院

提點，正五品。使，從五品。副使，從六品。判官，從八品，掌諸醫藥，總判院事。

管勾，從九品，隨科至十人設一員，以術精者充。如不至十人併至十人置。不限資考。

正奉上太醫，一百二十月升除。副奉上太醫，不算月日。長行太醫，不算月日。十科額五十人。

御藥院

提點，從五品。直長，正八品，掌進御湯藥。明昌五年設，以親信内侍人充。

都監，正九品。不限員，《泰和令》四員。

同監，從九品。不常除，《泰和令》無。

教坊

提點，正五品。使，從五品。副使，從六品。判官，從八品。掌殿庭音樂，總判院事。

諧音郎，從九品。不限資考、員數。

内藏庫大定二年，分爲四庫。

使，從五品。副使，從六品。掌内府珍寶財物，率隨庫都監等供奉其事。

直長一員。承安三年增。

頭面庫

都監，正九品。

同監，從九品。本把七人，大定二年定出身，依不入寢殿小底例。

段匹庫

都監，正九品。

同監，從九品。本把十二人。

金銀庫

都監，正九品。本把八人。

雜物庫

都監，正九品。

同監，從九品。本把八人。每庫知書各二人。

宮闈局舊名宮闈司，大定二年改爲局，舊設令、丞，改爲使、副。

提點，正五品。使，從五品。副使，從六品。掌宮中閤門之禁，率隨位都監、同監及内直各給其事。

直長，正八品，内直一百七十人。後作百七十九人。

内侍局[1]

令二員，從八品。興定五年，陞作從六品。丞二員，從九品。興定五年，陞從七品。掌正位閤門之禁，率殿位都監、同監及御直各給其事。

局長二員，從九品，興定五年陞正八品。御直、内直共六十四人。明昌元年，分宮闈局正位内直置，初隸宮闈局。

[1]内侍局：二十世紀九十年代於黑龍江省五常市興隆鄉金代古城中出土一方“内侍局印”，銅質。伊葆力據銅印形制和印文特征，推測此印應是宣宗興定五年（1221）以後之物（參見伊葆力《金代官印考證》，《哈爾濱學院學報》2003 年第 1 期）。

東門都監、同監。諸隨殿位承應都監、同監，掌各位承應及門禁管鑰。

昭明殿都監、同監。大定二十九年設，各一員。

承徽殿都監、同監。麗妃位。[1]

隆徽殿都監、同監。本隆和殿，系皇后位。
鸞翔殿都監、同監。
崇儀殿都監、同監。
迎暉殿都監、同監。七妃充容，泰和三年罷。
蘂珠殿都監、同監。[2]瑞寧殿都監、同監。
回春殿都監、同監。
芸香殿都監、同監。
瑞像殿都監、同監。係佛殿。以上“殿”字下無“位”字。
凝福、改韶景。温芳二位都監、同監。
瑤華、柔則二位都監、同監。以上無“殿”字及“承應”字。
嘉福等殿位都監、同監。四位。
廣仁殿都監、同監。
睿思殿都監、同監。以上有“承應”字。
滋福殿都監、同監。本以隆慶改，[3]無“位”字。
咨正殿都監、同監。
邇英殿都監、同監。
長慶院都監、同監。
仙韶院都監、同監。
貞和門都監、同監。應係錢帛經此門出入。明昌四年添一員。
右昇平門都監、同監。
長樂門都監、同監。
瓊林苑都監、同監。各二員。
廣樂園都監、同監。
順儀位提控、都監、同監。舊寶林位。
瑞華門俗名金骨朵門。都監一員，同監三員。

太師位提控、都監、同監。

寶昌門都監、同監。

會昌門都監、同監。

東京孝寧宮都監、同監。

崇妃位提控。世宗夫人，興陵。[4]

惠妃位提控、都監、同監。裕陵。[5]

温妃位提控、都監、同監。裕陵二位，明昌四年添。

報德寺提控、都監、同監。世宗御容。[6]光泰門街。[7]

報恩寺提控、都監、同監。世宗御容。清夷門街。[8]明昌三年設，三。

孝嚴寺都監、同監。在南京，[9]安宣宗御容，改興國感誠寺。正大元年設，三。以下皆在南京。

寧福殿都監、同監。三。

純和殿都監、同監。三。

仁安殿都監、同監。三。

真妃位都監、同監。二。

麗妃位都監、同監。

宣儀位都監、同監。

莊獻妃位都監、同監。

三廟都監、同監。貞祐二年設。[10]

西華門都監、同監。[11]京後園都監、同監。

[1]麗妃：皇帝嬪妃名。金代前期皇后之下有元妃、貴妃、淑妃、德妃、賢妃五位。宣宗時於淑妃之下又設麗妃、柔妃，而無德妃和賢妃。諸妃皆正一品。

［2］蘂："蕊" 的異體字。

［3］隆慶：宫殿名。本書卷五七《百官志三》皇后位下女職條注："依隆慶宫所設人數，大安元年定。" 知滋福殿原名"隆慶宫"。

［4］興陵：皇帝陵墓號。金世宗陵墓，在今北京市西南大房山。

［5］裕陵：皇帝陵墓號。世宗皇太子允恭先於其父而死，其子章宗即位，追尊允恭爲光孝皇帝，廟號顯宗，陵號裕陵，地點也在今北京市西南大房山。

［6］世宗御容：金世宗畫像。

［7］光泰門：城門名。爲金中都外城北面的一個城門。

［8］清夷門：城門名。爲金中都城門之一。

［9］南京：京城名。北宋的都城開封府，金朝爲南京，金宣宗貞祐年間遷都於此，治所在今河南省開封市。

［10］貞祐：金宣宗年號（1213—1216）。

［11］西華門：爲南京宫城西門。本書卷二五《地理志中》南京路："（内城）宫西門曰西華，與東華相直。"

内侍寄禄官，泰和二年設，初隸宫闈局，尋直隸宣徽院。所以陞用内侍局御直、内直有年勞者。

中常侍。正五品。

給事中。從五品。

内殿通直。正六品。先名内殿給使。

黄門郎。從六品。

内謁者。正七品。

内侍殿頭。從七品。

内侍高品。正八品。不限員。

内侍高班。從八品。

典衛司大定二十九年，世宗才人、寶林位各設。[1]泰和五年閏八月，以祟妃薨。[2]興定元年復設。[3]世宗妃、才人、寶林位各設防衛軍導從人。

令，正七品。

丞，從七品。

直長。見《士民須知》。

［1］才人寶林：皇帝妻妾名。才人，正員九人，正五品。寶林，正員九人，正六品。

［2］以祟妃薨：中華點校本本卷校勘記據上下文和本書卷一二《章宗紀四》的記載，於此句末補“罷”字。

［3］興定：金宣宗年號（1217—1221）。

孝靖宫章宗五妃位。[1]大安元年以有監同、無總領者，故設。

令，從八品。

丞，正九品。

端妃位同監。真妃徒單氏。

慧妃位同監。麗妃徒單氏。

貞妃位同監。柔妃唐括氏。

靚儀位同監。[2]昭儀夾谷氏。

才媛位同監。[3]修儀吾古論氏。

［1］章宗：廟號。本名麻達葛，漢名璟。金朝第六任皇帝，1190年至1208年在位。本書卷九至卷一二有紀。

［2］靚儀：即昭儀。金代皇帝九嬪之一。正二品。

［3］才媛：即修儀。金代皇帝九嬪之一。正二品。

懿安家貞祐三年，爲莊獻太子設。[1]

令，從八品。

丞，正九品。

[1]莊獻太子：名完顏守忠，金宣宗長子。紇石烈胡沙虎廢衛紹王允濟，時宣宗在外地，胡沙虎即迎守忠入居東宫，貞祐元年（1213）九月立爲皇太子。二年四月，宣宗遷都汴京，以守忠爲中京留守，七月，召至汴京。三年正月薨，謚號莊獻。

宫苑司

令，從六品。丞，從七品。掌宫庭修飭洒掃、啟閉門户、鋪設氈席之事。

直長，正八品一員。《泰和令》二員。

都監、同監二員。泰和元年設。[1]泰和四年罷同監。

[1]泰和元年設：據中華點校本本卷校勘記，本書卷一一《章宗紀三》泰和二年（1202）三月："甲寅，初置宫苑司都、同監各一人。"

尚醖署[1]

令，從六品。丞，從七品。掌進御酒醴。[2]

直長，正八品，二員。

[1]醖：釀酒。

[2]醴（lǐ）：甜酒。

典客署

令，從六品。

丞，從七品。

直長，後罷。書表十八人。

侍儀司舊名擎執局，大定元年改爲侍儀局，大定五年陞局爲司。

令，從六品。舊曰局使。掌侍奉朝儀，率捧案、擎執、奉輦各給其事。

直長，正七品。舊設局副，品從七。[1]

[1]品從七：當是“從七品”之誤。

右屬宣徽院。

秘書監。著作局、筆硯局、書畫局、司天臺隸焉。

監一員，從三品。

少監一員，正五品。

丞一員，正六品。

秘書郎二員，正七品。泰和元年定爲二員。

通掌經籍圖書。

校書郎一員，從七品，承安五年二員。泰和五年以翰林院官兼，大安二年省一員。專掌校勘在監文籍。

著作局

著作郎一員，從六品。著作佐郎一員，正七品。掌修日曆。皇統六年，著作局設著作郎、佐郎各二員，編修日曆，以學士院兼領之。[1]

[1]學士院：官署名。即翰林學士院。

筆硯局

直長二員，正八品，掌御用筆墨硯等事。泰和七年以女直應奉兼。舊名筆硯令史，大定三年改爲筆硯供奉，以避諱改爲承奉。[1]

[1]大定三年改爲筆硯供奉，以避諱改爲承奉：爲避世宗太子允恭嫌諱名，供是“恭”的同音字，所以改供奉爲“承奉”。

書畫局

直長一員，正八品，掌御用書畫紙劄。

都監，正九品，二員或一員。

司天臺

提點，正五品。監，從五品，掌天文曆數、風雲氣色，密以奏聞。

少監，從六品。

判官，從八品。

教授，舊設二員，正大初省一員。係籍學生七十六人，漢人五十人，女直二十六人，試補長行。

司天管勾，從九品。不限資考、員數，隨科十人設一員，以藝業尤精者充。[1]

長行人五十人。未授職事者，試補管勾。

天文科，女直、漢人各六人。

算曆科，八人。

三式科，四人。

測驗科，八人。

漏刻科，二十五人。

銅儀法物舊在法物庫，[2]貞元二年始付本臺。

［1］藝業：指專業知識和技術。

［2］銅儀法物：指銅製的天文儀器。

右屬秘書監。

國子監。國子學、太學隸焉。

祭酒，正四品。司業，正五品，掌學校。

丞二員，從六品，明昌二年增一員，兼提控女直學。

國子學

博士二員，[1]正七品，分掌教授生員、考藝業。太學同。明昌二年添女直一員，泰和四年減，大安二年並罷。

助教二員，正八品。女直、漢人各一員。教授四員，正八品。分掌教誨諸生。[2]明昌二年，小學各添二員，[3]承安五年一員不除。

國子校勘，從八品，掌校勘文字。

國子書寫官，從八品，掌書寫實録。

[1]博士：是國子學中的專職教員。

[2]諸生：指各級學校的官學生。

[3]小學：官辦學校的一種。本書卷五一《選舉志一》："凡養士之地曰國子監，始置於天德三年。後定制，詞賦、經義生百人，小學生百人，以宗室及外戚皇后大功以上諸功臣及三品以上官兄弟子孫年十五以上者入學，不及十五者入小學。"

太學

博士四員，正七品。大安二年減二員。

助教四員，正八品。明昌二年不除一員，大安二年減二員。

右屬國子監。

太府監。左右藏、支應所、太倉、酒坊、典給署、市買司隸焉。

監，正四品。

少監，從五品。

丞二員，從六品。

掌出納邦國財用錢穀之事。

左藏庫

使，從六品。副使，從七品。興定三年增一員。掌金銀珠玉、寶貨錢幣。本把四人。

右藏庫

使，從六品。副使，從七品。興定三年添一員。掌錦帛絲棉毛褐、諸道常課諸色雜物。[1]本把四人。

[1]諸道常課：各地方路府州縣的通常貢賦。

支應所又作支承所。

都監二員，正九品，掌宮中出入、御前支賜金銀幣帛。大安三年省。

太倉

使，從六品，掌九穀廩藏、出納之事。預除人。

副使，從七品。

酒坊部除。[1]

使，從八品。副使，正九品。掌醖造御酒及支用諸色酒醴。

[1]部除：由吏部任命官吏。

典給署，本鈞盾署，明昌三年更。

令，從六品，舊曰鈞盾使。丞，從七品，舊曰鈞盾副使。掌宮中所用薪炭冰燭、并管官户。

直長一員，正八品。

市買司，天德二年更爲市買局。

使，從八品。副使，正九品。掌收買宮中所用果實生料諸物。

右屬太府監。

少府監。尚方、織染、文思、裁造、文繡等署隸焉。泰和四年，選能幹官兼儀鸞局近上官。監，正四品。

少監，從五品。

丞二員，從六品。大定十一年省，二十一年復置。

掌邦國百工營造之事。[1]

［1］掌邦國百工營造之事：從出土的金代官印款識看，海陵王時期的官印皆由少府監鑄造。

尚方署

令，從六品。丞，從七品。掌造金銀器物、亭帳、車輿、床榻、簾席、鞍轡、傘扇及裝釘之事。大定二十年，令不專除人，令人兼。

直長，正八品。

圖畫署明昌七年，省入祗應司。

令，從六品。丞，從七品。掌圖畫縷金匠。

直長，正八品。明昌三年罷。

裁造署

令，從六品。丞，從七品。掌造龍鳳車具、亭帳、鋪陳諸物，宮中隨位床榻、屏風、簾額、條結等，及陵廟諸物并省臺部内所用物。[1]《泰和令》有畫繪之事。

直長，從八品。明昌三年省。裁造匠六人，針工婦人三十七人。

[1] 省臺部：指尚書省、御史臺及尚書省所屬各部。

文繡署

令，從六品。丞，從七品。掌繡造御用并妃嬪等服飾、及燭籠照道花卉。貞祐二年，止設官一員。

直長，正八品。繡工一人，都繡頭一人，副繡頭四人，女四百九十六人，内上等七十人，次等凡四各二十六人。[1]

[1] 次等凡四各二十六人：中華點校本據文義改“各”爲“百”。

織染署

令，從六品。丞，從七品。直長，正八品。掌織紝、[1]色染諸供御及宫中錦綺幣帛紗穀。

[1] 織紝（rèn）：絲織品織作。“紝”亦作“絍”。

文思署明昌七年，省入祗應司。

令，從六品。丞，從七品。掌造内外局分印合、傘浮圖金銀等尚輦儀鸞局車具亭帳之物并三國生日等禮物，[1]織染文繡兩署金線。

直長，正八品。明昌三年省去。

[1] 三國：指南宋、西夏和高麗三個政權。

右屬少府監。

軍器監。承安二年設，泰和四年罷，復并甲坊、利器兩署爲軍器署，置令、丞、直長，直隸兵部。至寧元年復爲軍器監，[1] 軍器庫、利器署隸焉。舊轄甲坊，利器兩署。

監，從五品。少監，從六品。丞，從七品。掌修治邦國戎器之事。[2]

直長，正八品。《泰和令》無，《總格》有。

[1] 至寧：金衛紹王年號（1213）。

[2] 戎器：指兵器。

軍器庫，至寧元年隸大興府，貞祐三年來屬。[1] 使，正八品。副使，正九品。省擬，不奏。掌收支河南一路并在京所造常課横添和買軍器。[2] 大定五年設。

[1] 軍器庫，至寧元年隸大興府，貞祐三年來屬：此處所記乃宣宗南遷以後之制。本書卷五七《百官志三》記，南遷之前，各京府和地方諸州均置有軍器庫，屬地方官。衛紹王至寧元年（1213），統一隸屬大興府。

[2] 河南一路：即指南京路，治所在今河南省開封市。

甲坊署，泰和四年廢，舊置令、丞、直長。

利器署，本都作院，興定二年更今名，同隨朝來屬。

令，從六品。

丞，從七品。掌修弓弩刀槊之屬。

直長，正八品。

右屬軍器監。

都水監：街道司隸焉。分治監，專規措黃、沁河，[1]衛州置司。[2]

監，正四品，掌川澤、津梁、舟楫、河渠之事。興定五年兼管勾沿河漕運事，[3]作從五品，少監正六品以下皆同兼漕事。

少監，從五品。明昌二年增一員，衛州分治。

丞二員，正七品，内一員外監分治。貞元元年置。

掾，[4]正八品，掌與丞同，外監分治。大定二十七年添一員，明昌五年併罷之，六年復置二員。

勾當官四員，准備分治監差委。明昌五年以罷掾設二員，興定五年設四員。

[1]沁河：河名。黃河的一條支流，在今山西省南部。

[2]衛州：治所在今河南省衛輝市。

[3]漕運：水路運輸。

[4]掾（yuán）：官名。古代屬官的通稱。

街道司

管勾，正九品，掌洒掃街道、修治溝渠。舊南京街道司，隸都水外監，貞元二年罷歸京城所。

都巡河官，從七品，掌巡視河道、修完堤堰、栽植榆柳、凡河防之事。分治監巡河官同此。其瀘溝、崇福上下埽都巡河兼石橋使，[1]通濟河節巡官兼建春宫地分河道。[2]諸部巡河官，掌提控諸埽巡河官、明昌五年設，以合得縣令人年六十者選充。大定二年設滹沱河巡河官二員。[3]散巡河官。於諸局及丞簿廉舉人，并見勾當人六十以下者充。

[1]瀘溝、崇福上下埽（sào）都巡河兼石橋使：瀘溝，河名。今北京市西南瀘溝河。埽，原意是護河的工事，這裏指護河的官署機構。崇福上下埽，兩護河官署，均設在金中都之南。石橋，指今北京市西南瀘溝橋。

[2]通濟河：亦稱通濟渠，隋煬帝時所修大運河的一段。通濟渠又分東西兩段，西段起自洛陽，西引谷水、洛水東循陽渠故道由洛水入黄河。東段起自河南滎陽北，引黄河水東行汴河故道，至今開封市折向南，注入淮河。　建春宫：在金中都大興縣境内。

[3]大定二年設滹沱河巡河官二員：據中華點校本本卷校勘記，本書卷二七《河渠志》："大定十年二月，滹沱河創設巡河官二員。"此處所記"二年"疑誤。滹沱河，今海河上游的一條支流，流經今河北省正定縣南。

黄汴都巡河官，下六處河陰、雄武、滎澤、原武、陽武、延津各設散巡河官一員。[1]

黄沁都巡河官，下四處懷州、孟津、孟州、城北各設黄沁散巡河官各一員。[2]

衛南都巡河官，下四處新鄉、崇福上、崇福下、衛南、淇上，[3]散巡河官各一員。

滑、濬都巡河官，[4]下四處武城、白馬、書城、教城散巡河官各一員。[5]

曹甸都巡河官，下四處東明、西佳、孟華、陵城散巡河官各一員。[6]

曹濟都巡河官，下四處定陶、濟北、寒山、金山散巡河官各一員。[7]凡二十五埽，埽兵萬二千人。

[1]下六處河陰、雄武、滎澤、原武、陽武、延津各設散巡河官一員：據中華點校本本卷校勘記，本書卷二七《河渠志》："雄武、滎澤、原武、陽武、延津五埽則兼汴河事，設黄沁都巡河官一員於河陰以莅之。"疑"下六處"當作"下五處"，"河陰"衍。所記六處皆縣名。河陰、滎澤兩縣治所均在今河南省鄭州市西北。雄武縣，治所不詳。原武縣，治所在今河南省原陽縣西南。陽武縣，治所在今河南省原陽縣。延津縣，治所在今河南省延津縣西北。

[2]懷州：治所在今河南省沁陽市。　孟津：縣名。治所在今河南省偃師市北的黄河南岸。　孟州：治所在今河南省孟縣。城北，不知所指，待考。

[3]下四處新鄉、崇福上、崇福下、衛南、淇上：中華點校本據本書卷二七《河渠志》的記載，删"新鄉"二字。新鄉，縣名，治所在今河南省新鄉市。

[4]滑：州名。治所在今河南省滑縣。　濬："浚"的異體字。州名。治所在今河南省浚縣。

[5]武城：鎮名。治所在今河南省滑縣境内。　白馬：縣名。治所在今河南省滑縣。　書城、教城：不詳，待考。

[6]東明：縣名。治所在今山東省東明縣南。　西佳、孟華、陵城：鎮名，地點在山東省安丘縣西，汶水南岸。陵城，中華點校本據本書卷二七《河渠志》的記載，改爲"淩城"。

[7]定陶：縣名。治所在今山東省定陶縣。　寒山、金山：不詳，待考。

諸埽物料場官，掌受給本場物料。分治監物料場官同此。惟崇福上、下埽物料場官與當界官通管收支。

南京延津渡河橋官，[1]兼譏察事。

管勾一員，同管勾一員，掌橋船渡口譏察濟渡、給受本橋諸物等事，内譏察事隸留守司。餘浮橋官同此。右屬都水監。皇統三年四月，懷州置黄沁河堤大管勾司，未詳何年罷。正大二年，外監東置歸德，[2]西置于河陰。

[1]延津渡：黄河渡口名。在今河南省延津縣西北。

[2]外監東置歸德：中華點校本據文義，於"置"字下補"於"字。歸德，府名，治所在今河南省商丘市南。

諫院

左諫議大夫、右諫議大夫，皆正四品。

左司諫、右司諫，皆從五品。

左補闕、右補闕正七品。

左拾遺、右拾遺正七品。

大理寺。天德二年置。[1] 自少卿至評事，漢人通設六員，女直、契丹各四員。

［1］大理寺。天德二年置：此説有誤。本書卷六〇《交聘表》："天會二年十二月，勃堇高居慶、大理卿丘忠爲賀宋正旦使。"卷八三《張浩傳》："官制行，以中大夫爲大理卿。"時在天眷初。知金朝建國之初即設大理寺，天眷官制仍沿而不改（參見王慶生《〈金史〉點校拾遺》，《古籍整理出版情況簡報》2006 年 11 月 17 日）。

卿，正四品。少卿，從五品。正，正六品。丞，從六品。掌審斷天下奏案、詳讞疑獄。[1]

司直四員，正七品，掌參議疑獄、披詳法狀。舊有契丹司直一員，明昌二年罷。

評事三員，正八品，掌同司直。明昌二年省契丹評事一員，大安二年省漢人一員。

知法十一員，從八品，女直司五員，漢人司六員。掌檢斷刑名事。

明法二員，從八品，興定二年置，同流外，[2] 四年罷之。

［1］詳讞（yàn）疑獄：詳細審定疑難案件。

［2］流外：自曹魏以後，古代社會職官分爲九品，各有上下，共十八級，稱"流内官"。不入品級的低級官吏稱"流外官"。

弘文院

知院，從五品。同知弘文院事，從六品。校理，正八品。掌校譯經史。

登聞鼓院

知登聞鼓院，從五品。同知登聞鼓院事，正六品。掌奏進告御史臺、登聞檢院理斷不當事，[1]承安二年以諫官兼。

知法二員，從八品。女直、漢人各一員。

[1]御史臺：官署名。爲古代國家中央最高監察機關，掌糾察朝儀，彈劾官邪，勘鞫官府公事，凡内外刑獄所屬理斷不當，有陳述者付臺治之。

登聞檢院[1]

知登聞檢院，從五品。同知登聞檢院，正六品。掌奏御進告尚書省、御史臺理斷不當事。

知法，從八品。女直、漢人各一員。

記注院。修起居注，掌記言、動。明昌元年，詔毋令諫官兼或以左右衛將軍兼。貞祐三年，以左右司首領官兼，爲定制。

[1]登聞檢院：二十世紀八十年代，在黑龍江省五常市一遼金古城中出土一方“登聞檢院之印”，銅質，印側陰刻楷書“正隆元年□月□日”，印背左右兩側分别刻“登聞檢院之印”和“尚書省監鑄”（參見張曉梅《登聞檢院之印與金初監察制度》，《薊門集——北京建都850年論文集》）。

集賢院。貞祐五年設。

知集賢院，從四品。正大元年，受馬璘額外兼吏部郎中。[1]

同知集賢院，從五品。

司議官，正八品。不限員。

諮議官，正九品。不限員。

[1]受馬璘額外兼吏部郎中：受，中華點校本據殿本改爲“授”字。馬璘，生平不詳。吏部郎中，吏部屬官，正員二人，從五品。

益政院。正大三年置於內庭，以學問該博、議論宏遠者數人兼之。日以二人上直，[1]備顧問，講《尚書》《通鑑》《貞觀政要》。[2]名則經筵，實內相也。末帝出，[3]遂罷。

[1]上直：值班任事。

[2]《尚書》《通鑑》《貞觀政要》：書名。《尚書》亦簡稱爲《書》，或稱《書經》，儒家經典之一，傳爲孔子選編而成。《通鑑》，即《資治通鑒》，北宋史學家司馬光主編的一部編年體通史巨著。《貞觀政要》，唐吴兢撰，内容主要是記録唐太宗貞觀年間君臣的問答、大臣的奏章等。

[3]末帝：指金朝末代皇帝完顔守緒。本書卷一八《哀宗紀下》記，蔡州城陷之前，哀宗傳帝位於承麟而自縊殉國。“末帝退保子城”，“末帝爲亂兵所害”，則是指承麟。

武衛軍都指揮使司隸尚書兵部。[1]

都指揮使，從三品。大定二十九年，以武衛軍六十人，兵馬一員、副都二員其職低，故設使，品正四，承安三年陞。

副都指揮使二員，從四品。

副都一員，從四品。初正五品，承安三年陞。

判官一員。承安三年設。

掌防衛都城、警捕盜賊。

［1］武衛軍：軍名。本書卷四四《兵志》："京城防城軍，世宗大定十七年三月改爲武衛軍，則掌京師巡捕者也。"

鈐轄司

鈐轄十員，正六品。初設二員。都鈐轄四員，從七品。興定三年權設，巡把兩宅。

都將二十員，從九品。大定十六年立名。

掌管轄軍人、防衛警捕之事。承安元年設萬人，内軍八千九百四十九人，忠衛二百人，[1]隊正四百人。

［1］忠衛二百人：忠衛，本書卷五二《選舉志二》作"中尉"。

右屬武衛軍都指揮使司。

衛尉司大安元年，擬隆慶宫人數定之。[1]

中衛尉，從三品，掌總中宫事務。

副尉，從四品。

左常侍，從五品。掌周護導從儀仗之事。

右常侍，從五品。

常侍官：護衛三十人，同東宮。奉引八十人，同控鶴。傘子四人，同控鶴。執旗二人。同儀鸞。

[1]大安元年，擬隆慶宮人數定之：隆慶宮，章宗生母孝懿皇后徒單氏所居宮殿。據中華點校本本卷校勘記，本書卷九《章宗紀一》記大定二十九年（1189）正月，“名皇太后宮曰仁壽，設衛尉等官”。二月，“更仁壽宮曰隆慶”；卷十《章宗紀二》明昌五年二月，“尚書省奏，禮員言孝懿皇后詳除已久，宜易隆慶宮爲東宮，從之”。是大安時久已無隆慶宮之稱，此處系追述章宗時舊制。

給事局

使，正七品。

副使，正八品。

内謁者兼司寶二員，從六品。内直充。

奉閤一十人。同東宮入殿小底。[1]

閤直二十人。同宮闈局内直。

[1] 東宮入殿小底：皇太子東宮低級屬吏。

掖庭局

令，正九品，内直充。掌皇后宮事務。

丞，從九品。内直充。

宮令。宮苑司、儀鸞局兼。

食官。尚食局兼。

飲官。尚醞署兼。

醫官。尚藥局、太醫院兼。

主藏。内藏、典給署兼。

主廩。太倉兼。

右屬衛尉司。

榷貨務在京諸税係中運司，見錢皆榷於本務收。

使，從六品。副使，從七品。掌發賣給隨路香茶鹽鈔引。

交鈔庫[1]

使，舊正八品，後陞從七品，貞祐復。掌諸路交鈔及檢勘錢鈔、换易收支之事。

副使，從八品，掌書押印合同。

判官，正九品。貞祐二年作從九品。

都監，二員。見《泰和令》。

[1]交鈔庫：交鈔，金朝紙幣的概稱。海陵王於貞元二年(1154）五月，依宋鈔引法印造紙幣，成爲金朝通用貨幣（詳見本書卷四八《食貨志三》）。1994 年，在黑龍江省阿城市阿什河鄉出土一方金代銅印，印文爲九疊篆漢文“上京印造交鈔庫之印”，印背陰刻楷書漢字“行部造，上京路印造交鈔庫之印”，印側刻“貞祐二年五月□日”（參見伊葆力《金代官印考證》，《哈爾濱學院學報》2003 年第 1 期）。

印造鈔引庫大安二年兼抄紙坊。

使，從八品。副，正九品。判，正九品。掌監視印造勘覆諸路交鈔、鹽引，[1]兼提控抄造鈔引紙。承安四年，罷四小庫，併罷庫判四員。至寧元年設二員。貞祐二年作從九品。

[1]鹽引：販賣食鹽的憑證。金代實行食鹽專賣政策，販賣食鹽必須由政府管理部門頒發的“鈔引”。本書卷四九《食貨志四》，“鈔，合鹽司部簿之符。引，會司縣批繳之數”。

抄紙坊大安二年以印造鈔引庫兼。貞祐二年復置，仍設小都監二員。

使，從八品。貞祐二年同隨朝。

副使，正九品。

判，從九品。

交鈔庫物料場至寧元年置。

場官，舊正八品，後作正九品。掌收支交鈔物料。

隨處交鈔庫抄紙坊

使，從八品。貞祐二年，設於上京、西京、北京、東平、大名、益都、咸平、真定、河間、平陽、太原、京兆、平涼、廣寧等府，[1]瑞、蔚、平、清、通、順、薊等州，[2]貞祐三年罷之。

[1]西京：京城名。治所在今山西省大同市。　東平：府、路名。治所在今山東省東平縣。　益都：府、路名。治所在今山東省青州市。　真定：府、路名。治所在今河北省正定縣。　平陽：府、路名。治所在今山西省臨汾市。　太原：府、路名。治所在今山西省太原市。　平涼：府、路名。治所在今甘肅省平涼市。

[2]瑞：州名。遼時來州，金海陵王天德三年（1151）改爲宗州，金章宗泰和六年（1206）避世宗父宗輔名諱，改稱瑞州，治所

在今遼寧省綏中縣前衛城。　蔚：州名。治所在今河北省蔚縣。　平：州名。治所在今河北省盧龍縣。　清：州名。治所在今河北省青縣。　通：州名。治所在今北京市通州區。　順：州名。治所在今北京市順義區。　薊：州名。治所在今天津市薊縣。

平准務元光二年五月設，十月罷。使，從六品。

副使，從七品。

勾當官六員。

右自榷貨務以下，皆屬尚書户部。

惠民司

令，從六品，掌修合發賣湯藥。舊又設丞一員。大定三年，有司言，惠民歲入息錢不償官吏俸，上曰：設此本欲濟民，官非人，怠於監視藥物，財費何足計哉，可減員而已。

直長，正八品。

都監，正九品。

右屬尚書禮部。

四方館

使，正五品。副使，從六品，掌提控諸路驛舍驛馬并陳設器皿等事。

法物庫元兼管大樂，貞元二年改付太常寺。[1]

使，從六品。副使，從七品。掌鹵簿儀仗軍輅法服等事。

直長，正八品。泰和三年省。

［1］太常寺：官署名。主管禮、郊廟、社稷、祠祀之事。

承發司

管勾，從七品。同管勾，從八品。掌受發省部及外路文字。

右屬尚書兵部。

萬寧宮提舉司舊太寧宮，更名壽安宮，又更今名。

提舉，從六品。同提舉，從七品。掌守護宮城殿位。本把十五人。

慶寧宮提舉司[1]

提舉，正七品，兼龍門縣令。[2]

同提舉，正八品，兼儀鸞監。

右屬尚書刑部。

［1］慶寧宮：宮殿名。本書卷二四《地理志上》記德興府龍門縣："有慶寧宮，行宮也，泰和五年以提舉兼龍門令。"

［2］龍門縣：治所在今河北省赤城縣西南。

修内司大定七年設。

使，從五品。副使，從六品。掌宮中營造事。兵匠一千六十五人，兵夫二千人，仍命少府監長官提控。

直長二員，正八品。部役官四員，正八品。掌監督工役。

受給官二員，正八品，掌支納諸物。

都城所

提舉，從六品。同提舉，從七品。掌修完廟社及城隍門鑰、百司公廨、係官舍屋并栽植樹木工役等事。

左右廂官各二員，正八品，掌監督工役。

受給官二員，正八品，掌支納諸物及埏埴等事。[1]

[1] 埏（shān）埴（zhí）：以陶土放在模型中製成陶器。

祗應司

提點，從五品。令，從六品。丞，從七品。掌給宮中諸色工作。

直長，正八品。

收支庫都監、同監。泰和元年置。

甄官署

令，從六品。丞，從七品。直長，正八品。掌劖石及埏埴之事。[1]

[1] 劖（chán）石：鑿石頭。

上林署

提點，從五品。泰和八年刱，大安二年省。

令，從六品。掌諸苑園池沼、種植花木果蔬及承奉行幸舟船事。

丞，從七品。大定七年，增一員，分司南京，以勾判兼之。大安三年復省一員。

直長二員，正八品。

花木局都監、同監。舊設接手官四人，泰和元年罷，復以諸司人内置都監、同監二員。貞祐三年罷都、同監以同樂園管勾兼。

熙春園都監、同監三員。泰和四年置，貞祐三年省。

同樂園管勾二員，每年額辦課程，隸南運司。[1]宣宗南遷，罷課，[2]改爲隨朝職，正八品。

右皆屬尚書工部。

[1]南運司：官署名。即南京路轉運司，金朝南遷後改爲都轉運司。主管賦税錢穀，倉庫出納，權衡度量之制。

[2]課：國家規定數額徵收賦税。有時專指賦税，如“國課”。

京東、西、南三路檢察司興定四年置。

使，從六品。副使，正七品。掌檢察支散軍粮，驗軍户實給，均軍户差役，勸農種，毋犯私殺馬牛、私鹽酒麯。

南京豐衍東西庫隸運司，貞祐二年同隨朝。

使，正八品。

副使，從八品。

判二員，正九品。

監支、納各一員，正八品。

提舉南京榷貨司貞祐四年置。

提舉，從五品。

同提舉，從六品。

勾當官三員，正九品。

提舉倉場司貞祐五年置，先吏部辟舉，後省擬。

使，從五品。副使，從六品。掌出納公平及毋致虧敗。

監支納官，八品，十六員。以年六十以下廉幹人充，女直、漢人各一。廣盈倉、豐盈倉、永豐倉、廣儲倉、富國倉、廣衍倉、三登倉、常盈倉、西一場、西二場、西三場、東一場、東二場、南一場、北一場、北二場。[1] 通濟倉與在京倉，置監支納使副各一員。 豐備倉、豐贍倉、廣濟倉、潼關倉，興定五年刱置潼關倉監支納一員，兼樞密院彈壓。[2] 陳州倉四員。[3]洧川倉二員。[4]

[1]廣盈倉、豐盈倉、永豐、廣儲倉、富國倉、廣衍倉、三登倉、常盈倉：皆常平倉名。常平倉是政府在各地所設的官倉，儲存糧食以備荒年和戰爭之用。本書卷五〇《食貨志五》記，章宗明昌年間，全國共設常平倉五百一十九處，積粟三千七百八十六萬石，可供官軍五年軍糧。米八百一十萬石，可供四年之用。中華點校本據殿本於“永豐”下補“倉”字，今從。

[2] 樞密院彈壓：官名。金末樞密院署官。

[3] 陳州倉：在陳州所設的長平倉。陳州治所在今河南省淮陽縣。

[4]洧（wěi）川倉：在洧川縣所設的長平倉，名惠民倉，金貞祐二年（1214）置。洧川縣治所在今河南省尉氏縣西南宋樓鎮。

八作左右院

設官同上，掌收軍須、軍器。

軍須庫至寧二年置。

使，從八品。

副，從九品。

典牧司貞祐年置。

使，正七品。

副，從八品。

判官，正九品。

圉牧司興定二年置。

使，正七品。

副，正八品。

判官，正九品。

提舉圉牧所泰和二年置，隸各路統軍司。[1]河南東路、河南西路、陝西路皆設提舉、同提舉，[2]山東路止設提舉。[3]

[1]統軍司：軍政官署名。金在河南、山西、陝西、山東共設四統軍司，主管督領軍馬、震攝封陲、分管宫衛、視察奸僞。

[2]河南東路、河南西路：是金朝南遷後臨時設置的路名。河南東路即南京路，治所在今河南省開封市。河南西路治所在今河南省洛陽市。

[3]山東路：此指山東東路。

金史　卷五七

志第三十八

百官三

內命婦　宮人女職　東宮官屬　親王府　太后兩宮官屬　大興府　諸京留守司　諸京城宮苑提舉都監等職　按察司　諸路總管府　諸節鎮防禦刺史縣鎮等職　諸轉運泉穀等職　諸府鎮兵馬等職　諸猛安部族及群牧等職

內命婦品

元妃、貴妃、淑妃、德妃、賢妃，正一品。

昭儀、昭容、昭媛、脩儀、脩容、脩媛、充儀、充容、充媛曰九嬪，正二品。

婕妤，正三品。美人，正四品。才人，正五品。各九員，曰二十七世婦。

寶林，正六品。御女，正七品。采女，正八品。各二十七員，曰八十一御妻。

按金格，[1]貞祐後之制，[2]貴妃下有真妃，淑妃下有麗妃、柔妃，而無德妃、賢妃。[3]九嬪同。婕妤下有麗人、才人爲正三品，順儀、淑華、淑儀爲正四品，尚宫夫人、尚宫左夫人、尚宫右夫人、宫正夫人、寶華夫人、尚儀夫人、尚服夫人、尚寢夫人、欽聖夫人、資明夫人爲正五品，尚儀御侍、尚服御侍、尚寢御侍、尚正御侍、寶符宸侍、奉恩令人、奉光令人、奉徽令人、奉美令人爲正六品，司正御侍、寶符御侍、司儀御侍、司符御侍、司寢御侍、司飾御侍、司設御侍、司衣御侍、司膳御侍、司藥御侍、仙韶使、光訓良侍、明訓良侍、遵訓良侍、從訓良侍爲正七品，典儀御侍、典膳御侍、典寢御侍、典飾御侍、典設御侍、典衣御侍、典藥御侍、仙韶副使、承和良侍、承惠良侍、承宜良侍爲正八品，掌儀御侍、掌服御侍、掌寢御侍、掌飾御侍、掌設御侍、掌衣御侍、掌膳御侍、掌藥御侍、仙韶掌音、袛肅良侍、袛敬良侍、袛順良侍爲正九品。

[1]金格：金官制的法律條文規定。

[2]貞祐：金宣宗年號（1213—1216）。

[3]貴妃下有真妃，淑妃下有麗妃、柔妃，而無德妃、賢妃：按本志所記，皇妃衹有五位。而本書卷六三《后妃傳上》記，海陵王時“後宫浸多，元妃、姝妃、惠妃、貴妃、賢妃、宸妃、麗妃、淑妃、德妃、昭妃、温妃、柔妃凡十二位”。

宫人女官職員品秩，皆同唐制。

尚宫二人，掌導引皇后，管司記、司言、司簿、司闈，仍總知五尚湏物出納等事。

司記二人、典記二人、掌記二人，掌在内諸文書出入目録，爲記審訖付行縣印等事。女史六人，掌職文簿。

司言二人、典言二人、掌言二人、女史四人，掌宣傳啟奏之事。

司簿二人、典簿二人、掌簿二人、女史六人，掌宫人名簿廩賜之事。

司闈六人、典闈六人、掌闈六人、女史四人，掌宫闈管鑰之事。

尚儀二人，掌禮儀起居，管司籍、司樂、司賓、司贊事。

司籍二人、典籍二人、掌籍二人、女史十人，掌經籍教學紙筆几案之事。

司樂四人、典樂四人、掌樂四人、女史二人，掌音樂之事。

司賓二人、典賓二人、掌賓二人、女史二人，掌賓客參見、朝會引導之事。

司贊二人、典贊二人、掌贊二人、女史二人、彤史二人，掌禮儀班序、設板贊拜之事。

尚服二人，掌司寶、司衣、司飾、司仗之事。[1]

司寶二人、典寶二人、掌寶二人、女史四人，掌珍寶符契圖籍之事。

司衣二人、典衣二人、掌衣二人、女史四人，掌御衣服首飾之事。

司飾二人、典飾二人、掌飾二人、女史二人，掌膏沐巾櫛服玩之事。

司仗二人、典仗二人、掌仗二人、女史二人，掌仗衛兵器之事。

尚食二人，掌知御膳、進食先嘗，司膳、司醖、司藥、司饎事。[2]

司膳四人、典膳四人、掌膳四人、女史四人，掌膳羞器皿。

司醞二人、典醞二人、掌醞二人、女史二人，掌酒醴。

司藥二人、典藥二人、掌藥二人、女史二人，掌醫藥。

司饎二人、典饎二人、掌饎二人、女史二人，掌宫人食并柴炭之事。

尚寢二人，[3]管司設、司輿、司苑、司燈事。

司設二人、典設二人、掌設二人、女史二人，掌帷帳、床褥、枕席、洒掃、鋪設。

司輿二人、典輿二人、掌輿二人、女史二人，掌輿繖扇羽儀。

司苑二人、典苑二人、掌苑二人、女史二人，掌苑囿種植蔬果。

司燈二人、典燈二人、掌燈二人、女史二人，掌燈油火燭。

尚功二人，掌女功，管司製、司珍、司綵、司計。[4]

司製二人、典製二人、掌製二人、女史二人，掌裁縫衣服纂組之事。

司珍二人、典珍二人、掌珍二人、女史二人，掌金珠玉寶財貨之事。

司綵二人、典綵二人、掌綵二人、女史二人，掌錦文綵絲帛之事。

司計二人、典計二人、掌計二人、女史二人，掌支度衣服飲食柴炭雜物之事。

宫正二人，掌總知宫内格式、糾正推罰之事。司正二人，同掌。典正二人，糾察違失。

女史四人。

［1］掌司寶、司衣、司飾、司仗之事：中華點校本據文例於“掌”字下補“管”字。

［2］司膳、司醞、司藥、司饎事：中華點校本據文例於“司膳”前補“管”字。醞，釀酒，亦指酒。司醞即宫中負責釀酒宫女。饎，熟食，或做飯之意。司膳、司饎就是宫中爲皇帝做飯的宫女。

［3］尚寢二人：據中華點校本本卷校勘記按此下當有脱文，叙所掌某事。

［4］管司製、司珍、司綵、司計：中華點校本據文例於“司計”下補“事”字。

皇后位下女職依隆慶宫所設人數，[1] 大安元年定。[2]

司閨一員，八品，掌宫内諸事并給散宫人俸給食料。

秉儀一員，八品。丞儀一員，九品。掌左右給事、宣傳啟奏、經籍紙筆之事。

直閤一員，司陳一員，九品，掌帳幕床褥輿繖、洒掃鋪陳、薪炭燈燭之事。

秉衣一員，奉衣一員，九品，掌首飾衣服器玩諸寶財貨、裁製縑綵之事。[3]

掌饌一員，八品。奉饌一員，九品。掌飲食湯藥酒醴蔬果之事。

[1]隆慶宫：宫殿名。章宗生母孝懿皇后所居的宫殿，在金中都城内。原名仁壽宫，大定二十九年（1189）改名隆慶宫，章宗明昌五年（1194）又改稱東宫。

[2]大安：金衛紹王年號（1209—1211）。

[3]縑（jiān）綵（cǎi）：縑，雙絲織成的細絹。綵，彩色絲織品。這裏泛指絲織品。

東宫官

宫師府

太子太師、太子太傅、太子太保，正二品。

太子少師、太子少傅、太子少保，正三品。

掌保護東宫，導以德義。海陵天德四年，[1]始定制宫師府三師、三少，詹事院詹事、三寺、十率府皆隸焉。左右諭德，爲東宫僚屬。

[1]海陵：封號。即完顏迪古迺，漢名亮。金朝第四任皇帝，1149年至1160年在位。世宗即位，先降封完顏亮爲海陵郡王，後又降封爲海陵庶人。本書卷五有紀。　天德：海陵王年號（1149—1152）。

詹事院太子詹事，從三品。少詹事，從四品。掌總統東宫内外庶務。

左右衛率府，[1]從五品，掌周衛導從儀仗。

左右監門，正六品，掌門衛禁鑰。

僕正，正六品。副僕，正七品。僕丞，正九品。掌車馬廄牧弓箭鞍轡器物等事。[2]

掌寶二人，從六品，掌奉寶，謹其出入。

典儀，從六品。贊儀，從七品。司贊禮儀。

侍正，正七品。侍丞，正八品。掌冠帶衣服、左右給使之事。

典食令，正八品。丞，正九品。承奉膳羞。

侍藥，正八品。奉藥，正九品。承奉醫藥。

掌飲令，正八品。丞，正九品。承奉賜茶及酒果之事。

家令，正八品。家丞，正九品。掌營繕栽植鋪設及燈燭之事。

司經，正八品。副，正九品。掌經史圖籍筆硯等事。

司藏，從八品。副，從九品。掌庫藏財貨出入之事。

司倉，從八品。副，從九品。掌倉廩出納薪炭等事。

中侍局都監，正九品。同監，從九品。掌東閤內之禁令、省察宮人廩賜給納諸物、轄侍人等。

左諭德、右諭德，正五品。左贊善、右贊善，正六品。掌贊諭道德、侍從文章。

內直郎，正七品。

右屬宮師府。[3]

[1]左右衛率府：中華點校本據本書卷七《世宗紀中》與卷六七《温敦蒲剌傳》的相關記載，於“率府”下補“率”字。

[2]厩牧：馬匹放牧飼養之事。　轡（pèi）：駕馭牲畜的韁繩。

[3]右屬官師府：本書卷五六《百官志二》給事局記“奉閣十一人，同東宫入殿小底”。東宫入殿小底應是太子東宫屬吏，當附於此。本書卷五三《選舉志三》記有“東宫筆硯”，亦應爲東宫屬吏。

親王府屬官

傅，正四品，掌師範輔導、參議可否，若親王在外，亦兼本京節鎮同知。

府尉，從四品。本府長史，從五品，明昌三年改，[1]掌警嚴侍從、兼總統本府之事。

司馬，從六品，同檢校門禁、總統府事。

文學二人，從七品，掌贊道禮義、資廣學問。[2]

記室參軍，正八品，掌表箋書啟之事。大定七年八月始置。[3]二十年，不專除，令文學兼之。[4]

[1]明昌：金章宗年號（1190—1196）。

[2]掌贊道禮義、資廣學問：中華點校本據殿本改“道”字爲“導”。

[3]大定：金世宗年號（1161—1189），章宗即位又延用一年。

[4]令文學兼之：本書卷五二《選舉志二》有“王府祗候郎君”，應是諸親王府屬吏，當附於此。

諸駙馬都尉，[1]正四品。

[1]諸駙馬都尉：《大金集禮》卷九記："皇姑封大長公主，皇姊妹封長公主，皇女封公主，皆視正一品。"又記"自魏晋以來尚主皆拜駙馬都尉，從五品，新制係正四品。"而娶郡主（皇太子之女）和縣主（王之女）者不得稱駙馬都尉。唯金代皇帝同胞兄弟之女得封公主，其夫婿亦被封爲駙馬都尉。

提舉衛紹王家屬

提舉，從六品。同提舉，從七品。舊爲東海郡侯邑令、丞。[1]

[1]東海郡侯：封爵名。郡侯封號。三品。衛紹王被逆臣紇石烈執中殺害，宣宗即位，執中堅持要廢衛紹王爲庶人，宣宗不得已，於當年九月降封衛紹王爲東海郡侯。

提舉鎬厲王家屬[1]

提舉。同提舉。以上二宅，天興元年始聽自便。[2]

[1]鎬厲王：指鎬王永中。永中是世宗庶長子，章宗即位，進封鎬王。明昌四年（1193），永中以謀反罪名被章宗冤殺。泰和七年（1207）復其王爵，賜謚號"厲"，所以稱"鎬厲王"（詳見本書卷八五《永中傳》）。

[2]天興：金哀宗年號（1232—1234）。

提控鞏國公家屬[1]

提控。同提控。

[1]鞏國公：封爵名。金國公封號，從一品。此鞏國公指衛紹

王之子按辰（亦作按陳）。本書卷一四《宣宗紀上》記貞祐三年九月："命司屬令和尚等護治鞏國公按辰第。上謂宰臣曰：'按辰所爲不慎，或至犯法。舍之則理所不容，治之則失親親之道，但當設官以防之耳'。按辰尋以不法，謫博州防禦使。"本書卷九三有傳。

太后兩宮官屬正大元年置。[1]

衛尉，從三品。副衛尉，從四品。

左典禁、右典禁，從五品。

奉令，正七品。奉丞，正八品。

太僕，正六品。副僕，正七品。

門衛二員，正六品。

典寶二員，正六品。

謁者二員，從六品。

閤正，從七品。閤丞，正八品。

食官令，正八品。食官丞，正九品。

宮令，正八品。宮丞，正九品。

醫令，正八品。醫丞，正九品。

飲官令，正八品。飲官丞，正九品。

主藏，從八品。副主藏。

主廩，從八品。副主廩。

[1]太后兩宮：指金宣宗皇后及哀宗生母元妃。二人皆中都漢人王氏，爲姊妹。入宮後，宣宗賜女真姓温敦氏。元妃爲姊，哀宗即位後，尊生母及王皇后並爲皇太后，一稱慈聖太后，一稱仁聖太后，時稱"太后兩宮"。　正大：金哀宗年號（1224—1231）。

大興府

尹一員，正三品，掌宣風導俗、肅清所部，總判府事。餘府尹同。兼領本路兵馬都總管府事。車駕巡幸，則置留守同知、少尹、判官。[1]惟留判不別置，以總判兼之。

同知一員，從四品，掌通判府事。餘府同知同此。

少尹一員，正五品，掌同同知。

總管判官一員，從五品，掌紀綱總府衆務，分判兵案之事。

府判一員，從五品，掌諮議參佐、糾正非違、紀綱衆務，分判吏、禮、工案事。

推官二員，從六品，掌同府判，分判户、刑案事，内户推掌通檢推排簿籍。舊一員，大定五年增一員。

知事，正八品，掌付事勾稽省署文牘、總録諸案之事。[2]

都孔目官，女直司一員，漢人司一員，職同知事，掌監印、監受案牘。餘都孔目官同此。不常置，省則吏目攝。六案司吏七十五人，内女直十五人，漢人六十人。司吏分掌六案，各置孔目官一員，掌呈覆糾正本案文書。餘分前後行，其他處應設十人以下、六人以上者，置孔目官三人，及置提點所處仍舊。女直司吏若十二人以上，分設六案，不及者設三案，五人以下設一案，通掌六案事。以上名充孔目官。

知法三員，從八品，女直一員，漢人二員，掌律令格式、審斷刑名。抄事一人，掌抄事目、寫法狀，以前後行吏人選。公使百人。

女直教授一員。[3]

［1］少尹：官名。亦稱“治中”。府級屬官。正五品。

［2］文牘：文書案卷。

［3］女直教授：專門教授女真學生的教官。本書卷五一《選舉志一》記大定十三年（1173）：“始置女直國子學，諸路置女直府學，以新進士爲教授。”女直，即女真。遼朝人修當代史，爲避遼興宗耶律宗真名諱，真字缺筆作“直”，元朝人修《金史》未回改，故書女真爲“女直”。

東京、北京、上京、河東東西路、山東東西路、大名、咸平、臨潢、陝西統軍司、西南招討司、西北路招討司、婆速路、曷懶路、速頻、蒲與、胡里改、隆州、泰州、蓋州並同此。[1]皆置醫院，醫正一人，醫工八人。

［1］東京：京城名，其治所在今遼寧省遼陽市。　河東東、西路：路名。按金無河東東、西路，而有河東南、北路。從金代猛安謀克户的分布看，河東地區並無遷入的女真人。女真教授皆設於女真人聚居的地區，所以河東東西路應爲“河北東西路”之誤。河北東路，又稱河間府路，治所在今河北省河間市。河北西路，又稱真定府路，治所在今河北省正定縣。　臨潢：府路名，治所在今内蒙古自治區巴林左旗林東鎮原遼上京古城址。　陝西統軍司：軍政官署名。治所在今陝西省西安市。　西南招討司：行政官署名。西南招討司，亦稱西南路招討司，治在今内蒙古自治區呼和浩特市東。　西北路招討司：行政官署名。治所在今内蒙古自治區正藍旗北。　婆速路、曷懶路、速頻、蒲與、胡里改：皆爲相當節鎮一級的低級路名。所轄均爲猛安謀克户。婆速路，又作“婆娑路”，轄於東京遼陽府，治所在今遼寧省丹東市九連城。曷懶路，亦作“合懶路”，轄於上京會寧府路，治所舊説在今朝鮮咸鏡北道的鏡城附近，今説

多主張在今朝鮮咸鏡南道咸興城五里處（見《中國歷史地圖集》東北篇）。速頻路，亦作“恤品路”。轄於上京路，治所在今俄羅斯境内的烏蘇里斯克（雙城子）。胡里改路，轄於上京路，治所在今黑龍江省依蘭縣。　隆州：治所在今吉林省農安縣。

諸京留守司[1]

留守一員，正三品，帶本府尹兼本路兵馬都總管。

同知留守事一員，正四品，帶同知本府尹兼本路兵馬都總管。

副留守一員，從四品，帶本府少尹兼本路兵馬副都總管。

留守判官一員，從五品。都總管判官一員，從五品。掌紀綱總府衆務、分判兵案之事。

推官一員，從六品，掌同府判，分判刑案之事，上京兼管林木事。

司獄一員，正八品。司吏。女直司吏，上京二十人，北京十三人，東京十人，南京、西京各五人。漢人司吏，三十萬户以上六十人，二十五萬户五十五人，十萬户以上四十人，七萬户以上三十五人，五萬户以上三十人，三萬户以上二十四人，不及萬户十人。譯人，上京、北京各三人，東京、西京、南京各二人。通事二人。

知法，女直、漢人各一員，南京漢人二員。抄事一人，掌抄録事目、書寫法狀。公事百人。

京城門收支器物使。貞祐元年置，每城一面設一員。五年，南京隨門添設。舊有小都監，後省。正八品，十四員，户部辟舉。開陽門、宣仁門、安利門、平化門、通遠門、宜照門、利川門、崇德門、迎秋門、廣澤門、順義門、迎朔門、順常門、廣智門，[2]以已上各門副尉兼職。貞祐五年制，乃罷小都監。

十四門尉，從七品。

副尉，正九品。

［1］諸京留守司：1938 年在吉林省德惠縣大房身鎮出土一方金代銅官印。印文爲大篆漢字“上京留守司印”，印背刻“泰和四年正月禮部造”（伊葆力《金代官印考證》，《哈爾濱學院學報》第 24 卷第 1 期）。

［2］開陽門、宣仁門、安利門、平化門、通遠門、宜照門、利川門、崇德門、迎秋門、廣澤門、順義門、迎朔門、順常門、廣智門：金朝南京外城十四城門名。詳見本書卷二五《地理志中》。

上京提舉皇城司

提舉一員，從六品。

同提舉一員，從七品。司吏一人。

南京提舉京城所

提舉一員，正七品。同提舉一員，從七品。掌本京城壁及繕修等事，不常置。上京同此。

管勾一員，正八品，掌佐繕治。

受給官一員，掌收支之事。

壕寨官一員，掌監督修造。

皇城使一員，正八品。副使一員，正九品。掌宫闕繕修之事，不常置。

管勾北太一宫、同樂園二員，[1]正八品，掌守宫園繕修之事。

慶元宫小都監三員，[2]掌鋪陳祭器諸物。餘宫同。

花園小都監二員。

東京宫苑使一員。西京、北京同。

東京、西京御容殿,[3]閤門各二員，掌享祀禮數、鋪陳祭器。

東京萬寧宫小都監一員。[4]

[1]北太一宫：宫殿名。　同樂園：苑名。在金中都皇城之外。張棣《金虜圖經》記："内城之正東曰宣華（門），正西曰玉華。""西出玉華門，同樂園、瑶池、蓬瀛莊、杏村盡在於是。"

[2]慶元宫：宫殿名。在金上京城内。原是太祖阿骨打故居。熙宗天會十三年，建慶元宫，置太祖畫像於其中，成爲太祖原廟。

[3]東京西京御容殿：御容殿，放置皇帝畫像的宫殿。本書卷二四《地理志上》東京路："皇統七年，建御容殿。"同卷西京路記"天會三年建太祖原廟"。太祖原廟，即御容殿。

[4]東京萬寧宫：本書卷二四《地理志上》記，東京有孝寧宫。同卷中都路："京城北離宫有太寧宫，大定十九年建，後更爲壽寧，又更爲壽安，明昌二年更爲萬寧宫。"萬寧宫應在金中都城内，此處記在東京，誤。

按察司　本提刑司,[1]承安三年以上京、東京等提刑司併爲一提刑使，兼宣撫使勸農采訪事，爲官稱。副使、判官以兼宣撫副使、判官爲名。復改宣撫爲安撫，各設安撫判官一員、提刑一員，通四員。安撫司，掌鎮撫人民、譏察邊防軍旅、審録重刑事。安撫判官則銜内不帶"勸農采訪事"，令專管千户謀克。[2]安撫使副内，差一員於咸平、一員上京分司。承安四年罷咸平分司，使在上京，副在東京，各設簽事一員。承安四年改按察司，貞祐三年罷，[3]止委監察采訪。

使一員，正三品，掌審察刑獄、照刷案牘、糾察濫官污吏豪猾之人、私鹽酒麯並應禁之事，[4]兼勸農桑，與副使、簽事更出巡案。[5]

副使，正四品，兼勸農事。

簽按察司事，正五品，承安四年設。

判官二員，從六品，大定二十九年設。明昌元年以陝西地闊，添一員。

知事，正八品。

[1]按察司　本提刑司：本書卷一〇一《承暉傳》記："初置九路提刑司。"《大金國志》卷三八記九路提刑司的治所分别在西京、南京、臨潢府、東京（按：應爲咸平府，東京誤）、上京、汾州、河間府、平凉府、濟南府。

[2]千户、謀克：官名。千户，即猛安。謀克，一謀克所統正兵約爲百人，所以謀克官又稱百夫長。至金末，募義軍抗蒙，其編制發生變化。猛安（千户）、謀克官成爲不入流的低級軍官。

[3]貞祐三年罷：本書卷一四《宣宗紀上》貞祐二年（1214）二月，"丙辰，罷按察司"。疑此處"貞祐三年罷"爲誤記。

[4]私鹽酒麯（qū）：販賣私鹽，釀造私酒。

[5]巡案：亦作"巡按"。古代社會監察部門的官員到地方檢查工作叫"巡案"。

承安三年，上京者兼經歷安撫司使。泰和八年十一月，省議以轉運司權輕，[1]州縣不畏，不能規措錢穀，遂詔中都都轉運，依舊專管錢穀事，自餘路按察使並兼轉運使，副使兼同知，簽按察並兼轉運副，添按察判官一員，爲從六品。中都、西京路按察司官止兼西京路轉運司事。遼東路惟上京按察安撫使及簽事依舊署本司事。遼東轉運使兼按察副使，同知轉運使兼簽按察司事，轉運副使兼按察判官，添知事一員。

知法二員，從八品。書史四人，書吏十人，抄事一人，公使四十人。

[1]省：指尚書省。

右中都、西京並依此置。陝西、上京兩路設簽按察司事二員，上京簽安撫司事。

上京、東京等路按察司並安撫司

使，正三品，鎮撫人民、譏察邊防軍旅之事，仍專管猛安謀克，教習武藝及令本土純愿風俗不致改易。[1]

副使二員，正四品。

簽安撫司事，正五品。

簽按察司事，正五品。

知事兼安撫司事，正八品。

知法四，[2]從八品。書史四人。上京、東京書吏十八人，女直十二人、漢人六人。中都、西京，女直五人、漢人五人。北京、臨潢，女直三人、漢人五人。南京，女直二人、漢人七人。山東，女直三人、漢人七人。大名，女直三人、漢人六人。抄事一人，公使十人也。

右按察使於上京、副使於東京各路設簽事一員，分司勾當。[3]惟安撫司不帶"勸農"字，内知事於上京、自餘並於兩處分減存設。

[1]本土純愿風俗：本土，指上京之地，乃女真人的故鄉，所以稱“本土”。純愿風俗，指女真人原有的質樸敦厚的風俗習慣。

[2]知法四：中華點校本據殿本於此句下補“員”字。

[3]勾當：辦理有關事物。勾當，亦爲官名。唐代勾當已入官職，宋代勾當官爲有關衙門的主要承辦官員。金承宋制，在中央機構設置勾當官，以户部爲多，品階在七至八品間。金代勾當官印出土較多，如黑龍江阿城市阿什河鄉白城村發現的“勾當公事明字號之印”，印文爲九疊篆，印背陰刻“禮部造，崇慶二年四月”楷字（參見伊葆力《金代官印考證》，《哈爾濱學院學報》2003 年第 1 期）。

諸總管府謂府尹兼領者。

都總管一員，正三品，掌統諸城隍兵馬甲仗，總判府事。

同知都總管一員，從四品，掌通判府事，惟婆速路同知都總管兼來遠軍事兵馬。[1]

副都總管一員，正五品，所掌與同知同。

總管判官一員，從六品，掌紀綱總府衆務，分判兵案之事。

府判一員，從六品，掌紀綱衆務，分判户、禮案，[2]仍掌通檢推排簿籍。

推官一員，正七品，掌同府判，分判工、刑案事。

知法一員。司吏，女直，山東西路十五人，大名十四人，山東東路、咸平府、臨潢府各十二人，曷懶路、河北西路各十人，婆速路十一人，河北東路八人，河東南北路、京兆、慶陽、臨洮、鳳翔、延安各四人。[3]漢人，户十八萬以上四十二人，十五萬以上四十人，十三萬以上三十八人，十萬以上三十五人，七萬以上三十二人，五萬以上二十八人，三萬以上二十二人，不及三萬户二十人，婆速路、曷懶路各二人。譯人，咸平三人，河北東西、山東東西、曷懶、大名、臨潢各二人，餘各一人。通事，婆速、曷懶路高麗通事一人，[4]臨潢北部通事一人、部落通事一人、小部落通事二人，慶陽府通事一人。抄事一人。公使八十人。臨潢别置移剌十五人。凡諸府置員並同，惟曷懶路無府事。

[1]惟婆速路同知都總管兼來遠軍事兵馬：據中華點校本本卷校勘記，“事”字疑當在“兵馬”之下。來遠軍，軍州名。亦作“來遠州”。治所在今遼寧省丹東市九連城東、鴨緑江中的黔定島上。

[2]分判户禮案：據中華點校本本卷校勘記，上文總管判官“分判兵案之事”，下文推官“分判工、刑案事”，則“吏案”無著落。下文諸府府判“分判吏、户、禮案事”，皆吏、户、禮案由一判官專掌，總管府亦當如此。“户”上疑漏脱“吏”字。

[3]慶陽：路、府名。治所在今甘肅省慶陽市。　臨洮：路、府名。治所在今甘肅省臨洮縣。　鳳翔：路、府名。治所在今陝西省鳳翔縣。　延安：府名。治所在今陝西省延安市，時亦爲鄜延路治所。

[4]通事：即翻譯。

諸府謂非兼總管府事者。[1]

尹一員，正三品。同知一員，正四品。少尹一員，正五品。

府判一員，從六品，掌紀綱衆務，分判吏、户、禮案事，專掌通檢推排簿籍。

推官一員，正七品，掌同府判，兵、刑、工案事。[2]

府教授一員。[3]

知法一員。司吏，女直皆三人，漢人，若管十六萬户四十人，十四萬以上三十八人，十二萬以上三十五人，十萬以上三十二人，七萬以上三十人，五萬以上二十五人，三萬户以上二十人，不及三萬户十七人。譯人一人，通事一人，抄事一人，公使七十人。

[1]諸府：亦稱作“散府”。即不設路治的府。《大金國志》卷三八記載，金代散府八處，分上、中、下三等。其上等二處，河中府、濟南府。中等三處，歸德、河南、平凉府。下等三處，廣寧、興中、彰德府。

[2]兵、刑、工案事：中華點校本據上下文例於此句前補“分判”二字。

[3]府教授：即府級教官。此教授指漢學教授，專掌漢學生教育，與女真教授各負其責。

諸節鎮[1]

節度使一員，從三品，掌鎮撫諸軍防刺，總判本鎮兵馬之事，兼本州管内觀察使事。其觀察使所掌，並同府尹兼軍州事管内觀察使。

同知節度使一員，正五品。通判節度使事，兼州事者仍帶同知管内觀察使。

副使一員，從五品。

節度判官一員，正七品，掌紀綱節鎮衆務、僉判兵馬之事，兼兵、刑、工案事。[2]

觀察判官一員，正七品，掌紀綱觀察衆務，分判吏、户、禮案事，通檢推排簿籍。

知法一員，州教授一員，司獄一員，正八品。司吏，女直，隆州十四人，蓋州十二人，泰州十一人，速頻、胡里改各十人，蒲與八，[3]平、宗、懿、定、行、萊、密、滄、冀、邢、同、雄、保、兖、邠、涇、朔、奉聖、豐、雲内、許、徐、鄧、鞏、鄜、全、肇各三人，[4]餘各二人。漢人，依府尹數例。譯人一人，通事二人，抄事一人。公使人，上鎮七十、中六十五、下六十人，惟蒲與、胡里改、速頻各二十人。曷速館路、蒲與路、胡里改路、速頻路四節鎮，[5]省觀察判官而無州事。

[1]諸節鎮：即節度州。《大金國志》卷三八記，金節鎮共三十九處，其中上等十處，中等十處，下等十九處。《大金國志》所記應是世宗時的行政建置，金末州府設置又有所變化。

[2]兼制兵、刑、工案事：中華點校本據文例改"制"爲"判"字。

[3]蒲與八：中華點校本據文例於句末補"人"字。蒲與，亦作"蒲峪"，是上京路下轄的一個相當於節度州一級的路，治所在今黑龍江省克東縣金城鄉古城址。

[4]宗：州名。原名來州，海陵王天德三年（1151）改爲宗州，章宗泰和六年（1206）因避世宗父宗輔（又名宗堯）名諱，又改爲瑞州，治所在今遼寧省綏中縣前衛城。　懿：州名。治所在今遼寧省阜新市東北一百零八里塔營子古城。　定：州名。治所在今河北省定州市。　行：中華點校本據《三朝北盟會編》卷二四四引《金虜圖經》和《大金國志》卷三八的相關記載，改爲"衛"。衛，州名。治所在今河南省衛輝市。　萊：州名。治所在今山東省萊州市。　密：州名。治所在今山東省諸城市。　滄：州名。治所在今河北省滄州市東南。　冀：州名。治所在今河北省冀州市。　邢：州名。治所在今河北省邢臺市。　同：州名。治所在今陝西省大荔縣。　雄：州名。治所在今河北省雄縣。　保：州名。治所在今河北省保定市。　兖：州名。治所在今山東省兖州市。　邠：州名。治所在今陝西省彬縣。　涇：州名。治所在今甘肅省涇川縣。　朔：州名。治所在今山西省朔州市。　奉聖：州名。治所在今河北省涿鹿縣。　豐：州名。治所在今内蒙古自治區呼和浩特市東。

雲内：州名。治所在今内蒙古自治區土默特左旗東南。　徐：州名。治所在今河南省徐州市。　鄧：州名。治所在今河南省鄧州市。　鞏：州名。治所在今甘肅省隴西縣。　鄜：州名。治所在今陝西省富縣。　全：州名。治所在今西喇木倫河與察罕木倫河合流點附近（參見張博泉等《東北歷代疆域史》，第204頁）。

［5］曷蘇館路：路名。相當於節度州的低級路，設在東京遼陽府境内。本書卷二四《地理志上》置曷蘇館路於上京會寧府之下，實誤。本書《地理志》東京路鶴野縣條下注云："鎮一，長宜，曷蘇館在其地。"應是曷蘇館路初設在遼陽鶴野縣。金太宗天會七年（1129），曷蘇館路徙治寧州。關於寧州的地點，至少有以下諸説：今遼寧省瓦房店市永寧鄉古城（詳見《〈中國歷史地圖集〉東北地區資料匯篇》，《中國歷史地圖集》中央民族學院編輯組1979年印本，167頁；都興智《曷蘇館女真考略》，《遼寧師範大學學報》1986年第1期）；遼寧省蓋州市九寨鄉五美房古城址；遼寧省瓦房店市土城鄉古城（王綿厚、李健才《東北古代交通》，瀋陽出版社1990年版）。根據考古發現與文獻記載相對照證明，蓋州市九寨鄉五美房古城説較爲可信。

諸防禦州

防禦使一員，從四品，掌防捍不虞、禦制盗賊，余同府尹。

同知防禦使事一員，正六品，掌通判防禦使事。

判官一員，正八品，掌簽判州事，專掌通檢推排簿籍。

知法，從九品。

州教授一員。

司軍，從九品。

軍轄兼巡捕使，從九品。司吏，女直一人，漢人管户五萬以上二十人，以率而減。譯人一人，通事一人，抄事一人。公使，上州六十人、中五十五人、下五十人。

諸刺史州

刺史一員，正五品，掌同府尹兼治州事。

同知一員，正七品，通判州事。

判官一員，從八品，簽判州事，專掌通檢推排簿籍。

司軍，從九品。

知法一員。

軍轄兼巡捕使，從九品。司吏，女直，韓、慶、信、灤、薊、通、澄、復、瀋、貴德、涿、利、建州、來遠軍各二人，[1]餘各一人。抄事一人。公使，上州五十、中四十五、下四十。惟來遠軍同下州，省同知。凡諸州以上知印，並于孔目官内輪差，運司押司官並同。無孔目官，以上名司吏充，司、縣同此。

[1]韓：州名。治所在今吉林省梨樹縣偏臉城。出土的金代官印中有"韓州刺史之印"（參見景愛《金代官印集》，文物出版社1991年版，第21頁）。　慶：州名。治所在今内蒙古自治區巴林右旗白塔子。　信：州名。治所在今吉林省公主嶺市秦家屯古城。　灤：州名。治所在今河北省灤縣。　澄：州名。治所在今遼寧省海城市。　復：州名。治所在今遼寧省瓦房店市西南復州鎮。　瀋：州名。治所在今遼寧省瀋陽市。　貴德：州名。治所在今遼寧省撫順市。　涿：州名。治所在今河北省涿州市。　利：州名。治所在今遼寧省喀喇沁左翼蒙古族自治縣大城子鎮古城址。　建州：治所在今遼寧省朝陽縣大平房鎮黄花灘村古城址。

諸京警巡院

使一員，正六品，掌平理獄訟、警察别部，[1]總判院事。

副一員，從七品，掌警巡之事。

判官二員，正九品，掌檢稽失，簽判院事。司吏，女直，中都各三人，[2]上、東、西三京各二人，餘各一人。漢人，中都十五人，南京九人，西京八人，東京六人，北京五人，上京四人。惟東、西、北、上京無副使。

[1]警察别部：據中華點校本本卷校勘記，“别”字疑是“所”字之誤。如下方赤縣令掌“按察所部”。

[2]中都各三人：中華點校本卷校勘記據文義删“各”字。

諸府節鎮録事司

録事一員，正八品。判官一員，正九品。掌同警巡使。司吏，户萬以上設六人，以下爲率減之。凡府鎮二千户以上則依此置，以下則止設録事一員，不及百户者並省。

諸防刺州司候司

司候一員，正九品。

司判一員，從九品。司吏、公使七人。然亦驗户口置。

赤縣謂大興、宛平縣。

令一員，從六品，掌養百姓、按察所部、宣導風化、勸課農桑、平理獄訟、捕除盜賊、禁止游惰，兼管常平倉及通檢推排簿籍，總判縣事。

丞一員，正八品，[1]掌貳縣事。

主簿一員，正九品，[2]掌同縣丞。

尉四員，正八品，專巡捕盜賊。餘縣置四尉者同此。司吏十人，内一名取識女直、漢字者充。公使十人。

[1]正八品：中華點校本據本書卷五二《選舉志二》與卷五八《百官志四》的相關記載，改爲“正八品”今從。

[2]主簿一員，正九品：據中華點校本本卷校勘記云，上文“丞一員，正八品”，下文“尉四員，正八品”。則主簿亦不應低於正八品。疑“正九品”爲“正八品”之誤。

次赤縣又曰劇縣。

令一員，正七品。

丞一員，正九品。[1]

主簿一員，正九品。

尉一員，正九品。

[1]丞一員，正九品：據中華點校本本卷校勘記云，下文諸縣“丞一員，正九品”。則此不當爲正九品。本書卷五八《百官志四》百官俸給條記，諸劇縣丞正八品，諸京縣丞、諸次劇縣丞從八品。疑此處“九品”或是“八品”之誤。又簿、尉當與丞品級相同，則下文主簿、尉之“正九品”亦疑當作“正八品”。

諸縣

令一員，從七品。

丞一員，正九品。

主簿一員，正九品。

尉一員，正九品。

凡縣二萬五千户以上爲次赤、爲劇，二萬以上爲次劇，在諸京倚郭者曰京縣。自京縣而下，以萬户以上爲上，三千户以上爲中，不滿三千爲下。中縣而下不置丞，[1]以主簿與尉通領巡捕事。下縣則不置尉，以主簿兼之。中縣司吏八人，下縣司吏六人，公使皆十人。

諸知鎮、知城、知堡、知寨，皆從七品。其設公使皆與縣同，惟驗户口置司吏。

［1］中縣而下置丞：中華點校本據文義改於"中縣而下"補"不"字，今從。

諸司獄

司獄一員，正九品，提控獄囚。司吏一人。公使二人。典獄二人，防守獄囚門禁啟閉之事。獄子，防守罪囚者。

市令司　唯中都置。

令一員，正八品。南遷以左、右警使兼。[1]丞一員，正九品。掌平物價，察度量權衡之違式、百貨之估直。[2]司吏四人，公使八人。

［1］南遷以左、右警使兼：中華點校本據本書卷一五《宣宗紀下》與卷九〇《高德基傳》的相關記載，於"警"字下補"巡"字。

［2］百貨之估直：估直，即"估值"，意爲估價。

軍器庫[1]

使一員，正八品。副使一員，從九品。掌甲胄兵仗。司吏二人。庫子，掌出納之數、看守巡護。中都、南京依此置，西京省副使，北京惟副使，仍兼八作使。隨府節鎮設使、副，若軍器兼作院，軍資兼軍器庫，及防刺郡，則置都監一員，[2]以軍資監兼者如舊。

[1]軍器庫：本書卷五六《百官志二》記，軍器庫衛紹王至寧元年（1213）隸大興府，宣宗貞祐三年（1215）改隸軍器監。此處所記軍器庫屬地方行政機構管轄，應爲衛紹王之前的情況。

[2]及防刺郡，則置都監一員：防刺郡，指防禦州和刺史州。據中華點校本本卷校勘記云，本書卷一五《宣宗紀中》記興定三年（1219）三月，"河南路節鎮以上立軍器庫，設使、副各一員，防刺郡設都監、同監各一員"。疑此處"都監"下脱"同監各"三字。

作院

使一員，副使一員，掌監造軍器，兼管徒囚，判院事。

都監一員，掌收支之事。

牢長，監管囚徒及差設牢子。中都、南京依此置，仍加"都"字。南京省都監一員，東京、西京置使或副一員，上京並省。隨府節鎮作院使副，並以軍器使副兼之。其或置一員，或以軍資庫兼之，若元設甲院都監處，[1]並薊州專設使副者，並仍舊。

[1]元設甲院都監處：甲院，官署名。爲主管製造盔甲的官署，具體職掌待考。

都轉運司

使，正三品，掌稅賦錢穀、倉庫出納、權衡度量之制。

同知，從四品。

副使，正五品。

都勾判官，從六品，紀綱衆務、分判勾案，惟南京勾判兼上林署丞。

户籍判官二員，從六品，舊止一員，承安四年增置一員，不許别差，專管拘收徵剋等事。

支度判官二員，從六品，掌勾判、分判支度案事。

鹽鐵判官一員，從六品。

都孔目官二員，勾稽文牘。

知法二員，從八品。

都勾案、户籍案、鹽鐵案、支度案、開拆案司吏，女直八人，漢人九十人。抄事一人，譯史三人，通事一人，押遞五十人，監運諸物公使八十人。惟中都路置都轉運司，餘置轉運司，[1]省户、度判官各一員。[2]南京、西京、北京、遼東、山東西路、河北東路則置女直知法、漢知法各一員。山東東路、河東南路北路、河北西路、陝西東西路則置漢知法一員。[3]餘官皆同中都置。女直司，司吏，遼東路十人，西京、北京、山東西路各五人，餘路皆四人。譯史，遼東路三人，餘各二人。通事各一人。漢人司，司吏，課額一百八十萬貫以上者五十人，百五十萬貫以上四十五人，百二十萬貫以上四十人，九十萬貫以上三十五人，六十萬貫以上三十人，三十萬貫以上二十五人，不及三十萬貫二十人。公使人，各七十人。押遞，南京、山東東西路、河東南路、河北西路各五十人，西京、河東北路、河北東路各四十人，餘路各三十人。

[1]惟中都路置都轉運司，餘置轉運司：《大金國志》卷三八記，金除在中都路置都轉運司外，又分别在南京、北京、西京、東京（咸平置司）、河東南、河東北、山東東、山東西、河北東、河北西、陝西東、陝西西、會寧府（隆州置司）設轉運司，共十四處。又，金廷南遷後，升南京轉運司爲都轉運司。

[2]省户、度判官各一員：按，應爲“省户籍、支度判官各一員”。“户”下漏“籍、支”兩字。

[3]陝西東西路：指陝西東路（京兆府路）和陝西西路（鳳翔府路）。

山東鹽使司 與寶坻、滄、解、遼東、西京、北京凡七司。[1]

使一員，正五品，他司皆同。副使二員，正六品。它司皆一員。判官三員，正七品。泰和作四員，寶坻、解州設二員，餘司皆一員。掌幹鹽利以佐國用。

管勾二十二員，正九品，寶坻、解、西京則設六員，北京、遼東、滄州則設四員。同管勾、都同監皆省。掌分管諸場發買收納恢辦之事。

同管勾五員。

都監八員。

監、同各七員。

知法一員。司吏二十二人，女直三人、漢人十九人。譯人一人，抄事、公使四十人，它司皆同。

[1]寶坻、解：寶坻，縣名。治所在今天津市寶坻縣。解，州名。治所在今山西省運城市西南。

中都都麴使司酒使司、院務、税醋使司，榷場兼酒使司附。[1]

使，從六品。副使，正七品。掌監知人户醖造麴櫱，[2]辦課以佐國用。餘酒使監醖辦課同此。

都監二員，正八品，掌簽署文簿、檢視醖造。司吏四人，公使十人。

凡京都及真定皆爲都麴酒使司，設官吏同此。它處置酒使司，課及十萬貫以上者設使、副、小都監各一員，五萬貫以上者設使、副各一員，以上皆設司吏三人。二萬貫以上者設使及都監各一員，司吏二人。不及二萬貫者爲院務，設都監、同監各一員，不及千貫之院務止設都監一員。其他税醋使司、及榷場與酒税相兼者，視課多寡設官吏，皆同此。諸酒税使三萬貫以上者正八品，諸酒榷場使從七品，[3]五萬貫以上副使正八品。

[1]酒使司：官署名。出土的金代官印中有“瑞州商酒務記”“寧海州酒務記”“遂城縣酒務記”（參見景愛《金代官印集》，文物出版社 1991 年版，第 49 頁），應即酒使司的印記。　醋使司：官署名。出土的金代官印中有“原州醋務記”（參見景愛《金代官印集》，文物出版社 1991 年版，第 49 頁），應爲醋使同的印記。　榷場：金代對外貿易市場。金朝在臨近宋、蒙古、西夏、高麗等沿邊重鎮設立榷場，兼有政治作用。東勝、净、慶三州榷場除貿易牲畜、畜産品外，還是羈縻蒙古等部的基地。

[2]醖造麴糵（niè）：指釀造酒類。

[3]諸酒榷場使：官名。據中華點校本本卷校勘記，上文“榷場與酒税相兼者”，又“諸酒税使三萬貫以上者”，則此處“酒”下疑漏一“税”字。

提舉南京路榷貨事，從六品。

中都都商税務司

使一員，正八品。副使一員，正九品。正大元年陞爲從七品。掌從實辦課以佐國用。

都監一員，從九品，掌簽署文簿、巡察匿税。司吏四人，公使十人。余置官吏同酒使司。

中都廣備庫

使一員，從七品。副使一員，從八品。判官一員，正九品。掌疋帛顔色、油漆諸物出納之事。攢典四人。庫子十四人，内十二人收支，二人應辦。掌排數出納、看守巡護之事，與庫官通管。

永豐庫鍍鐵院都監隸焉。

使一員，從七品。副使一員，從八品。判官一員，正九品。掌泉貨金銀珠玉出納之事。攢典三人。庫子十二人，内十人收支，二人應辦。凡歲收二十五萬貫者置庫子十人，不及二萬貫者置二人。

鍍鐵院都監二員，管勾生熟鐵釘線。攢典一人。京、府、鎮、通州並依此置，判官、都監皆省。或兼軍器并作院，或設使若副一員。防刺郡設都監一員，仍兼軍器庫。

南京交鈔庫

使一員，正八品。副使一員，正九品。掌出入錢鈔兑便之事。攢典二人，攢寫計帳、類會合同。庫子八人，掌受納錢數、辨驗交鈔、毀舊，注簿曆。[1]

[1]毀舊注簿曆：即毀掉兑换來的舊貨幣，並記録在案。

中都流泉務　大定十三年，上謂宰臣曰：[1]"聞民間質典，利息重者至五七分，或以利爲本，[2]小民苦之。若官爲設庫務，十中取一爲息，以助官吏廩給之費，[3]似可便民。卿等其議以聞。"有司奏於中都、南京、東平、真定等處並置質典庫，以流泉爲名，各設使、副一員。凡典質物，使、副親評價直，許典七分，月利一分，不及一月者以日計之。經二周年外，又逾月不贖，即聽下架出賣。出帖子時，寫質物人姓名，物之名色，金銀等第分兩，及所典年月日錢貫，下架年月之類。若亡失者，收贖日勒合干人，驗元典官本，并合該利息，陪償入官外，更勒庫子，驗典物日上等時估償之，物雖故舊，依新價償。仍委運司佐貳幕官識漢字者一員提控，若有違犯則究治。每月具數，申報上司。大定二十八年十月，京府節度州添設流泉務，凡二十八所。明昌元年，皆罷之。二年，在都依舊存設。

使一員，正八品。副使一員，正九品。掌解典諸物、流通泉貨。

勾當官一員。攢典二人。

[1]宰臣：官名，即宰相。金朝以尚書省的尚書令，左、右丞相，平章政事爲宰相。

[2]以利爲本：以利息爲本金又生利息。

[3]官吏廩（lǐn）給之費：指官員的俸禄。

中都店宅務

管勾四員，正九品，各以二員分左右廂，掌官房地基、徵收官錢、檢料修造摧毀房舍。攢典，左右廂各五人，掌徵收及檢料修造房屋之事。庫子，左右廂各三人。催錢人，左右廂各十五人。又別設左廂平樂樓花園子一名，[1]右廂館子四人。

[1] 平樂樓：建築物名。不詳，待考。

南京店宅務同。

中都左右廂别貯院

使一員，從八品。副使一，正九。[1]判官，從九品。拘收退朴等物及出給之事。[2]攢典、庫子，同前。

[1]副使一，正九：中華點校本據殿本補爲“副使一員，正九品”。

[2]拘收退朴等物：中華點校本據文例於句前補“掌”字。朴，疑是“材”字之誤，待考。

中都木場

使一員，從八品。副使一員，判官一員，皆正九品。掌拘收材木諸物及出給之事。司吏一人，庫子四人，花料一人，木匠一人。

中都買物司

使一員，從八品。副使一員，正九品。掌收買官中所用諸物。

都監四員，從九品，掌支應等事。司吏二人。

京兆府司竹監

管勾一員，從七品，掌蒔養竹園采斫之事。[1]司吏一人。監兵百人，給蒔養采斫之役。

[1]掌蒔養竹園采斫之事：蒔養，種植栽培。斫（zhuó），用斧砍。

諸綾錦院置於真定、平陽、太原、河間、懷州。

使一員，正八品。副使一員，正九品。掌織造常課疋段之事。

規措京兆府耀州三白渠公事[1]

規措官，正七品，掌灌溉民田。

點檢渠堰官一員，掌點檢啟閉涇陽等縣渠堰。[2]司吏二人。

[1]耀州：治所在今陝西省耀縣。　三白渠：亦稱白渠。在今陝西涇陽、三原一帶。古引涇水南流，至涇陽縣北五里建三閘分水。北太白渠，中白渠，南白渠總名爲三白渠（見《讀史方輿紀要》卷三“涇陽縣”）。

[2]涇陽：縣名。治所在今陝西省涇陽縣。

漕運司

提舉一員，正五品，景州刺史兼領，[1]掌河倉漕運之事。

同提舉一員，正六品。勾當官，從八品，掌催督起運綱船。[2]司吏六人，分掌課使、起運兩科，[3]各設孔目官，前後行各一人。僕使科，[4]掌吏、户、禮案。起運科，掌兵、刑、工案。公使八十一人，押綱官七十六人。

景州依此置。肇州以提舉兼本州同知，同提舉兼州判。

[1]景州：衛紹王大安年間，因避章宗完顔璟嫌名（同音字），改爲觀州。治所在今河北省東光縣。

[2]綱船：由許多船隻編成的船隊叫作“綱”。

[3]分掌課使起運兩科：據中華點校本本卷校勘記云，下文作“儤使科”“起運科”，疑此處“課”字誤。

[4]儤（bào）使科：儤，儤直。直與“值”通。本志小字注，“掌吏、户、禮案”。

諸倉

使，正八品。副使，正九品。掌倉廩畜積、受納租税、支給禄廩之事。攢典，掌收支文曆、行署案牘。歲收一萬石以上設二人。倉子，掌斛斗盤量、出納看守之事。[1]

[1] 斛（hú）：古代量器名。亦作計量單位。古以十斗爲一斛，宋代以五斗爲斛。

草場

使，副使，掌儲積受給之事。攢典二人。場子，掌積垛、出納、看守、巡護之事，歲收五萬以上設四人。中都、南京、歸德、河南、京兆、鳳翔依此置。西京省副使，餘京節鎮科設使副一員，[1]防刺仍舊，[2]置都監一員。

南京諸倉監支納官、草場監支納官，正八品。

[1]節鎮：指節度州。

[2]防刺：指防禦州和刺史州。

南京提控規運柴炭[1]

使，從五品。

副使，正六品。

[1]南京提控規運柴炭：中華點校本據本卷下文“京西規運柴炭場”例，於句末補“場”字。

京西規運柴炭場

使，從八品。

副使，正九品。

諸總管府節鎮兵馬司

都指揮使一員，正五品，巡捕盜賊，提控禁夜，糾察諸博徒、屠宰牛馬，總判司事。

副都指揮使二員，正六品，貳使職，通判司事，分管内外，巡捕盜賊。軍典十二人，掌本庫名籍、差遣文簿、行署文書、巡捕等事，餘軍典同此。司吏一人，譯人一人，公使十人。

指揮使一員，從六品，鈐轄四都之兵以屬都指揮使，[1]專署本指揮使事。

軍使一員，正七品，指揮之職，左右什將各一人，共管一都。軍典二人，營典一人，左、右承局各一人，左、右押官各一人。

以上軍員，每百人爲一指揮使，各一員分四都，[2]每都設左右什將、承局、押官各一。若人數不及，附近相合者，並依上置。如無可相合者，三百人以上爲一指揮，二百人以上止設指揮使，[3]一百人止設軍使，仍每百人以上立爲一都，不及百人設什將、承局、押官各一。其指揮下軍使，什將下軍典、營典，各同此置。惟北京、西京止設使、副各一員。

[1]鈐轄四都之兵：四都之兵，指州府招募的射糧軍、牢城軍。

本書卷四四《兵志》記："凡州府所募射糧軍、牢城軍，每五百人爲一指揮使司，設使，分爲四都，都設左、右什將及承局押官。"

［2］以上軍員每百人爲一指揮使，各一員分四都：此處記載有誤。對照本書卷四四《兵志》，此處應爲"以上軍員，每五百人爲一指揮使司，設使一員，分四都"。"百"字上漏"五"字，"使"字下漏"司"字，"各"應作"設使"。應爲修史者傳抄之誤。

［3］如無可相合者，三百人以上爲一指揮，二百人以上止設指揮使：據中華點校本本卷校勘記云，本書卷四四《兵志》記此事作"不可合者以三百人或二百人亦設指揮使"。則此處"爲一指揮"下當漏一"使"字，"止"應爲"亦"字。

諸府鎮都軍司

都指揮使一員，正七品，節鎮軍都指揮使則從七品。掌軍率差役、巡捕盜賊，總判軍事，仍與録事同管城隍。軍典二人，公使六人。凡諸府及節鎮並依此置。

諸防刺州

軍轄一員，掌同都軍，兼巡捕，仍與司候同管城壁。軍典二人。

諸府州

兵馬鈐轄一員，從六品，掌巡捕盜賊。若有盜，則總押隨處巡尉，並力擒捕。司吏二人。京兆、咸平、濟南、鳳翔、萊、密、懿、鞏州並依此置。[1]惟京兆、咸平府置兵馬都鈐轄，餘並省。

［1］濟南：府名。治所在今山東省濟南市。

諸巡檢

中都東北都巡檢使一員，正七品，通州置司，分管大興、漷陰、昌平、通、順、薊、盈州界盜賊事。[1]司吏一人，掌行署文書。馬軍十五人，於武衛馬軍内選少壯熟閑弓馬人充。

西南都巡檢一員，[2]正七品，良鄉縣置司，[3]分管良鄉、宛平、安次、永清縣并涿、易州界盜賊事。[4]

諸州都巡檢使各一員，正七品。副都巡檢使各一員，正八品。司吏各一人。右宿、泗、唐、鄧、蔡、亳、陳、潁、德、華、河、隴、泰等州并西北路依此置，[5]餘不加“使”字。

散巡檢，正九品。内泗州以管勾排岸兼之。皆設副巡檢一員，爲之佐。右地險要處置司。唐、鄧、宿、泗、潁、壽、蔡等州及緣邊二十五處置。[6]大定二十二年，廣寧府大斧山置巡檢司。[7]明昌五年七月，升蔡州劉輝村置巡檢。[8]

[1]漷陰：縣名。治所在今北京市通州區東南的縣鎮。　昌平：縣名。治所在今北京市昌平區西。　盈州：即寶坻縣。金章宗承安三年（1198）陞爲盈州，不久又廢州爲縣，治所在今天津市寶坻縣。

[2]西南都巡檢：官名。疑“巡檢”下漏一“使”字。

[3]良鄉：縣名。治所在今北京市西南。

[4]安次：縣名。治所在今河北省廊坊市境内。　永清：縣名。治所在今河北省永清縣。　易州：州名。治所在今河北省易縣。

[5]宿：州名。治所在今安徽省宿州市。　泗：州名。治所在今江蘇省盱眙縣北的淮河對岸，舊址已沉入今洪澤湖中。　唐：州名。治所在今河南省唐縣。　蔡：州名。治所在今河南省汝南縣。　亳：州名。治所在今安徽省亳州市。　陳：州名。治所在今河南省淮陽縣。　潁：州名。治所在今安徽省阜陽市。　德：州名。治所

在今山東省陵縣。　華：州名。治所在今陝西省華縣。　河：州名。治所在今甘肅省臨夏縣市。　隴：州名。治所在今陝西省千陽縣西北。　西北路：招討司名。全稱是“西北路招討司”。治所爲桓州，在今内蒙古自治區正藍旗北。1980年，在今内蒙古自治區科爾沁左翼中旗出土一方金代“西北路招討司印”，印背刻“正隆元年九月内少府監造（參見景愛《金代官印集》，文物出版社1991年版，第45頁）。

[6]壽：州名。治所在今安徽省鳳台縣。

[7]大斧山：寨堡名。治所在今遼寧省北鎮市境内。

[8]劉輝村：村名。舊址在今河南省汝南縣境内。

潼關[1]

關使兼譏察官，正七品，掌關禁、譏察姦僞及管鑰啟閉。

副譏察，正九品，掌任使之事。司吏二人，女直、漢人各一。

[1] 潼關：關隘名。在今陝西省潼關市東北。

居庸關、紫荆關、通會關、會安關及他關皆設使，[1]從七品。

[1]居庸關、紫荆關、通會關、會安關：關隘名。居庸關，在今北京市昌平區西北。紫荆關，在今河北省易縣的紫荆嶺上。通會關，在今甘肅省和政縣南。會安關，在今甘肅省榆中縣東。

大慶關[1]

管勾河橋官兼譏察事一員，正八品，掌解系浮橋、濟渡舟楫、巡視河道、修完埽岸、兼率埽兵四時功役、栽植榆柳、預備物料、譏察姦僞等事。[2]

同管勾一員。司吏二人，女直、漢人各一人。九鼎、大陽津渡，[3]惟置譏察官一員。

[1]大慶關：關隘名。在今山西省永濟市西黄河西岸。

[2]埽（sào）兵：鎮守河岸渡口的軍隊。

[3]九鼎、大陽津渡：九鼎，不詳。大陽津渡，渡口名。即大陽口渡，春秋時爲茅津，在今山西省平陸縣南二里。

孟津渡[1]

譏察一員，正八品，掌譏察姦僞。

副譏察一員，正九品。司吏二人。

提舉譏察使，正五品。副使，從五品。陝西一員，河南二員。南遷置譏察使，從七品。副使，正八品。南遷後，陝西置於秦州，[2]河南置於唐、鄧、息、壽、泗五州。[3]

提舉秦、藍兩關，提舉，從五品。同提舉，正六品。南遷後置。

提舉三門、集津南北岸，[4]正六品。南遷後置。

沿淮譏察使，從五品。

管勾泗州兼排岸巡檢，正九品。

[1]孟津渡：渡口名。是黄河的一個古渡口，在今河南省孟縣南。

[2]秦州：治所在今甘肅省天水市。

[3]息：州名。治所在今河南省息縣。

[4]三門、集津：鎮名。黄河的兩渡口，均在今河南省三門峽市東北黄河北岸。

諸邊將

正將一員，正七品，掌提控部保將、輪番巡守邊境。[1]

副將一員，正八品。部將一員，正九品，輪番巡守邊境。

隊將，正九品。

鄜延九將，慶陽十將，臨洮十四將，鳳翔十六將，河東三將，[2]並依此置。

[1]掌提控部保將：據中華點校本本卷校勘記，“保”疑當爲“堡”字。

[2]河東：地區名。此泛指今黄河大曲折以東的山西地區。

統軍司河南，山東，陝西，益都。[1]使一員，正三品，督領軍馬、鎮攝封陲、分營衛、視察姦。

副統軍一員，正四品。

判官一員，從五品，紀綱庶務、簽判司事。大定九年置。

知事一員，從七品。

知法二員，從八品。女直、漢人各一。書史十三人，女直八人。漢人五人，掌行署文牘、上名監印。守當官四人，譯書四人，通事一人，抄事一人，公使五十人。河南依此置，山東不設判官，知法以益都府知法兼之。

[1]統軍司，河南，山東，陝西，益都：中華點校本據本書卷四四《兵志》與卷二五《地理志中》的記載改“山東”爲“山西”。據本書卷二五《地理志中》，河南統軍司，海陵王天德二年（1150）置，治所在今河南省開封市。本書卷四四《兵志》天德二年九月，“罷大名統軍司，而置統軍司于山西、河南、陝西三路”。本書卷七二《彀英傳》：“天德二年，遷右監軍，元帥府罷，改山西路統軍使，領西南、西北兩路招討兵馬。”由此知山西確置有統軍司，但其治所不詳。陝西路統軍司，治所在今陝西省西安市。益都統軍司，又稱山東統軍司，治所在今山東省青州市。

招討司三處置，西北路、西南路、東北路。[1]

使一員，正三品。副招討使二員，從四品，招懷降附、征討携離。

判官一員，從六品，紀綱職務、簽判司事。

勘事官一員，從七品。

知事一員，正八品。

知法二員，從八品，女直、漢人各一。司吏十九人。譯人三人。通事六人，内諸部三人、河西一人。移剌三十人，[2]以上名充都管。抄事一人。公使五十人。西北路增勘事官一員。東北路不置漢人知法。

[1]招討司三處置，西北路、西南路、東北路：西南路招討司，治所在豐州，今内蒙古自治區呼和浩特市東。東北路招討司，本書卷九三《宗浩傳》：“初朝廷置東北路招討司於泰州，去境三百里，每敵入，比出兵追襲，敵已遁去。至是，宗浩奏徙之金山縣以據要害。設副招討二員，分置左、右，由是敵不敢犯。”東北路招討司

治泰州，即今吉林省洮安縣東雙塔鄉程四家子古城。章宗時宗浩又設分司於金山縣。

［2］移剌：吏役名。《遼史》卷四六《百官志二》記："拽剌軍詳穩司，走卒謂之拽剌。""拽剌"即"移剌"之異譯，爲契丹語。

諸猛安謀克隸焉。

猛安，從四品，掌修理軍務、訓練武藝、勸課農桑，餘同防禦。司吏四人，譯一人，撻馬、差役人數並同舊例。[1]

諸謀克，從五品，掌撫輯軍户、訓練武藝。惟不管常平倉，餘同縣令。女直司吏一人，譯一人，撻馬。

［1］撻馬：吏役名。

諸部族節度使

節度使一員，從三品，統制各部，鎮撫諸軍，餘同州節度。

副使一員，從五品。

判官一員。

知法一員。司吏四人，女直、漢人各半。通事一人，譯人一人，撻馬。右部羅火部族、土魯渾部族並依此置。[1]

［1］右部羅火部族：部族名。本書卷二四《地理志上》："唐古部族，承安三年改爲部羅火紥石合節度使。"中華點校本又據本書卷四四《兵志》的記載，改"大"爲"火"字，今從。　土魯渾部族：本書卷二四《地理志上》："迪烈（又作迭剌）女古部族，承安三年改爲土魯渾紥石合節度使。"

諸乣[1]

詳穩一員，從五品，掌守戍邊堡，餘同謀克。皇統八年六月，[2]設本班左右詳穩，定爲從五品。

麼忽一員，從八品，掌貳詳穩。司吏三人。習尼昆，掌本乣差役等事。撻馬，隨從也。咩乣、唐古乣、移剌乣、木典乣、骨典乣、失魯乣並依此置。[3]惟失魯乣添設譯人一名。《士民須知》有蘇謨典乣、胡都乣、霞馬乣，無失魯乣、移典乣。[4]

[1]諸乣：按："乣"字讀音有 yǎo、cá、jiū 等十幾種說法，劉鳳翥認爲應讀"又（yòu）"（參見劉鳳翥《解讀契丹文字深化遼史研究》，《遼金史研究》，中國文化出版社 2003 年版）。其義也衆説紛紜。此處指少數民族的部族機構。分屬東北路、西北路、和西南路招討使統領。

[2]皇統：金熙宗年號（1141—1149）。

[3]咩（miē）乣、唐古乣、移剌乣、木典乣、骨典乣、失魯乣：皆爲乣名。本書卷二四《地理志上》記："咩乣詳穩，貞祐四年六月改爲葛也阿鄰猛安。木典乣詳穩，貞祐四年改爲抗葛阿鄰謀克。骨典乣詳穩，貞祐四年改爲撒合輦必剌謀克。"

[4]《士民須知》：書名。是金代官修知識著作，今已失傳。蘇謨典乣、胡都乣、霞馬乣：皆爲乣名。以上三乣之名皆見於本書卷二四《地理志上》與卷四四《兵志》。《地理志上》："蘇木典乣詳穩，近北京。""蘇木典"即"蘇謨典"。

諸移里堇司

移里堇一員，從八品，分掌部族村寨事。司吏，女直一人、漢人一人。習尼昆，掌本乣差役等事。撻馬。右土魯渾部族南北移里堇司依此置。部羅火部族左右移里堇司置女直司吏一人。

諸禿里

禿里一員，從七品，掌部落詞訟、防察違背等事。女直司吏一人，通事一人。

諸群牧所，又國言謂“烏魯古”。

提控諸烏魯古一員，正四品，明昌四年置。是年以安遠大將軍尚厩局使石抹貞兼慶州刺史爲之，[1]設女直司吏二人，譯一人，通事一人。

使一員，從四品。國言作烏魯古使。副使一員，從六品。掌檢校群牧畜養蕃息之事。[2]

判官一員，正八品，掌簽判本所事。

知法一員，從八品。女直司吏四人，譯人一人，撻馬十六人，使八人，副五人，判三人。又設掃穩脱朵，分掌諸畜，所謂牛馬群子也。

惟板底因、烏鮮、忒恩、蒲鮮群牧依此置。[3]

[1]安遠大將軍：階官名。武官散階，從四品上。　尚厩局使：尚厩局屬官。爲尚厩局提點副佐。從五品。　石抹貞：契丹人。生平不詳。

[2]蕃息：繁殖滋息。

[3]板底因、烏鮮、忒恩、蒲鮮：四群牧所名。本書卷四四《兵志》記，世宗時置七群牧所，“蒲速本斡睹只之地，大定七年分其地置之。承安三年改爲板底因烏魯古”。“蒲速”，本書卷二四《地理志上》作“蒲速斡”。1977 年，在黑龍江省甘南縣中興公社緑色農場出土一方金代“拜因阿鄰謀克”官印，印背刻“承安五年閏二月　禮部造”。“拜因”應是“板底因”的異譯（參見張博泉等《金史論稿》，吉林文史出版社 1986 年版，第 314 頁）。“阿鄰”是女真語“山”之意。“板底因”應爲山名。此群牧所原屬烏

古迪烈統軍司，後改屬東北路招討司。蒲鮮、忒恩二群牧所之名見於本書卷二四《地理志上》。烏鮮，本書卷二四《地理志上》所列群牧所有“烏展”，疑即“烏鮮”之異譯，待考。

金史　卷五八

志第三十九

百官四

符印　鐵券　官誥　百官俸給

符制。初，穆宗之前，[1]諸部長各刻信牌，交互馳驛，訊事擾人。太祖獻議，[2]自非穆宗之命，擅製牌號者寘重法。自是，號令始一。收國二年九月，始製金牌，[3]後又有銀牌、木牌之制，蓋金牌以授萬户，[4]銀牌以授猛安，木牌則謀克、蒲輦所佩者也。[5]故國初與空名宣頭付軍帥，[6]以爲功賞。

[1]穆宗：完顏盈哥的廟號。盈哥是景祖烏古迺第五子，生於遼重熙二十二年（1053），遼大安十年（1094），接替其兄肅宗頗剌淑之職，襲生女真部族節度使，年四十二歲。在位十年，死時五十一歲。天會十五年（1137），追謚孝平皇帝，廟號穆宗。

[2]太祖：廟號。即完顏阿骨打，漢名旻。金朝開國皇帝，

1115 年至 1122 年在位。本書卷二有紀。

［3］收國二年九月，始製金牌：收國，金太祖年號（1115—1116）。金初所製金牌共發現兩面：一是黑龍江省伊春市横山屯，金牌殘損，牌面殘存兩個陰刻的契丹小字；二是河北承德市發現一面，穿下有花押，下刻兩個與伊春金牌相同的契丹小字。兩面金牌含金量都在百分之九十以上（參見劉寧《對幾面金代牌子的認識》，《遼海文物學刊》1995 年第 1 期）。

［4］萬户：金初爲高級領兵官。本書卷四四《兵志》："凡猛安之上置軍帥，軍帥之上置萬户，萬户之上置都統。"海陵王天德三年（1151），罷萬户之官。金末招募義軍，又恢復了萬户官名。"元光間，時招募義軍，以三十人爲謀克，五謀克爲一千户，四千户爲一萬户"。金末萬户官僅正九品。1998 年在黑龍江省阿城市金上京故城址出土一方"義軍萬户之印"。金代萬户銅印發現多方，惟此印冠以"義軍"二字，證明是金代晚期之印（伊葆力《金代官印考證》，《哈爾濱學院學報》第 24 卷第 1 期）。

［5］蒲輦：亦作"蒲里衍"。《三朝北盟會編》卷三作"蒲里偃"。卷二四三引《煬王江上録》作"葫蘆眼"。本書卷四四《兵志》："謀克之副曰蒲里衍。"《金虜圖經》："一謀克轄兩蒲輦（蒲輦五十户也）。"蒲輦是領五十名正兵的下級軍官。

［6］故國初與空名宣頭付軍帥：空名宣頭，又稱"空名宣勅"，是朝廷頒發給前綫領兵官的空白委任狀。軍帥，官名。金初高級領兵官。本書卷四四《兵志》："凡猛安之上置軍帥，軍帥之上置萬户，萬户之上置都統。然時亦稱軍帥爲猛安，而猛安則稱親管猛安。"

遞牌，即國初之信牌也，至皇統五年三月，[1]復更造金銀牌，其制皆不傳。大定二十九年，[2]製緑油紅字者，尚書省文字省遞用之。[3]朱漆金字者，勅遞用之。

並左右司掌之,[4]有合遞文字，則牌送各部，付馬鋪轉遞,[5]日行二百五十里。如臺部別奉聖旨文字，亦給如上制。

[1]皇統：金熙宗年號（1141—1148）。

[2]大定：金世宗年號（1161—1189），章宗即位後又延用一年。

[3]尚書省：官署名。金熙宗時確立中書、門下、尚書三省制。海陵王即位後罷中書、門下兩省，中央衹置尚書省，爲古代國家的最高政務機關。

[4]左右司：官署名。金代尚書省下置左司和右司，左司總察吏、户、禮三部受事付事，右司總察兵、工、刑三部受事付事。

[5]馬鋪：亦作“遞鋪”“急遞鋪”。是爲傳遞公文和重要軍事情報在地方上所設的交通郵傳站。本書卷一二《章宗紀四》泰和六年（1206）六月：“初置急遞鋪，腰鈴傳遞，日行三百里，非軍期、河防不許起馬。”

虎符之制，承安元年製,[1]以禮官言,[2]漢與郡國守相爲銅虎符，唐以銅魚符，起軍旅、易守長等用之。至是，斟酌漢、唐典故，其符用虎，並五左一右，左者留御前，以侍臣親密者掌之，其右付隨路統軍司、招討司長官主之，闕則次官主之。若發兵三百人以上及徵兵、召易本司長貳官，從尚書省奏請左第一符，近侍局以囊封付主奏者，尚書備録聖旨，與符以函同封，用尚書省印記之，皆專使帶牌馳送至彼。主符者視其封，以右符勘合，然後奉行，若一有參差者，不敢承用。主者復用囊封貯左符，上用職印，具發兵狀與符以本司印封，即日還付使者，送尚書省以進，乃更其封，以付内掌之人。若復有事，左符以次出，周而復始，仍各置曆注付受日月。[3]若盜賊急速不容先陳者，雖三百人以上，其掌兵官司亦許給付，隨即言上，詔即施行之。

[1]承安：金章宗年號（1196—1200）。

[2]禮官：主管禮儀的官員。指禮部、宣徽院和御史臺的官員。

[3]各置曆注付受日月：設置帳曆記録兵符發放和收回的日期。

貞祐三年，[1]更定樞密院用鹿符，[2]宣撫司用魚符，[3]統軍司用虎符。[4]若發銀牌，若省付部及點檢司者，左右用匣封印，驗封交受。若發於他處，並封題押，以匣貯之。

[1]貞祐：金宣宗年號（1213—1216）。

[2]樞密院：軍政官署名。掌武備征討之事。

[3]宣撫司：軍政官署名。金末所設的臨時軍政機構。其長官爲宣撫使，從一品。如蒲鮮萬奴在宣宗時任遼東宣撫使，領兵進剿耶律留哥。

[4]統軍司：官署名。金朝在河南、山西、陝西、益都各置一統軍司。長官爲統軍使，掌督領兵馬，鎮攝封陲，分管營衛，視察奸僞。

印制。太子之寶。大定二十二年，世宗幸上京，鑄"守國之寶"以授皇太子。二十八年，世宗不豫，[1]以皇太孫攝政，[2]鑄"攝政之寶"。貞祐三年十二月，以皇太子守緒控制樞密院，詔以金鑄"撫軍之寶"，如世宗時制，於啟稟之際用之。

[1]不豫：皇帝病危的諱稱。

[2]皇太孫：皇帝嫡孫封號。在中國古代社會，皇太子如先於皇帝而死，按傳統承襲法，皇帝便封嫡孫爲皇太孫，作爲皇位的繼承人。此指後來的金章宗完顏璟。

百官之印。天會六年，[1]始詔給諸司，其前所帶印記無問有無新給，悉上送官，敢匿者國有常憲。至正隆元年，[2]以内外官印新舊名及階品大小不一，[3]有用遼、宋舊印及契丹字者，[4]遂定制，命禮部更鑄焉。

[1]天會：金太宗年號（1123—1137）。熙宗即位又延用二年。

[2]正隆：金海陵王年號（1156—1160）。

[3]階品：指官員的階級和品級。自曹魏以來，官員的品級共分九等，每等各有正、從，共分十八級。階級又稱“階官”“散階”，又分文散階和武散階。金文散階從將仕佐郎到開府儀同三司，武散階從進義副尉到開府儀同三司，均爲四十二階。宋官員按散階領取俸禄，所以稱散階爲“寄禄官”。“階”與“品”不盡相合，高階者可出任低品官職，低階者亦可就任高職。至明清“階”與“品”始相符合。

[4]契丹字：遼代契丹族創製的本民族文字，分大字和小字兩種。遼太祖時，命其侄耶律魯不古和契丹學者突吕不依據漢字隸書體，結合契丹語，首創契丹字，稱爲契丹大字。皇弟耶律迭剌後來又創製一種文字，被稱爲契丹小字。

三師、三公、親王、尚書令並金印，[1]方二寸，重八十兩，駞紐。[2]一字王印，[3]方一寸七分半，金鍍銀，重四十兩，鍍金三字。諸郡王印，[4]方一寸六分半，金鍍銀，重三十五兩，鍍金三字。國公無印。[5]一品印，方一寸六分半，金鍍銀，重三十五兩，鍍金三字。二品印，方一寸六分，金鍍銅，重二十六兩。東宫三師、宰執與郡王同。[6]三品印，方一寸五分半，銅，重二十四兩。四品印，方一寸五分，銅，重二十兩。五品印，方一寸四分，銅，重二十兩。六品印，一寸三分，銅，重十六兩。七品印，一寸二分，銅，重十六兩。八品印，一寸一分半，銅，重十四兩。九品印，一寸一分，銅，重十四兩。凡朱記，[7]方一寸，銅，重十四兩。

[1]親王：《大金集禮》卷九："皇統元年奏定，依令文，皇兄弟、皇子封一字王爲親王，並二品俸。以下宗室，封一字王皆非親王。"　尚書令：尚書省最高長官。多授予資歷較深、有功於國的勳臣。

[2]駞紐：印紐爲駱駞形。

[3]一字王：封爵名。金一字王有大國封號二十、次國封號三十、小國封號三十（詳見本書卷五五《百官志一》）。

[4]郡王：封爵名。金郡王有金源、廣平、平原、南陽、常山、太原、平陽、東平、安定、延安十個封號。從一品。

[5]國公：封爵名。從一品。

[6]東宫三師：東宫師官。指太子太師、太子太傅、太子太保，皆正二品。　宰執：宰相和諸執政官。

[7]朱記：指不够品級的低級官府和官員的紅色印章。

天德二年行尚書省以其印小，[1]遂命擬尚書省印小一等改鑄。大定二十四年二月，鑄行尚書省、御史臺、并左右三部印，以從幸上京。

[1]天德：金海陵王年號（1149—1152）。

泰和元年八月，[1]安國軍節度使高有鄰言：[2]“本州所掌印三，曰‘安國軍節度使之印’；曰‘邢州觀察使印’，吏、户、禮案用之；曰‘邢州之印’，兵、刑、工案用之。以名實不正，乞改鑄。”宰臣奏謂：“節度使專行之事自當用節度使印，觀察使亦如之，其六曹提點所軍兵民訟，則當用本州印，著爲定制。”上從之。

[1]泰和：金章宗年號（1201—1208）。

[2]安國軍節度使：掌鎮撫諸軍防刺，總判本鎮兵馬之事，兼本州管内觀察使事。從三品。檢本書《地理志》，同州、邢州皆記作“安國軍節度使”，二者必有一誤。本卷下文“本州所掌印三，曰‘安國軍節度使之印’。曰‘邢州觀察使印’，吏、户、禮案用之。曰‘邢州之印’，兵、刑、工案用之”。安國軍節度使治所設在邢州，即今河北省邢台市。《地理志》所記同州設安國軍節度使，誤。　高有鄰：生平不詳。

泰和八年閏四月，勅殿前都點檢司，依總管府例鑄印，以“金”“木”“水”“火”“土”五字爲號，如本司差人則給之。

鐵券。以鐵爲之，狀如卷瓦。刻字畫襴，[1]以金填之。外以御寶爲合，[2]半留内府，以賞殊功也。

[1]刻字畫襴（lán）：刻有文字及帶花紋的邊欄。襴與欄通。

[2]御寶：指皇帝的印璽。

官誥。[1]親王，紅遍地雲氣翔鸞錦褾，[2]金鸞五色羅十五幅，寶裝犀軸。一品，紅遍地雲鶴錦褾，金雲鶴五色羅十四幅，犀軸。二品、三品，紅遍地龜蓮錦褾，素五色綾十二幅，玳瑁軸。四品、五品，紅遍地水藻戲鱗錦褾，大白綾十幅，銀裹間鍍軸，元牙軸承安四年改之，大安二年復改爲金縷角軸。[3]六品、七品，紅遍地草錦褾，小白綾八幅，角軸，大安加銀縷。

[1]官誥：亦稱“官告”“告身”。古代官吏的委任狀。

[2]翔鸞（luán）錦褾（biǎo）：就是用帶飛翔鳳鳥圖案的絲織品裝裱的官誥。鸞，傳説中鳳凰一類的鳥。翔鸞錦是指一種畫有飛狀鳳鳥的絲織品。褾，是裝裱官誥四周的絲織品。

[3]大安：金衛紹王年號（1209—1211）。

公主、王妃與親王同。[1]郡主、縣主、夫人，[2]紅遍地瑞蓮鸂鶒錦褾，金蓮鸂鶒五色羅十五幅。[3]

[1]公主、王妃：古代婦人封號。唐制規定，皇姑封大長公主，皇姊妹封長公主，皇女封公主。皆視正一品。金循其制。王妃，諸王正妻。

[2]郡主、縣主：古代婦人封號。皇太子之女封郡主，視從一品。諸王之女封縣主，視正二品。

[3]鸂（xī）鶒（chì）：“鶒”亦作“鷘”“鷙”。一種水鳥，因其體形大於鴛鴦而色多紫，俗稱爲“紫鴛鴦”。

郡王夫人、國夫人，[1]紅遍地芙蓉花錦褾，金花五色綾十二幅，玳瑁軸。

[1]郡王夫人、國夫人：古代婦人封號。郡王正妻封郡王夫人。國夫人，皇帝妻妾的一種。本書卷五七《百官志三》記，國夫人有“尚宫夫人”“尚宫左夫人”“尚宫右夫人”“宫正夫人”“寶華夫人”等十位。

縣君、孺人、鄉君，[1]紅遍地雜花錦褾，素五色小綾十幅，銀裹間鍍軸。軸之制，如徑二寸餘大錢貫樞之，兩端復以犀象爲鈿以轄之，[2]可圓轉如輪。金格，[3]一品，紅羅畫雲氣盤龍錦褾，金龍五色羅十七幅，寶裝玉軸。二品，翔鳳褾，金鳳羅十六幅，犀軸。三品、四品，盤鳳褾，金鳳羅十五幅。五品，翔鸞錦褾，金鸞羅十四幅。以上幅皆用五色羅，軸皆用犀。六品，御仙花錦褾，金花五色綾十二幅。七品、八品、九品，太平花錦褾，金花五色小綾十幅。軸皆用玳瑁。凡褾皆紅，幅皆五色。夫人以上制授，[4]餘勑授，[5]皆給本色錦囊。

[1]縣君、孺人、鄉君：古代婦人封號。唐代五品官之母與妻可封爲縣君（《通典·職官十六》）。孺人，《禮記·曲禮下》：“天子之妃曰後，諸侯曰夫人，大夫曰孺人，士曰婦人，庶人曰妻。”宋爲通直郎以上之母、妻封號，明清則爲七品官之母、妻封號。鄉君，本書卷五五《百官志一》載，五品文散朝列大夫、武散宣武將軍以上母、妻封鄉君。按四品以上母、妻封縣君，則此“五品以上”當是“五品以下”之誤。

[2]鈿（tián，又 diàn）：以金、銀、貝殼之類鑲嵌器物，如金鈿、螺鈿。

[3]金格：金官制的法律條文規定。

[4]制授：官制術語。由皇帝直接降制書頒授。

[5]勅授：官制術語。意爲有關政府部門從上到下頒授。

百官俸給。正一品：三師，錢粟三百貫石，麯米麥各五十稱石，春衣羅五十匹，秋衣綾五十匹，春秋絹各二百匹，綿千兩。三公，錢粟二百五十貫石，麯米麥各四十稱石，春衣羅四十疋，秋衣綾四十疋，春秋絹各一百五十疋，綿七百兩。親王、尚書令，錢粟二百二十貫石，麯米麥各三十五稱石，春衣羅三十五疋，秋衣綾三十五疋，春秋絹各一百二十疋，綿六百兩。皇統二年，定制，皇兄弟及子封一字王者爲親王，給二品俸，餘宗室封一字王者以三品俸給之。天德二年，以三師、宰臣以下有以一官而兼數職者，及有親王食其禄而復領他事者，前此並給以俸，今宜從一高，其兼職之俸並不重給。至大定二十六年，詔有一官而兼數職，其兼職得罪亦不能免，而無廩給可乎。遂以職務煩簡定爲分數，給兼職之俸。

從一品：左右丞相、都元帥、樞密使、郡王、開府儀同，錢粟二百貫石，麯米麥各三十稱石，春秋衣羅綾各三十匹，絹各一百匹，綿五百兩。平章政事，錢粟一百九十貫石，麯米麥各二十八稱石，春羅秋綾各二十五匹，絹各九十五匹，綿四百五十兩。大宗正，錢粟一百八十貫石，麯米麥各二十五稱石，羅綾同上，絹各九十匹，綿四百兩。

正二品：東宫三師、副元帥、左右丞，錢粟一百五十貫石，麯米麥各二十二稱石，春羅秋綾各二十二匹，絹各八十匹，綿三百五十兩。

從二品：錢粟一百四十貫石，麯米麥各二十稱石，春羅秋綾各二十匹，絹各七十五匹，綿三百兩。同判大宗正，錢粟一百二十貫石，麯米麥各十八稱石，春羅秋綾各十八匹，絹各七十匹，綿二百五十兩。

正三品：錢粟七十貫石，麯米麥各十六稱石，春羅秋綾各十二匹，絹各五十五匹，綿二百兩。外官，[1]錢粟一百貫石，麯米麥各十五稱石，絹各四十匹，綿二百兩，公田三十頃。統軍使、招討使、副使，錢粟八十貫石，麯米麥十三稱石，絹各三十五匹，綿百六十兩，公田二十五頃。都運、府尹，錢粟七十貫石，麯米麥十二稱石，絹各三十匹，綿百四十兩。天德二年，省奏："職官公田歲入有數，前此百姓各隨公宇就輸，而吏或貪冒，多取以傷民。宜送之官倉，均定其數，與月俸隨給。"

[1]外官：指朝廷之外任職的地方官員。

從三品：錢粟六十貫石，麯米麥各十四稱石，春秋衣羅綾各十匹，絹各五十匹，綿百八十兩。外官，錢粟六十貫石，麯米麥各十稱石，絹各二十五匹，綿一百二十兩，公田二十一頃。皇統元年二月，詔諸官、職俱至三品而致仕者，俸禄、傔人，[1]各給其半。

[1]傔（qiàn）人：傔，亦作"從"。指侍從人員。

正四品：錢粟四十五貫石，麴米麥各十二稱石，春秋衣羅綾各八匹，絹各四十匹，綿一百五十兩。外官，錢粟四十五貫石。副統軍，[1]錢粟五十貫石，絹各二十二匹，綿八十兩，職田十七頃。餘同下：麴米麥各八稱石，絹各二十匹，綿七十兩，公田十五頃，許帶酒三十瓶、鹽三石。

[1]副統軍：統軍司屬官。爲統軍使副佐。正四品。

從四品：錢粟四十貫石，麴米麥各十稱石，春秋羅綾各六匹，絹各三十匹，綿一百三十兩。外官，錢粟四十貫石，麴米麥各七稱石，絹各十八匹，綿六十兩，公田四十四頃。[1]猛安，錢粟四十八貫石，餘皆無。烏魯古使，[2]同，無職田。大定二十年，詔猛安謀克俸給，令運司折支銀絹。省臣議："若估粟折支，各路運司儲積多寡不均，宜令依舊支請牛頭稅粟。[3]如遇凶年盡貸與民，其俸則於錢多路府支放，錢少則支銀絹亦未晚也。"[4]從之。

[1]公田四十四頃：中華點校本據本卷上下文改"四十四"爲"十四"。

[2]烏魯古使：即群牧所使。本書卷五七《百官志三》記"諸群牧所，又國言謂'烏魯古'"。烏魯古使爲提控諸烏魯古副佐，從四品。

[3]牛頭稅：金朝特有的稅種。即牛具稅，其制是按人口，耒

牛分配土地，依牛頭（牛具）數目納稅。牛頭稅地的分配衹限於女真族或被征服的一些部族，漢人、渤海人不包括在內。太宗天會三年（1125），規定每具納粟一石。五年，内地諸路，每具納粟五斗。世宗大定二十一年（1181），令各輸三斗（參見張博泉《金代女真"牛頭地"研究》，《歷史研究》1981年第4期）。

[4]錢少則支銀銀絹亦未晚也：中華點校本據本卷上下文刪一"銀"字，今從。

正五品：錢粟三十五貫石，麴米麥各八稱石，春秋衣羅綾各五匹，絹各二十五匹，綿一百兩。外官，刺史、知軍、鹽使，[1]錢粟三十五貫石，麴米麥六稱石，[2]絹各十七匹，綿五十五兩，公田十三頃。餘官，錢粟三十貫石，麴米麥同上，絹各十六匹，綿五十兩，職田十頃。

[1]知軍：指諸總管府節鎮兵馬司長官都指揮使。主管巡捕盜賊、提控夜禁、糾察博徒及私宰牛馬等事。正五品。　鹽使：鹽使司長官。主管食鹽的生産和買賣之事。

[2]米麥六稱石：中華點校本本卷校勘記云，據文例當作"各六稱石"，脱一"各"字。

從五品：錢粟三十貫石，麴米麥六稱石，春秋羅綾各五匹，絹各二十匹，綿八十兩。外官，錢粟二十五貫石，麴米麥各四稱石，絹各十匹，綿四十兩，公田七頃。謀克，錢粟二十貫石，餘皆無。喬家部族都鈐轄，[1]無職田。

[1]喬家部族都鈐轄：喬家部族，部族名。都鈐轄，官名。部族鈐轄司長官，從五品。

正六品：錢粟二十五貫石，麥五石，絹各十七匹，綿七十兩。外官與從六品，皆錢粟二十貫石，麴米麥三稱石，絹各八匹，綿三十兩，公田六頃。

從六品：錢粟二十二貫石，麥五石，春秋絹各十五匹，綿六十兩。烏魯古副使，[1]同，無職田。

[1]烏魯古副使：烏魯古（群牧所）屬官。主管檢校群牧及牲畜繁殖之事。從六品。

正七品：錢粟二十二貫石，麥四石，衣絹各一十二匹，綿五十五兩。外官，諸同知州軍、都轉運判、諸府推官、諸節度判、諸觀察判、諸京縣令、諸劇縣令、提舉南京京城、規措渠河官、諸都巡檢、諸酒麴鹽稅副、諸正將，[1]錢粟一十八貫石，麴米麥各二稱石，春秋衣絹各七匹，綿二十五兩。[2]諸司屬令、諸府軍都指揮，俸同上，無職田。潼關使，錢粟一十八貫石，麴米麥各一稱石，衣絹各六匹，綿三十兩，無職田。

[1]諸同知州軍、都轉運判、諸府推官、諸節度判、諸觀察判、諸京縣令、諸劇縣令、提舉南京京城、規措渠河官、諸都巡檢、諸酒麴鹽稅副、諸正將：官名。同知州軍，指刺史州長官副佐。都轉運判，爲都轉運司屬官，有都勾判官一員、户籍判官二員、支度判官二員、鹽鐵判官一員。據本書卷五七《百官志三》，以上判官皆

爲從六品，此處列於正七品之下，疑有誤。諸府推官，爲諸府屬官，分判兵、刑、工案事。節度判，爲節度州屬官，主管紀綱，節度衆務，僉判兵馬，兼判兵、刑、工案事。觀察判，爲節度州屬官，主管紀綱，觀察衆務，分判吏、户、禮案事及通檢推排簿籍。京縣令，又稱“赤縣令”。京師所在縣長官，指大興、宛平兩縣縣令。據本書卷五七《百官志三》記，赤縣令爲從六品，此處列於正七品之下，疑誤。劇縣令，金代規定，轄民户兩萬五千户以上的縣稱劇縣，又稱“次赤縣”。提舉南京京城，爲南京提舉京城所長官，主管本京城壁及修繕之事。規措渠河官，爲都水監屬官，亦稱“都水監丞”，正員二人其中一員外監分治，正七品。都巡檢，又稱都巡檢使，爲諸都巡檢司長官，主管捕盜之事，正七品。酒麴鹽税使，主管徵收鹽、酒之税，禁私釀酒類、販賣私鹽等事。正將，爲武職主管提控堡將，輪番巡守邊境。

[2]綿二十五兩：中華點校本本卷校勘記云，按下文諸司屬令、諸府軍都指揮、潼關使皆言“無職田”，則此處必有職田。正六品外官“公田六頃”，從七品“職田五頃”，則此處亦當有“職田五頃”四字，疑此下有脱文。

從七品：錢粟一十七貫石，麥四石，衣絹各一十匹，綿五十兩。外、統軍司知事，[1]錢粟一十七貫石，麥四石，衣絹各一十匹，綿五十兩。諸鎮軍都指揮使，[2]錢粟一十八貫石，麯米麥各二稱石，衣絹各七匹，綿二十五兩。諸招討司勘事官、諸縣令、諸警巡副、京兆府竹監管勾、五品鹽使司判、諸部禿裏、同提舉上京皇城司、同提舉南京京城所、黄河都巡河官、諸河税榷場使，[3]錢粟一十七貫石，麯米麥各二稱石，衣絹各七匹，綿二十五兩，職田五頃。會安關使，[4]諸知鎮城堡寨，[5]錢粟一十五貫石，麴米麥各一稱石，衣絹各六匹，綿二十兩，職田四頃。

［1］外、統軍司知事：中華點校本據文例於"外"字下補一"官"字。統軍司知事，爲統軍司屬官，從七品。

［2］諸鎮軍都指揮使：諸節度州都軍司長官。其執掌與諸府都指揮使同。從七品。

［3］招討司勘事官：招討司屬官。從七品。　五品鹽使司判：鹽使司屬官。主管官鹽買賣之事。正員三人，據本書卷五七《百官志三》，五品鹽使司判官爲正七品，與此處所記從七品稍異。　諸部禿里：諸部族禿里長官。主管部落詞訟、防察違背等事。　同提舉上京皇城司：上京提舉皇城司屬官。爲提舉官副佐。治所在今黑龍江省阿城市東南金上京舊城址。　同提舉南京京城所：南京提舉京城所屬官。爲提舉官副佐。治所在今河南省開封市。　黄河都巡河官：都水監屬官。主管巡視黄河河道、修繕堤堰、栽植榆柳及河防之事。　諸河税榷場使：中華點校本據本书卷五七《百官志三》和卷四二《儀衛志下》的相關記載，改"河"字爲"酒"。酒税榷場使，爲酒税榷場使司長官，主管徵收酒税、榷場貿易等事。

［4］會安關使：鎮守會安關的軍政長官。掌關禁、譏察奸僞及關門啟閉等事。會安關舊址在今甘肅省榆中縣東。

［5］諸知鎮城堡寨：指知鎮、知城、知堡、知寨，分别爲鎮、城、堡、寨長官，爲鎮守之官。

正八品：朝官，錢粟一十五貫石，麥三石，衣絹各八匹，綿四十五兩。外官，市令、諸録事、諸防禦判、赤縣令、諸劇縣令、崇福埽都巡河官、諸酒税使、醋使、榷場副、諸都巡檢，[1]錢粟一十五貫石，麴米麥各一稱石，衣絹各六匹，綿二十兩，職田四頃。烏魯古判官，[2]俸同上，無職田。按察司知事、大興府知事、招討司知事、諸副都巡檢使，[3]錢粟一十三貫石，麯米麥各一稱石，衣絹各六匹，綿二十兩，職田二頃。諸司屬丞，[4]俸同上，無職田。諸節鎮以上司獄、諸副將，[5]錢粟一十三貫石，衣絹各三匹，綿一十兩，職田二頃。南京京城所管勾、京府諸司使管勾、河橋諸關渡譏察官、同樂園管勾、南京皇城使、通州倉使，[6]錢粟一十二貫石，衣絹各三匹，綿一十兩。節鎮諸司使、中運司柴炭場使，[7]錢粟一十貫石，衣絹各二匹，綿八兩。

［1］市令、諸録事、諸防禦判、赤縣令、諸劇縣令、崇福埽都巡河官、諸酒税使、醋使、榷場副、諸都巡檢：市令，中都市令司長官，金廷南遷後又在南京設此職，以左、右警巡使兼。主管平抑物價，察度量衡之違式，百貨之估值。諸録事，爲諸府節鎮録事司長官，主管平理獄訟，警察别部，總判録事司事。諸防禦判，指諸防禦州判官，主管簽判州事，通檢推排簿籍。赤縣令與諸劇縣令，中華點校本據本書卷五七《百官志三》和卷四二《儀衛志下》的相關記載，改爲“赤縣丞”和“諸劇縣丞”。赤縣丞，爲赤縣屬官，縣令副佐。諸劇縣丞，爲劇縣縣令副佐。崇福埽都巡河官，都水監屬官，主管崇福埽河防之事。崇福埽設在衛州（今河南省衛輝市）南。諸酒税使，爲酒使司長官，主管徵收酒税及禁私酒釀造之事。本書卷五七《百官志三》：“凡京都及真定皆爲都麯酒使司，設官吏同此。他處置酒使司，課及十萬貫以上者設使、副、小都監各一員，五萬貫以上者設使、副各一員。”“諸酒税使三萬貫以上者正八品”。醋使，税醋使司長官，主管醋類釀造及買賣徵税之事。出土的金代官印中有“東京路酒税使司印”（參見伊葆力《金代官印

考證》，《哈爾濱學院學報》2003 年第 1 期）。“寧海州酒務記”“遂城縣酒務記”“原州醋務記”（參見景愛《金代官印集》，文物出版社 1991 年版，第 49 頁），即應是酒使司、稅醋使司的官方印信。榷場副，爲榷場使副佐。本書卷五七《百官志三》：“諸酒稅榷場使從七品，五萬貫以上副使正八品。”諸都巡檢，按本卷前文“正七品”之下已列有“諸都巡檢”，此處重出，誤。

［2］烏魯古判官：群牧所屬官。主管簽判本所事。

［3］按察司知事、大興府知事、招討司知事、諸副都巡檢使：官名。按察司知事，爲按察司屬官。大興府知事，爲大興府屬官，主管勾稽省署文牘、總録諸案之事。招討司知事，爲招討司屬官。副都巡檢使，爲諸都巡檢使副佐。

［4］司屬丞：司屬司屬官。爲司屬令副佐。

［5］諸節鎮以上司獄、諸副將：官名。司獄，爲節度州屬官。副將，爲武職，主管提控堡將、輪番巡守邊境。

［6］南京京城所管勾、京府諸司使管勾、河橋諸關渡譏察官、同樂園管勾、南京皇城使、通州倉使：官名。南京京城所管勾，爲南京提舉京城所屬官，佐提舉、同提舉官掌南京城壁繕修等事。京府諸司使管勾，爲京府諸司使屬官。河橋諸官渡譏察官，指鎮守各河橋渡口的官員，譏察之職多由鎮守官兼之。同樂園管勾，正員二人，主管宫園繕修之事。同樂園是皇家苑林名，在金中都皇城之外。張棣《金虜圖經》有載，“内城之東曰宣華（門），正西曰玉華”。“西出玉華門，同樂園、瑶池、蓬瀛莊、杏村盡在於是。”南京皇城使，主管南京宫闕繕修之事，不常置，治所在今河南省開封市。通州倉使，爲通州官倉長官，主管常平倉糧儲之事。

［7］中運司柴炭場使：柴炭場長官。掌柴草木炭供應買賣之事。

從八品：朝官，錢粟一十三貫石，麥三石，衣絹各七匹，綿四十兩。外官，南京交鈔庫使、諸統軍按察司知法，[1]錢粟一十三貫石，麥三石，衣絹各七匹，綿四十兩。諸州軍判官、諸京縣丞、諸次劇縣丞、諸三品鹽司判官、漕運司管勾、永豐廣備庫副使、左右別貯院木場使，[2]錢粟一十三貫石，麯米麥各一稱石，衣絹各六匹，綿二十兩，職田三頃。諸麽忽、諸移里堇，[3]錢粟一十三貫石，麥二石，衣絹各五匹，綿一十五兩，職田三頃。

[1]南京交鈔庫使：南京交鈔庫長官。主管錢鈔兑换之事。治所在今河南省開封市。　諸統軍司按察司知法：分别爲統軍司和按察司屬官。統軍司知法正員二人，女真、漢人各一。按察司知法二至四員不等。

[2]諸州軍判官、諸京縣丞、諸次劇縣丞、諸三品鹽司判官、漕運司管勾、永豐廣備庫副使、左右別貯院木場使：官名。諸州軍判官，即諸刺史州判官，主管簽判州事及通檢推排簿籍。京縣丞，爲京縣令副佐。次劇縣丞，爲次劇縣令副佐。三品鹽司判官，指長官爲三品的鹽使司判官。本書卷五七《百官志三》記，鹽使司長官鹽使爲正五品官，其判官爲三員，正七品，與此處所記不同，存疑待考。漕運司管勾，爲漕運司屬官，亦稱“勾當官”，主管催督起運綱船（成隊的船隻）。永豐廣備庫副使，指永豐、廣備兩庫副使，爲庫使副佐，兩庫均設在金中都城内。左右別貯院木場使，本書卷五七《百官志三》：“中都左右廂別貯院，使一員，從八品。”“中都木場，使一員，從八品”。知左右別貯院和木場是兩個官署，所以此處“左右別貯院”下應加一“使”字，纔與史實相符。以上兩個官署皆設在中都城内，左右別貯院主管拘收退樸等物及出給之事。中都木場主管拘收材木諸物及出給之事。

[3]諸麽忽、諸移里堇：部族官名。麽忽，爲諸乣屬官，爲諸乣詳穩副佐。移里堇，爲移里堇司長官，分掌部族村寨之事。

正九品：朝官，錢粟一十二貫石，麥二石，衣絹各六匹，綿三十五兩。外官，南京交鈔庫副，[1]錢粟一十二貫石，麥二石，衣絹六匹，綿三十五兩。諸警巡判官，[2]錢粟一十三貫石，麯米麥各一稱石，衣絹六匹，綿一十兩，職田三頃。諸縣丞、諸酒稅副使，[3]錢粟一十二貫石，麥一石五斗，衣絹各五匹，綿一十七兩，職田三頃。市丞、諸司候、諸主簿、諸録判、諸縣尉、散巡河官、黄河埽物料場官，[4]錢粟一十二貫石，麥一石，衣絹各三匹，綿一十兩，職田二頃。管勾泗州排岸兼巡檢、副都巡檢、諸巡檢，[5]俸例同上，並無麥及職田。諸鹽場管勾、左右別貯院木場副、永豐廣備庫判，[6]錢粟一十二貫石，衣絹各三匹，綿一十兩，職田二頃。諸都將、隊將，[7]錢粟一十二貫石，麥一石，衣絹各三匹，綿一十兩，職田二頃。店宅務管勾，[8]錢粟一十二貫石，綿絹同上。京府諸司副、南京皇城副、通州倉副、同管勾河橋、諸副譏察，[9]錢粟一十一貫石，衣絹各二匹，綿八兩。諸州軍司獄，[10]錢粟一十一貫石，衣絹各二匹，綿八兩，職田二頃。節鎮諸司副、中運司柴炭場副，[11]錢粟一十貫石，衣絹各二匹，綿八兩。

[1]南京交鈔庫副：南京交鈔庫屬官。爲交鈔庫使副佐。

[2]諸警巡判官：諸京警巡院屬官。主管檢察稽失、簽判院事。正員二人。

[3]酒稅副使：酒使司屬官。爲酒稅使副佐。

[4]市丞、諸司侯、諸主簿、諸録判、諸縣尉、散巡河官、黄

河埽物料場官：官名。市丞，亦作“市令丞”，爲市令司屬官，市令副佐。諸司侯，爲防刺州司侯司長官。諸主簿，爲縣級屬官，掌文書户籍等事。諸録判，爲諸府節鎮録事司屬官，録事官副佐。諸縣尉，爲縣級屬官，主管巡捕盗賊之事。散巡河官，亦稱“分治監巡河官”，都水監屬官主管河防之事。黄河埽物料場官，指黄河各埽物料場長官，主管授給本場物料。

[5]管勾泗州排岸兼巡檢、副都巡檢、諸巡檢：官名。管勾泗州排岸兼巡檢，指泗州排岸官兼任本州巡檢之職，主管河防及捕盗之事。泗州治所在今江蘇省盱眙縣的淮河北岸，舊址已沉入洪澤湖中。副都巡檢，都巡檢司屬官，都巡檢使副佐。諸巡檢，爲指各散巡檢司長官，主管捕盗之事。

[6]諸鹽場管勾、左右别貯院木場副、永豐廣備庫判：官名。諸鹽場管勾，爲諸鹽司屬官，正員六人、四人不等，分管各鹽場發賣收納協辦之事。左右别貯院木場副，指中都左右廂别貯使副佐和中都木場使副佐。永豐廣備庫判，指中都永豐、廣備庫判官，分别爲兩庫屬官。

[7]諸都將、隊將：中華點校本據本書卷五七《百官志三》和卷五二《選舉志二》的相關記載，改“都將”爲“部將”。都將、隊將，皆爲武職。屬諸邊將，主管巡守邊境。

[8]店宅務管勾：爲中都店宅務長官，正員四人，各以二人分爲左右廂，主管官房地基、徵收烈軍屬錢、檢料修造摧毁房舍事等事。

[9]京府諸司副、南京皇城副、通州倉副、同管勾河橋、諸副譏察：官名。京府諸司副，指京府所屬各司署副佐，如中都買物司副使中都都商税務司副使等。南京皇城副，爲南京皇城使副佐。通州倉副，爲通州倉使副佐。同管勾河橋，爲河橋管勾副佐，輔佐河橋管勾掌橋船渡口譏察等事。諸副譏察，爲各關使副佐，輔佐關使鎮守關隘。

[10]諸州軍司獄：州軍屬官。主管提控獄囚。

[11]節鎮諸司副、中運司柴炭副：官名。節鎮諸司副，指節度州所屬各司署副職，如諸府節鎮録事司判官等。中運司柴炭場副，爲中運司柴炭場使副佐。

從九品：朝官，錢粟一十貫石，麥二石，衣絹各五匹，綿三十兩。外官，諸教授，[1]錢粟一十二貫石，麥一石，衣絹各三匹，綿一十兩，職田二頃。三品以上官司知法，[2]錢粟一十貫石，麥一石，衣絹各三匹，綿一十兩。司候判官，[3]錢粟一十貫石，衣絹各二匹，綿八兩，職田二頃。諸防次軍轄，[4]俸同上，無職田。諸榷場同管勾、左右别貯院木場判，[5]錢粟一十貫石，衣絹各三匹，綿六兩。諸京作院都監、通州倉判、五品以上官司知法，[6]錢粟九貫石，衣絹各二匹，綿六兩。諸府作院都監、諸埽物料場都監，[7]錢粟八貫石，衣絹各一匹，綿六兩。諸節鎮作院都監、諸司都監，[8]錢粟八貫石，衣絹各二匹。諸司同監，[9]錢粟七貫石，絹同上。陝西東德州世襲藩巡檢，[10]分例月支錢粟一十貫石，衣絹各二匹，綿一十兩。陝西西路原州世襲藩巡檢，[11]月支錢二貫三百九十文，米四石五斗，絹三匹。河東北路葭州等處世襲藩巡檢，[12]月支錢粟一十貫石，絹二匹，綿一十兩。

[1]教授：這裏所列的從九品教授指防禦州教授，主管教導本州官學生的教官。有漢學教授和女真教授之分，分掌漢學生和女真學生。

[2]三品以上官司知法：指長官爲三品以上官署的知法官。按

此説有誤，檢本書《百官志》有關記載，大興府、諸京留守司、按察司、總管府、諸府、節度州等官署知法官皆爲正八品，衹有防禦州、刺史州知法官纔是正九品，所以此處應記作“低於三品官司之知法”。知法官主管律令格式，審斷刑名。

［3］司候判官：諸防刺州司候司屬官。爲司候副佐。

［4］諸防次軍轄：軍轄，官名。本書卷五七《百官志三》諸防禦州和諸防刺州下皆記，“軍轄兼巡捕使，從九品”。所以此處“防次”應爲“防刺”。

［5］諸榷場同管勾、左右别貯院木場判：官名。諸榷場同管勾，各榷場使司屬官。左右别貯院木場判，指中都左右廂别貯院判官和中都木場判官。本書卷五七《百官志三》記，中都木場判官爲正九品，此處列於從九品之下，似有誤。

［6］諸京作院都監、通州倉判、五品以上官知法：官名。諸京作院都監，爲各京作院屬官，主管收支之事。通州倉判，即通州官倉判官。五品以上官司知法，據本書卷五七《百官志三》記載，衹有從四品防禦州和正五品刺史州屬官中知法官，爲從九品。

［7］諸府作院都監、諸埽物料場都監：官名。諸府作院都監，爲諸府作院屬官，主管收支之事。諸埽物料場都監，爲都水監屬官，亦爲黄河、淮河各分治物料場長官，主管本監物料受給之事。

［8］諸節鎮作院都監、諸司都監：官名。諸節鎮作院都監，爲各節度州作院屬官，其執掌與府作院都監同。諸司都監，爲各司署屬官，一至四員不等。

［9］諸司同監：各司署屬官。執掌與都監同。

［10］陝西東德州藩巡檢：中華點校本據本書卷二六《地理志下》和卷一二三《白撒傳》的相關記載，改“陝西東”爲“陝西東路”，“德州”爲“德順州”。德順州，治所在今甘肅省静寧縣。按德順州在鳳翔府境内，鳳翔府時稱陝西西路，所以此處“陝西東路”應改爲“陝西西路”。　藩巡檢：管理少數民族的職官。本書卷一一三《白撒傳》：“宋境山州宕昌東上扐一帶蕃族昔嘗歸附，分

處德順、鎮戎之間。”德順蕃巡檢，應是管理由宋境歸附蕃族的職官。

[11]陝西西路原州世襲藩巡檢：原州，治所在今甘肅省鎮原縣，原屬陝西西路，後劃歸慶原路。

[12]葭州：地名。治所在今陝西省佳縣。

宮闈歲給。[1]太后、太妃宮，每歲各給錢二千萬，綵二百段，[2]絹千匹，綿五千兩。諸妃，歲給錢千萬，綵百段，絹三百匹，綿三千兩。嬪以下，錢五百萬，綵五十段，絹二百匹，綿二千兩。貞元元年，[3]妃、嬪、婕妤、美人、及供膳女侍、并仙韶、長春院供應人等，[4]歲給錢帛各有差。

[1]宮闈：指皇宮内部。即宮廷之内。

[2]綵：帶花紋的絲織品。

[3]貞元：金海陵王年號（1153—1156）。

[4]婕（jié）妤（yú）、美人、供膳女侍、仙韶、長春院供應人：婕妤、美人，皇帝妃妾封號。婕妤爲正三品，美人爲正四品，各九員。供膳女侍，指宮廷内專給皇帝供飲食起居之物的侍女。仙韶、長春院供應人，指仙韶、長春兩宮院的侍者及服務人員。據中華點校本本卷校勘記，本書卷五六《百官志二》内侍局下有“長慶院都監、同監”，與“仙韶院都監、同監”並列，“慶”“春”兩字必有一誤，存疑待考。

凡内職，[1]貞祐之制，正一品，歲錢八千貫，幣百段，絹五百匹，綿五千兩。正二品，歲錢六千貫，幣八十段，[2]絹三百匹，綿四千兩。正三品，歲錢五千貫，幣六十段，絹二百匹，綿三千兩。正四品，歲錢四千貫，幣四十段，絹百五十匹，綿二千兩。正五品，尚宮夫人，[3]歲錢二千貫，幣二十段，絹百匹，綿千兩。尚宮左右夫人至宮正夫人，錢千五百貫，幣十九段，絹九十匹，綿九百兩。寶華夫人以下至資明夫人，[4]錢千貫，幣十八段，絹八十匹，綿八百兩。有大、小令人，大、小承御，大、小近侍，[5]俸各異。正六品，尚儀御侍以下，[6]錢五百貫，幣十六段，絹五十匹，綿二百兩。正七品，司正御侍以下，[7]錢四百貫，幣十四段，絹四十匹，綿百五十兩。正八品，典儀御侍以下，[8]錢三百貫，幣十二段，絹三十匹，綿百兩。正九品，掌儀御侍以下，[9]錢二百五十貫，幣十段，絹二十六匹，綿百兩。

[1]内職：指宫廷内後妃嬪御婦人封職。

[2]幣：指布帛，古人通常稱贈送的布帛爲“幣”。

[3]尚宫夫人：皇帝妃妾封號。本書卷五七《百官志三》記載，貞祐年間規定，尚宫夫人名下有尚宫左夫人、尚宫右夫人和宫正夫人等封號，均爲正五品。

[4]寶華夫人以下至資明夫人：皇帝妃妾封號，本書卷五七《百官志三》記，寶華夫人之下有尚義夫人、尚服夫人、尚寢夫人、欽聖夫人、資明夫人，均正五品。

[5]大小令人、大小承御、大小近侍：皆宫内低級近侍。

[6]尚儀御侍以下：尚儀御侍，皇帝妃妾封號。本書卷五七《百官志三》記載，宣宗貞祐年間規定，尚儀御侍之下有尚服御侍、尚寢御侍、尚正御侍、寶符宸侍、奉恩令人、奉光令人、奉徽令人、奉美令人，均正六品。

[7]司正御侍以下：司正御侍，皇帝妃妾封號。本書卷五七

《百官志三》記，司正御侍之下有寶符御侍、司儀御侍、司符御侍、司寢御侍、司飾御侍、司設御侍、司衣御侍、司膳御侍、司藥御侍、仙韶使、光訓良侍、明訓良侍、遵訓良侍、從訓良侍，均正七品。

[8]典儀御侍以下：典儀御侍，皇帝妃妾封號。本書卷五七《百官志三》記，典儀御侍之下有典膳御侍、典寢御侍、典飾御侍、典設御侍、典衣御侍、典藥御侍、仙韶副使、承和良侍、承惠良侍、承宜良侍，均正八品。

[9]掌儀御侍以下：掌儀御侍，皇帝妃妾封號。本書卷五七《百官志三》記，掌儀御侍之下有掌服御侍、掌寢御侍、掌飾御侍、掌設御侍、掌衣御侍、掌膳御侍、掌藥御侍、仙韶掌音、祗肅良侍、祗敬良侍、祗願良侍，均正九品。

百司承應俸給。[1]省令史、譯史，[2]錢粟一十貫石，絹四匹，綿四十兩。省通事、樞密令史譯史，[3]錢粟十二貫石，絹三匹，綿三十兩。樞密通事、六部御史臺令譯史，[4]錢粟一十貫石，衣絹三匹，綿三十兩。六部等通事、誥院令史、國史院書寫、隨府書表、親王府祗候郎君、典客署引接書表，[5]錢粟八貫石，絹二匹，綿二十兩。走馬郎君、一品子孫十貫石，[6]内祗八貫石，班祗七貫石，並絹二匹，綿二十兩。護衛長，[7]支正六品俸。長行，[8]從六品俸。符寶郎、奉御、東宫護衛長，[9]錢粟十七貫石，絹八匹，綿四十兩。東宫護衛長行，[10]十五貫石，絹四匹，綿四十兩。筆硯承奉、閤門祗候、侍衛親軍百户，[11]十二貫石，絹四匹，綿三十兩。妃護衛、奉職、符寶典書、東宫入殿小底，[12]十貫石，絹三匹，綿三十兩，勒留則添二貫石。尚衣、奉御、捧案、擎執、奉輦、知把書畫、隨庫本把、左右藏庫本把、儀鸞局本把、尚輦局本把、妃奉事，[13]八貫石，絹三匹，綿三十兩。侍衛親軍五十户，[14]九貫石，絹三匹，綿三十兩。未係班，絹三匹，綿二十兩。[15]長行，七貫石，絹二匹，綿二十兩。弩傘什將，[16]八貫石。傘子，五貫石。太醫長行，[17]八貫石。正奉上太醫，[18]十貫石。副奉上，[19]同。隨位承應都監，[20]未及十五歲者六貫石，從八品七貫石，從七品八貫石，從六品九貫石，從五品十貫石，從四品十二貫石，止掌文書者添支三貫石，牌子頭[21]等添支二貫石。司天四科人，[22]九品六貫石，八品七貫石，六品九貫石，五品十貫石，四品十二貫石，止教授管勾十貫石，[23]學生錢三貫、[24]米五斗。典客、書表，[25]八貫石，絹二匹，綿二十兩。東宮筆硯，[26]六貫石。尚厩獸醫、祕書監楷書，[27]六貫石。秘書琴碁等待詔，[28]七貫石。駞馬牛羊郡子、擠酪人，[29]皆三貫石。

[1]百司承應：指各官署所屬低級吏員。

[2]省令史、譯史：指尚書省令史和譯史，爲尚書省屬吏。省令史正員七十人，女真、漢人各三十五。省譯史正員二十八人，女真、漢人各十四。

[3]省通事、樞密令史譯史：官吏名。省通事，爲尚書省屬吏，正員八人。樞密令史譯史，皆樞密院屬吏，令史正員十八人，其中女真十二人，漢六人。譯史三人，另有回紇譯史一人。

[4]樞密通事、六部御史臺令譯史：官吏名。樞密通事，爲樞密院屬吏，正員三人。六部御史臺令譯史，指尚書省六部和御史臺所屬的令史和譯史。各部令史十五至七十二人不等，譯史二至五人不等。御史臺令史正員二十八人，其中女真十三人，漢十五人。譯

史四人。

［5］六部通事、誥院令史、國史院書寫、隨府書表、親王府祗侯郎君、典客署引接書表：吏員名。六部通事，爲尚書省六部屬吏，各部通事一至二人不等。誥院令史，爲官誥院屬吏，人數不詳。國史院書寫，爲國史院屬吏，正員十人，女真、漢人各五。隨府書表，爲府級屬吏，疑即本書《百官志》所記的抄事。親王府祗侯郎君，本書卷五二《選舉志二》記有此職名，應爲親王府屬吏。但本書卷五七《百官志三》親王府條下失載。典客署引接書表，爲典客署屬吏，正員十八人。

［6］走馬郎君：尚書省屬吏。正員五十人。

［7］護衛長：官名。即左右振肅，爲殿前都點檢司屬官。本書卷五六《百官志二》左右振肅條下注："掌嬪妃出入，總領護衛導從。本嬪妃護衛之長，大定二年改今名。"

［8］長行：官名。拱衛直使司屬官。

［9］符寶郎、奉御、東宮護衛長：官名。符寶郎，爲殿前都點檢司屬官，原名牌印祗侯，世宗大定二年（1162）改爲符寶郎，主管御璽印綬及金銀牌等。奉御，爲近侍局屬吏，原名入寢殿小底，大定十二年改稱奉御，正員十六人。東宮護衛長，爲太子東宮護衛軍長官，本書卷五七《百官志三》東宮條下失載。

［10］東宮護衛長行：官名。太子東宮屬官。本書卷五七《百官志三》東宮條下失載。

［11］筆硯承奉、閤門祗侯、侍衛親軍百户：官吏名。筆硯承奉，爲筆硯局屬吏，原名筆硯令史，世宗大定三年改稱筆硯供奉，後因避章宗父允恭嫌名（供與"恭"同音），又改稱筆硯承奉。閤門祗侯，爲閤門司屬吏，正員二十五人，哀宗正大年間增至三十二人。侍衛親軍百户，爲侍衛親軍中的低級軍官，即百夫長。

［12］妃護衛、奉職、符寶典書、東宮入殿小底：吏名。妃護衛，指皇帝各嬪妃的護衛軍。奉職，爲近侍局屬吏，原名不入殿小底，又稱帳外小底，世宗大定十二年改稱奉職，正員十六人。符寶

典書，爲殿前都點檢司屬吏，原名牌印令史，世宗大定二年改稱符寶典書，正員四人。東宫入殿小底，應爲東宫屬吏，本書卷五七《百官志三》東宫官屬條失載。

[13]尚衣、奉御、捧案、擎執、奉輦、知把書畫、隨庫本把、左右藏庫本把、儀鸞局本把、尚輦局本把、妃奉事：屬吏名。尚衣，疑是尚衣局屬吏，本書卷五六《百官志二》尚衣局條下不載。奉御，本志前文已見載，此處當是重出。捧案，擎執、奉輦，爲侍儀司屬吏。侍儀司原名擎執局，世宗大定元年改爲侍儀局，大定五年升局爲司。知把書畫，應爲書畫局屬吏，本書卷五六《百官志二》書畫局條失載。隨庫本把，一般的官庫吏員。左右藏庫本把，爲太府監左藏庫和右藏庫屬吏，兩庫本把各四人。儀鸞局本把，爲儀鸞局屬吏，本書卷五六《百官志二》儀鸞局條失載。尚輦局本把，爲尚輦局屬吏，正員四人。妃奉事，嬪妃宫中侍者。

[14]侍衛親軍五十户：官名。即侍衛親軍中五十人長，爲親軍中的下級軍官。相當於女真人的蒲輦（蒲里衍）。

[15]未係班絹三匹綿二十兩：中華點校本本卷校勘記云，按上下文例，“未係班”下脱貫石數字。又按比例，“絹三匹”疑當作“絹二匹”。未係班，指没有正式排上班次者。

[16]弩傘什將：皇帝儀仗隊中的小頭目。弩傘，指儀仗隊中的弩手和傘子。本書卷四二《儀衛志下》記：“朝參日，弩手、傘子直於殿門外，分兩面排立。”

[17]太醫長行：太醫院屬官。亦稱長行太醫，是太醫院專職醫官。

[18]正奉上太醫：太醫院屬官。專職醫生，位於長行太醫之上。

[19]副奉上：即副奉太醫，太醫院屬官。爲專職醫生，位於奉上太醫之下、長行太醫之上。

[20]隨位承應都監：指掌管宫殿、林苑、嬪妃宫院的長官，統歸内侍局轄領。

［21］牌子頭：《三朝北盟會編》卷二四三引《煬王江上録》記當時金軍隊“一部六百人，每隊六十人，謀克一人，隊頭一人，葫蘆眼一人，牌頭二人，飯食五人，隊身五十人”；卷三記“其職曰忒母萬户，萌眼千户，毛毛克百人長，蒲里衍牌子頭”。日本學者三上次男認爲“牌子頭”就是蒲裏衍（蒲輦），即女真軍隊中的五十人長（參見三上次男《金代女真研究》分論部分第三章第四節，金啟孮譯，黑龍江人民出版社 1984 年版）。

［22］司天四科：指司天臺所屬天文科之外的算曆科（八人）、三式科（四人）、測驗科（八人）、漏刻科（二十五人）。

［23］教授管勾：官名。指司天臺的教授與司天管勾，均爲司天臺屬官。司天臺原設教授二員，哀宗正大初年減一員。司天管勾，從九品。

［24］學生：指司天臺的官學生。共七十六人，其中漢人學生五十，女真學生二十六人。

［25］典客、書表：按，此處中華點校本斷句有誤，應爲“典客書表”，中間無頓號。

［26］東宫筆硯：太子東宫屬吏名。本書卷五六《百官志二》東宫官屬條失載。

［27］尚厩獸醫、秘書監楷書：屬吏名。尚厩獸醫，應屬尚厩局，本書卷五六《百官志二》尚厩局條下失載。秘書監楷書，應爲秘書監屬官，本書卷五六《百官志二》秘書監條下失載。

［28］秘書琴碁等待詔：指秘書省通曉琴棋技藝的吏員，他們隨時等待皇帝或皇妃的召見，爲之獻藝，所以稱“待詔”。

［29］駞馬牛羊郡子、擠酪人：中華點校本據本書卷五七《百官志三》與卷五三《選舉志三》的相關記載，改爲“郡子”爲“群子”。諸群牧所屬吏。駝馬牛羊群子，女真語稱“掃穩脱朵”。本書卷五七《百官志三》群牧所條注云：“又設掃穩脱朵，分掌諸畜，所謂牛馬群子也。”擠酪人，群牧所負責擠奶者。

諸使司都監食直,[1]二十萬貫以上六十貫，十萬貫已上五十貫，五萬貫已上四十貫，三萬貫已上三十貫，二萬貫已上二十五貫。諸院務監官食直，五千貫已上監官二十貫、同監十五貫，二千貫已上監官十五貫、同監十貫，一千貫已上監官十五貫，一千貫已下監官十貫。

[1]食直：伙食費。

舊制，凡監臨使司、院務之商税，增者有賞，虧者尅俸。[1]大定九年，上以吏非禄無以養廉，於是止增虧分數爲殿最,[2]乃罷尅俸、給賞之制，而監官酬賞仍舊。二十年，詔十萬貫以上鹽酒等使，若虧額五厘，尅俸一分。奏隨處提點院務官賞格，其省除以上提點官、并運司親管院務，若能增者十分爲率以六分入官，二分與提點所官、二分與監官充賞，若虧亦依此例尅俸，若能足數則全給。大定二十二年，定每月先支其半外，如不虧則全支，虧一分則尅其一分，補足貼支。隨路使司、院務并坊場，例多虧課,[3]上曰：“若其實可減處，約量裁減，亦公私兩便也。”二十三年，以省除提控官、與運司置司處，虧課一分尅俸一分，其罰涉重。亦命先給月俸之半，餘半驗所虧分數尅罰補，公田則不在尅限。二十六年四月，奏定院務監官虧永陪償格。[4]

[1]尅俸：克扣俸禄。
[2]殿最：這裏喻指名次的先後。殿，最後一名。最，第一名。
[3]虧課：賦税徵收不足規定數額。

[4]虧永陪償格：徵收賦税不足規定數額進行賠償的法律條文規定。“陪”與“賠”通。

諸京府運司提刑司節鎮防刺等，漢人、女直、契丹司吏、譯史、通事、孔目官，[1]八貫。押司官，[2]七貫。前後行，六貫。諸防刺已上女直、契丹司吏、譯史、通事，不問千里内外，錢七貫，公田三頃。諸鹽使司都目，[3]十四貫。司吏，[4]六貫。諸巡院司縣司獄等司吏，有譯史、通事者同，錢五貫。凡諸吏人，月支大紙五十張，小紙五百張，筆二管，墨二錠。

[1]孔目官：大興府屬官。本書卷五七《百官志三》大興府條記，大興府有六案司吏七十五人，“司吏分掌六案，各置孔目官一員，掌呈覆糾正本案文書”。

[2]押司官：轉運司屬吏。又稱“押遞”，正員五十人。

[3]鹽使司都目：官名。鹽使司屬吏。本書卷五七《百官志三》鹽使司條失載。

[4]司吏：吏員名。鹽使司司吏。正員二十二人，其中女真三人，漢十九人。

諸職官上任，不過初二日，罷任過初五日者，給當月俸。或受差及因公幹未能之官者，計程外聽給到任禄。若文牒未至，[1]前官在任，及後官已到，前官差出，其禄兩支，職田皆給後官。[2]凡職田，畝取粟三斗、草一稱。倉場隨月俸支俸，麴則隨直折價。[3]諸親王授任者，禄從多，職田從職。朝官兼外者同。六十以上及未六十而病致仕者，給其禄半。承應及軍功初出職未歷致仕，雖未六十者亦給半禄。内外吏員及諸局分承應人，病告至百日則停給。除程給假者俸禄職田皆以半給，衣絹則全給。皇家袒免以上親户别給，[4]夫亡，妻亦同。若同居兄弟收充猛安謀克及歷任承應人者，不在給限。大功以上，[5]錢粟一十三貫石，春秋衣絹各四疋。小功，[6]粟一十貫石，春秋衣絹各三疋。緦麻、袒免，[7]錢粟八貫石，春秋衣絹二疋。

[1]文牒：官府間往來文書。這裏指官員調動的書面命令。

[2]職田：古代社會按官員職務高低分給土地，離職時由國家收回。

[3]隨直折價：按當時的價格折成現錢。

[4]皇家袒免（wèn）以上親：袒免，古喪服名。袒，袒露左臂。免，以布廣一寸，從項中而前，交於額上，又向後繞於髻。《禮記・大傳》："五世袒免。"孔穎達疏："謂共承高祖之父者也。"皇家袒免以上親，指五世同祖的皇室宗族成員。

[5]大功以上：大功。古喪服名。其喪服用熟麻布製成，服孝期爲九個月。凡堂兄弟、未嫁的堂姊妹，已嫁的姑、姊妹，又已嫁女爲伯叔父、兄弟，皆服之。大功以上，指同祖父的家族成員。

[6]小功：古喪服名。其喪服用較細的熟麻布製成，服孝期爲五個月。凡本宗爲曾祖父母、伯叔祖父母、堂伯叔父母、未嫁祖姑和堂姑、已嫁堂姊妹、從堂兄弟、及未嫁之從堂姊妹、外祖父母、母舅、母姨等，皆服之。

[7]緦（sī）麻：古喪服名。《禮記・大傳》："四世而緦。"其喪服用細麻布製成，服孝期三個月。凡本宗爲高祖父母、曾伯叔祖父母、族伯叔父母、族兄弟及未嫁之族姊妹、外姓中表兄弟、岳父母等，皆服之。

諸馳驛及長行馬，[1]職官日給，謂奉宣省院臺部委差、或許差者，下文置所等官同。一品三貫文，二品二貫文，三品一貫五百文，四品一貫二百文，五品一貫文，六品八百文，七品六百文，八品九品四百文。

[1]馳驛：驛站。古代國家所設立的交通郵傳站。

有職事官日給，外路官往回口券，依上款給，一品二貫五百文，二品一貫六百文，三品一貫二百文，四品一貫文，五品九百文，六品七百文，七品六百文，八品九品四百文。

無職事官並驗前職日給，無前職者以應住及待闕職事給之。[1]四品一貫三百文，五品一貫二百文，六品九百文，七品七百文，八品九品五百文。

[1]無前職者以應住及待闕職事給之：中華點校本據殿本改“應住”爲“應仕”。

隨朝吏員宣差及省部差委官踏逐者，引者亦同。及統軍司按察司書吏譯人、本局差委及隨逐者，日給錢各一百五十文。

燕賜各部官僚以下，[1]日給米粮分例，無草地處内，親王給馬二十五疋草料，親王米一石，宰執七㪷，[2]王府三㪷，府尉二㪷，[3]員外郎、司馬各一㪷六升，[4]監察御史、尚書省都事、大理司直、六部主事各八升，[5]檢、知法七升，省令、譯史六升，院臺令譯史、省通事各五升，[6]院臺通事、六部令譯史通事、省祗候郎君、使庫都監各四升，[7]誥院令史、樞密院移剌各三升，[8]王府直府、王府及省知印直省、御史臺通引、王府教讀、王傅府尉等下司吏、外路通事、省醫工調角匠、招討司移剌各二升，[9]寫誥諸祗候人本破人同。[10]大程官、院子、酒匠柴火各一升，[11]萬户一斗六升，猛安八升，謀克四升，備輦二升，[12]正軍阿里喜、旗鼓吹笛司吏各一升。[13]

[1]燕賜：即賜宴。"燕"與"宴"通。

[2]㪷：同"斗"。

[3]府尉：諸親王府屬官。與長史同掌警戒侍從，兼總統本府之事。從四品。

[4]員外郎、司馬：官名。員外郎，爲尚書省各部屬官，一至三員不等，從五品。司馬，爲親王府屬官，同檢校門禁、總統本府事，從六品。

[5]尚書省都事、大理司直、六部主事：官名。尚書省都事，爲尚書省左右司屬官，左司、右司各二員，正七品。大理司直，爲大理寺屬官，主管參議疑獄、披詳法狀，正員四人，正七品。六部主事，爲尚書省六部屬官，各部主事二至五員不等，從七品。

[6]院臺令譯史：官吏名。指樞密院、御史臺等官署的令史和譯史。樞密院令史共十八人，其中女真十二人，漢六人。樞密院譯史三人，外加回紇譯史一人。御史臺令史共二十八人，其中女真十三人，漢十五人。御史臺譯史四人。

[7]使庫都監：官名。指各使司、官庫都監，正員二至八人不等。

[8]誥院令史、樞密院移剌：吏名。誥院令史，爲官誥院屬官，本書卷五五《百官志一》官誥院條失載。爲樞密院移剌，樞密院屬吏，正員十五人。"移剌"，本書卷五五《百官志一》作"曳剌"。

《遼史》卷四六《百官志二》作“拽剌”，並記“走卒謂之拽剌”。

［9］王府直府、王府及省知印直省、御史臺通引、王府教讀、王傅府尉等下司吏、外路通事、省醫工調角匠、招討司移剌：官吏名。王府直府、王府知印、王府教讀，應是諸王府屬官，本書卷五七《百官志三》親王府條下失載。王傅，爲親王府屬官，掌師範輔導、參議可否。如親王在外，則兼本京節鎮同知，正四品。御史臺通引、應是御史臺屬官，本書卷五五《百官志一》御史臺條失載。外路通事，指地方官署屬吏中的通事。省醫工調角匠，爲尚書省屬吏，本書卷五五《百官志一》尚書省條失載。招討司移剌，爲招討司屬吏，正員三十人。

［10］寫誥諸祗候人：應爲官誥院屬吏，本書卷五五《百官志一》官誥院條失載。　本破人：屬吏名。本書卷四二《儀衛志下》記載“職同捧攏”。

［11］大程官、院子、酒匠：大程官，尚書省左右司置。由架閣庫管勾“掌總察左、右司大程官追付文牘”。似應斷句爲“大程官、院子、酒匠”。院子，爲天子進膳人。酒匠，造酒人。

［12］備輂二升：備輂，中華點校本據本书卷四四《兵志》和卷五二《選舉志二》的相關記載，改爲“蒲輂”。

［13］正軍阿里喜：指猛安謀克軍隊的士兵。正軍，又稱披甲兵。阿里喜，副兵。本書卷四四《兵志》：“猛安者千夫長也，謀克者百夫長也。謀克之副曰蒲里衍，士卒之副從曰阿里喜。”《三朝北盟會編》卷二三〇引《崔陟孫淮夫上兩府劄子》：“每一甲兵各有兩人或一人阿里喜（本朝所謂傔人）。”卷三四二引《正隆事蹟記》：“修長者爲正軍，矮弱者爲阿里喜。”又“以一阿里喜副一正軍”。

諸外方進貢及回賜、并人使長行馬，每匹日給草一稱、粟一斗。

宮中東宮同。承應人因公差出，皆驗見請錢粟貫石、口給食料，[1]若係本職者住程不在給限，其常破馬草料局分，如被差長行馬公幹本支草料，即聽驗日尅除，若特奉宣差勾當者，[2]依本格：十八貫石以上九百文，十七貫石八百六十文，十五貫石以上五百四十文，七貫石以上四百六十文，六貫石四百二十文，五貫石三百八十文，四貫石三百三十文，三貫石二百八十文，二貫石二百三十文。

[1]見請錢粟貫石：指實際領取俸禄的錢糧數量。因爲俸禄名義上皇帝賜給的，所以“現領”叫作“見請”。

[2]特奉宣差勾當者：受朝廷特別差遣的辦事人。“勾當”爲辦理、處理之意。

諸試護衛親軍，[1]聽自起發日爲始，計程至都，比至試補，其間各日給口券，若揀退還家者，亦驗因程給之。[2]未起閑住口數不在支限。[3]其正收之後再揀退者，[4]亦給人三品米粮錢一百文、馬二疋草料。諸簽軍赴鎮防處、及班祇充押遞横差别路勾當千里以上者，沿路各日給米一升、馬一匹草料。無馬有驢者，各支依本格。車駕巡幸，[5]顧工，馬夫三百文，步夫二百三十文，圍鵝夫、隨程幹辦人各二百文，[6]傳遞果子夫一百五十文。車駕巡幸，若於私家内安置行宫者，約量給賜段匹。太廟神厨祠祭度勾當人、少府監隨色工匠、部役官受給官司吏，[7]錢粟二貫石，春秋衣絹各一匹。

[1]護衛親軍：軍名。亦稱爲侍衛親軍，是由金初的合札猛安

和合札謀克發展而來的，至海陵王時，改稱侍衛親軍，並從中選出一千六百人，以備皇帝宿衛，世宗時增至四千人。

[2]亦驗因程給之：中華點校本據殿本改“因”字爲“回”。

[3]未起閑住口數不在支限：據中華點校本本卷校勘記，“口”疑是“日”之誤。

[4]正收之後再揀退者：已經被選中又在復試中被淘汰者。

[5]車駕巡幸：指皇帝到各地巡察。

[6]圍鵓夫：皇帝打獵時臨時雇傭的放圍獵人。　隨程幹辦人：皇帝巡幸途中各種辦事與雜役人員。

[7]太廟神厨祠祭度勾當人：指太廟和其他神壇管理祭祀的人。太廟，皇帝祖廟。　少府監隨色工匠：少府監所屬的各類工匠。少府監，官署名。主管百工營造之事，下統尚、染織、文思、裁造、文繡等署。

諸局作匠人請俸，繡女都管錢粟五貫石，[1]都繡頭錢粟四貫石，[2]副繡頭三貫五百石，[3]中等細繡人三貫石，次等細繡人二貫五百石，習學本把正辦人錢支次等之半，[4]描繡五人錢粟三貫石，司吏二人三貫石。修內司，[5]作頭五貫石，[6]工匠四貫石，春秋衣絹各二匹。軍夫除錢粮外，日支錢五十、米一升半。百姓夫每日支錢一百、米一升半。國子監雕字匠人，作頭六貫石，副作頭四貫石，春秋衣絹各二匹。長行三貫石，射粮軍匠錢粟三貫石，[7]春秋衣絹各二匹，習學給半。初習學匠錢六百，米六斗，春秋絹各一匹，布各一匹。民匠日支錢一百八十文。

[1]繡女都管：吏名。文繡署屬吏。本書卷五六《百官志二》

文繡署條失載。

［2］都繡頭：吏名。文繡署屬吏。

［3］副繡頭：吏名。文繡署屬吏。爲都繡頭之副，正員四人。

［4］細繡人、習學本把正辦人、描繡：皆爲文繡署的工人。

［5］修内司：官署名。世宗大定十七年（1177）設，主管宫中營造之事。

［6］作頭：吏名。修内司工匠頭子。

［7］射粮軍：軍名。本書卷四四《兵志》："諸路所募射糧軍，五年一籍三十以下、十五以上强壯者，皆刺其口（疑所缺的字爲"面"或"頰"），所以兼充雜役也。"

諸隨朝五品以下職事官身故因公差出、及以理去任、未給解由者，[1]身故同。驗品，從去鄉地里支給津遣錢。[2]並受職事給之，下條承應人准此。若外路官員在任依理身故者，各依上官品地理減半給之。[3]若係五百里内不在給限，五百里外，五品一百貫，六品七品八十貫，八品九品六十貫。一千里外，五品一百二十貫，六品七品一百貫，八品九品八十貫。二千里外，五品一百七十貫，六品七品一百五十貫，八品九品一百貫。三千里外，五品二百五十貫，六品七品二百貫，八品九品一百五十貫。

［1］解（jiè）由：解，發送。由，憑證。解由即轉官憑證。本書卷五二《選舉志二》記"凡銓注，必取求仕官解由，撮所陳行績資歷之要爲銓頭"。本卷下文有："凡内外官之政績，所歷之資考，更代之期，去就之故，秩滿皆備陳於解由，吏部據以定能否。"

［2］津遣錢：路費。

［3］各依上官品地理減半給之：中華點校本據殿本改"地理"

爲“地里”。

諸隨朝承應人身故應給津遣錢者，護衛、東宫護衛同。奉御、符寶、都省樞密院御史臺令譯史同九品官，通事、宗正府六部令譯史、統司書吏譯書、按察司書史，[1]同。親軍減九品官五分之二，通事、隨朝書表、吏員、譯人，統軍司通事、守當官，[2]按察司書吏、譯人，[3]分治都水監典吏，同。及諸局分承應人武衛軍同。減五分之三。

[1]統司書吏譯書、按察司書史：中華點校本據本書卷五七《百官志三》的相關記載，改“統司”爲“統軍司”，“書吏”爲“書史”。統軍司書史譯書，爲統軍司屬吏，書史十三人，其中女真八人，漢五人。譯書四人。按察司書史，爲按察司屬吏，正員四人。

[2]統軍司通事、守當官：吏名。皆爲統軍司屬吏，通事一員，守當官正員四人。

[3]按察司書吏：書吏，當是“書史”之誤。

天壽節設施老疾貧民錢數，[1]在都七百貫，宫籍監給。諸京二十五貫，此以下並係省錢給。諸府二十貫文，諸節鎮一十五貫文，諸防刺州軍一十貫文，諸外縣五貫文。城寨系保鎮同。[2]

[1]天壽節：指皇帝壽誕之日。

[2]城寨係保鎮同：“系”字疑衍，“保”爲“堡”字之誤。

諸孤老幼疾人，各月給米二斗、錢五百文，春秋衣絹各一疋，五歲以下三分給二。身死者給錢一貫埋殯。

諸因灾傷或遭賊驚卻饑荒去處，良民典顧、冒賣爲驅，[1]遇恩官贖爲良分例，若元價錢給。男子一十五貫文，婦人同，老幼各減半。六歲已下即聽出離，[2]不在贖換之限。

[1]良民典顧、冒賣爲驅：平民典賣自身而淪爲驅。驅，又稱"驅口""驅丁"，其身份低於平民，高於奴隸，相當於農奴（參見張博泉《金代經濟史略》第八章，遼寧人民出版社1981年版）。

[2]出離：脱離"驅"的身份。

諸士庶陳言利害，若有可采，行之便於官民者，依驗等第給賞，上等銀絹三十兩匹，中等二十兩匹，下等一十兩匹，其陳數事，止從一支。若用大事應補官者，從吏部格。

宣宗貞祐元年十二月，以粮儲不足，詔隨朝官、承應人俸，計口給之，餘依市直折之。[1]諭旨省臣曰："聞親軍俸，粟每石以麥六斗折之，所省能幾，而失衆心，今給本色。"[2]二年八月，始給京府州縣及轉運司吏人月俸有差。舊制惟吏案孔目官有俸，餘止給食錢，故更定焉。

[1]市直：市價。

[2]本色：這裏指仍以粟支付俸糧。

三年，詔損宮中諸位歲給有差。監察御史田迥秀言：[1]"國家調度，行纔數月，已後停滯，所患在支太多、收太少，若隨時裁損所支，而增其收，庶可久也。”因條五事，“一曰朝官及令譯史、諸司吏員、諸局承應人，太冗濫宜省並之。隨處屯軍皆設寄治官，徒費俸給，不若令有司兼總之。且沿河亭障各駐鄉兵，[2]彼皆白徒，[3]皆不可用，不若以此軍代之，以省其出”。

[1]監察御史田迥（jiǒng）秀：田迥秀，據本書卷一四《宣宗紀上》與卷四八《食貨志三》記，田迥秀上言事在宣宗貞祐四年（1216）正月，此處繫於貞祐三年之下，疑誤。

[2]鄉兵：軍名。地方土兵。

[3]白徒：没有軍籍的平民百姓身份。

四月，以調度不及，罷隨朝六品以下官及承應人從己人力輸傭錢。[1]減修内司所役軍夫之半。經兵處、州、府、司吏減半，司、縣三分減一，其餘除開封府、南京轉運司外，例減三分之一。有禄官吏而不出境者，並罷給券，出境者給其半。

[1]輸庸錢：金賦税的一種。

興定二年正月，[1]詔“陝州等處司、縣官徵税不足，[2]閣其俸給何以養廉，自今不復閣俸。”[3]彰化軍節度使張行信：[4]“送宣之使，其視五品而上各有定數，後竟停罷。今軍官以上奉待使者有所饋獻，[5]至六品以下亦不免如例，而莫能辦，則斂所部以與之，至有獲罪者。保舉縣尹，[6]特增其俸，然法行至今，而關以西尚有未到任者，[7]豈所舉少而不敷耶，宜廣選舉，以補其闕。且丞簿亦親民者也，而獨不增，安能禁其侵牟哉。”

[1]興定：金宣宗年號（1217—1222）。

[2]陝州：治所在今河南省三門峽市西北。

[3]閣俸：克扣俸禄。

[4]彰化軍節度使張行信：中華點校本據文義於此句末補“言”字。彰化軍節度使，掌鎮撫諸軍防刺、總判本鎮兵馬之事，兼涇州管内觀察使事，從三品。治所在今甘肅省涇川縣。張行信，莒州日照縣（今山東省日照市）人。父張暐，金章宗時官至禮部尚書。兄張行簡，金世宗大定十九年（1179）進士第一，官至禮部尚書、翰林學士承旨。行信大定二十八年中進士，金末歷任禮部尚書、彰化軍節度使、參知政事等職，哀宗時官至尚書左丞。正大八年（1231）死於嵩山崇福宫，年六十九歲。本書卷一〇七有傳。

[5]饋獻：獻送禮物。

[6]縣尹：官名。指縣令。

[7]關以西：指潼關以西。